Das Gartenbuch der Farben

Andrew Lawson

Das Gartenbuch der Farben

Ellert & Richter Verlag

Bemerkungen zu den Pflanzenlisten

Die Listen, die innerhalb der Kapitel „Die einzelnen Farben" aufgeführt sind, enthalten kurze Beschreibungen der wichtigsten Pflanzen, die im Buch erwähnt werden und solcher, die für die Farbgestaltung im Garten besonders geeignet sind. Die Pflanzen sind nach groben Farbkategorien ausgewählt, und man sollte berücksichtigen, daß die Übergänge fließend sind und eine klare Einteilung nicht immer möglich ist. Auch können die gleichen Pflanzen unterschiedliche Farben haben. Eine Trennung zwischen Blau und Violett ist nicht immer einfach und hängt sehr vom Alter der Pflanze und den Lichtverhältnissen ab. Die Farbfotos sind auch nicht in jedem Falle zuverlässig. Die Empfindlichkeit für gewisse Lichtwellenlängen eines Farbfilms ist nicht völlig identisch mit der des menschlichen Auges. Der Film empfängt noch eine Bandbreite von Infrarotlicht, das das Auge nicht mehr sieht. Einige „blaue" Blumen reflektieren Infrarot, und deshalb sind sie auf dem Foto mehr rosa als in Wirklichkeit.

Die Höhe und Breite der Pflanzen, mit H und Br in den Listen bezeichnet, entsprechen den Durchschnittswerten bei einem ausgewachsenen Exemplar. Die Breite bezeichnet den Durchmesser einer einzelnen Pflanze und damit den empfohlenen Mindestabstand zwischen zwei Pflanzen. Der Boden, das Klima und die Pflege haben natürlich Einfluß auf diese Größenordnungen, sie können deshalb im Einzelfall von den angegebenen abweichen.

Die Winterhärtezonen, mit Z bezeichnet, sind eine grobe Richtlinie für die Mindesttemperatur, die die jeweilige Pflanze erträgt. Auf Seite 192 finden Sie eine Einteilung dieser durchschnittlichen, jährlichen Mindesttemperaturzonen.

Die Deutsche Bibliothek – CIP-Einheitsaufnahme

Lawson, Andrew :
Das Gartenbuch der Farben / Andrew Lawson. [Übers. aus dem Engl. : Anke Kuhbier]. – Hamburg : Ellert und Richter, 1997
Einheitssacht.: The gardener's book of colour <dt.>
ISBN 3-89234-717-4
NE: HST

Frances Lincoln Limited
4 Torriano Mews, Torriano Avenue
London NW5 2RZ

Titel der Originalausgabe: The Gardener's Book of Colour

Übersetzung aus dem Englischen: Anke Kuhbier, Hamburg
Redaktionsassistenz: Simone Walper, Hamburg
Umschlaggestaltung: Hartmut Brückner, Bremen
Satz: KCS GmbH, Buchholz/Hamburg
Printed in Hong Kong

Seite eins Farbgrenze: Dieser Garten ist in verschiedene Farbbereiche aufgeteilt. Hier führt ein Rankgerüst mit kalten Farben – violett-blaue Clematis 'Perle d'Azur' und blaßrosa Rosen 'New Dawn' – in einen Teil mit Taglilien und Indianernesseln in warmen Tönen.

Vorhergehende Seiten Farbecho: Zweifarbige, rosa-weiße Lupinen 'The Chatelaine' sind geschickt mit der Rose 'Wife of Bath' zusammengestellt, die knospig und in voller Blüte diese beiden Farben wiederholt.

Gegenüber Farbkontrast: Rote Tulpen *Tulipa praestans*, blaue Perlhyazinthen *Muscari armeniacum* und blauer Schneeglanz *Chionodoxa lucilae* ergeben eine kräftig leuchtende Frühlingskombination.

Inhalt

Die Macht der Farben

Die Farben sind für den Gärtner das wirkungsvollste Gestaltungsmittel. Es gibt nichts Gleichwertiges. Farben können abstoßen oder anlocken. Sie vermitteln Wärme und kühle Distanz und können verschiedene Stimmungen heraufbeschwören. Man kann mit Farbe sogar die Raumempfindung beeinflussen. Wer die Macht der Farben versteht, kann nicht nur dem Garten seinen persönlichen Stil geben, sondern vielmehr mit der Bedeutung der einzelnen Farben spielen, indem ein Teil des Gartens zur besänftigenden Ruhezone wird, während ein anderer aufregend wirkt oder sogar schockiert.

Doch trotz dieser unendlichen Variationen der Farbwirkungen unterscheidet unser optisches Aufnahmevermögen nur zwischen fünf Möglichkeiten: Wie rot? Wie gelb? Wie blau? Wie dunkel? Wie hell? Das Gehirn sortiert diese groben Signale und entwickelt daraus jene Bilder, die wir in ihrer außerordentlichen Differenzierung und Schönheit empfangen. Obwohl Physiker die Unterschiede der Farben mit Wellenlängen erklären können und Physiologen die Reaktion der Augenzellen auf Farben kennen, ist immer noch ziemlich unklar, wie unser Gehirn die Botschaft des Auges übersetzt. Ohne Zweifel spielen Gedächtnis und Erfahrung eine große Rolle. Einige Farben haben eine bestimmte Bedeutung und können eine gewisse Stimmung hervorrufen. Daß wir „rot

Rote und gelbe Blüten strahlen Wärme aus und ziehen wie Flammen die Blicke auf sich. Warme Farben sind kühn, aggressiv und auffallend. In Gesellschaft übertönen sie ihre Nachbarn. Deshalb ist es eine gute Idee, sie isoliert von kühleren Farben ganz für sich zu einem eigenen Feuerwerk zusammenzustellen. Hier sind es im Vordergrund rotgelbe Akelei *(Aquilegia*-Hybriden), dahinter gelbe Baumlupinen *(Lupinus arboreus)* und rote Rosen (*Rosa* 'Dusky Maiden' und im Hintergrund kaum sichtbar an der Mauer *Rosa* 'Parkdirektor Riggers'). In einem großen Garten wirkt eine Ecke mit diesen warmen Farben aufregend. Wäre dies schon der ganze Garten, würde man diesen Effekt zu unruhig finden und nicht zu lange in derartig anstrengender Umgebung sitzen wollen.

sehen", wenn wir wütend sind, oder „gelb vor Neid" sind, sind schlichte Redewendungen, aber sie entstammen grundsätzlichen Farbempfindungen. Rot wirkt im Garten aufregend und Blau beruhigend und verträumt. Bei Grün denken wir an draußen, die Natur, und empfinden Wohlbehagen. Gelb heitert auf, wie es Sonnenstrahlen tun. Das Kapitel *Die einzelnen Farben* beschreibt diese Effekte und welchen Einfluß sie im Garten ausüben.

Wir assoziieren gewisse Farben auch mit alltäglichen Dingen. Zum Beispiel erinnern uns Rot, Gelb und Orange an Feuer und Hitze. Deshalb nennt man sie auch „warme" Farben. (Im Englischen sogar „hot colours". Anm. d. Übers.) Die Glut dieser Farben kann fast spürbar sein. In der Wohnung streicht man die Wände rot oder dunkelgelb, um sie wärmer erscheinen zu lassen.

Im Garten kann eine Blumenbepflanzung mit warmen Farben eine ähnliche Wirkung haben. Blau und Lila-Blau werden mit dem Himmel, dem Meer und fernen Hügelketten assoziiert. Sie erinnern uns an Wasser und Weite, und wir bezeichnen sie als „kalte" Farben. Im Garten haben kalte Farben einen entspannenden und beruhigenden Effekt.

Die „Temperatur" der Farben ist wichtig für den Gärtner, weil warme Farben dazu neigen, in den Vordergrund zu drängen und ihre kälteren Nachbarn zu unterdrücken. Man glaubt manchmal sogar, daß die warmen Farben vor den anderen stehen, obwohl sie einträchtig nebeneinander gepflanzt sind. Das Gegenteil trifft auf kalte Farben zu. Blumen dieser Art wirken kleiner und weiter entfernt. Manchmal kann man diese räumliche Wirkung der Pflanzenfarben ausnutzen. Zum Beispiel betrügt man das Auge und läßt den Garten länger erscheinen, als er wirklich ist, indem man warme Farben an das beginnende Ende des Gartens setzt und Blau und Lila dahinter.

Wenn ein Farbschema von Blau bestimmt wird, werden die Sinne unterschwellig an Wasser und ferne Bergketten erinnert. Im Vergleich mit den starken Farben gegenüber erscheint diese Pflanzung zurückhaltend und friedlich. Dies ist ein Garten der Ruhe. Reines Blau zeigt sich beim Rittersporn und Storchschnabel (*Geranium pratense* 'Mrs Kendall Clark'). Die blau-violetten Blütentuffs der Katzenminze (*Nepeta* 'Six Hills Giant') einigen die rosa Rosen (im Vordergrund 'Magenta' und 'Reine Victoria', rechts 'Commandant Beaurepaire' und 'William Lobb' an den Rankgerüsten). Rosafarbener Storchschnabel (*Geranium endressii)* und altmodische Nelken *(Dianthus gratianopolitanus)* verkleiden die Beeteinfassung. Alle Rosatöne sind wegen ihrer Blaustichigkeit ausgesucht worden. Das Blattgrün scheint ebenfalls bläulich in dem kühlen Schatten dieses Sommernachmittags. Die Farben mischen sich, und die Wirkung ist subtil und wohltuend.

Es sind nicht unbedingt die einzelnen Farben, die wichtig für das Gartenbild sind, sondern wie sie zusammengestellt werden. Jede Farbe hat Einfluß auf die Wirkung der benachbarten Farbe, und es ist die Beziehung zwischen ihnen, die unseren Blick fesselt. Die bevorzugten Muster, mehrere Farben zu kombinieren, lassen sich in zwei Kategorien teilen. Wenn die Farben der Pflanzen untereinander ähnlich sind, spricht man von Harmonie. Sind sie sehr unterschiedlich, nennt man es einen Kontrast. Diese beiden Ansätze haben völlig verschiedene Wirkungen – Harmonien sind sanft, während Kontraste anregen. Die Grundlagen für diese Kombinationen werden in den Kapiteln *Harmonie* und *Kontrast* beschrieben.

Wie man Farben im Garten einsetzt, ist so individuell wie die Einrichtung der Wohnung. Je nach unserer persönlichen Erfahrung und den Umständen verstehen wir Farben sehr unterschiedlich. Es gibt kein Richtig oder Falsch. Was für den einen zart wirkt, erscheint dem anderen langweilig. Sie mögen eine Zusammenstellung leuchtend und fröhlich finden, Ihr Nachbar findet sie grell. Wichtig ist, daß Sie die Farben auf Ihre Weise verwenden und sich dabei der Hilfe und der Beispiele bedienen, die Ihnen nützlich erscheinen. Zwangsläufig wird man am stärksten von dem beeinflußt, was man gesehen hat. Sie können gute Ideen über Farbe aus anderen Gärten, Gartenbüchern und Zeitschriften bekommen, aber lassen Sie sich auch außerhalb dieses Gebiets inspirieren. Bilder, Stoffe und Mode können Wegweiser für neue Farbideen im Garten sein. Bei der Gartengestaltung selbst gibt es ebenfalls wechselhafte Strömungen in der Farbgebung. Zur Viktorianischen Zeit liebte man starke Farben und ausdrucksvolle Muster. Mit Gertrud Jekyll begann eine etwas zurückhaltendere Phase, deren Höhepunkt 1930 der weiße Garten von Vita Sackville-West in Sissinghurst darstellte. Der gegenwärtige „Stand der Kunst" verlangt nach frechen, starken Farben und ungeordneten Pflanzungen mit Gräsern, und jene Farbkombinationen sind erfolgreich, die am natürlichsten wirken. Unter diesen widersprüchlichen Einflüssen werden Sie am besten mit Farben umgehen, wenn Sie sich nach Ihrem eigenen Geschmack richten.

Ob Sie nun gesehenen Beispielen folgen oder nach eigenem Gusto vorgehen: Die Kenntnis über die Wirkung der Farben hilft dabei. Sie werden aufmerksamer und entdecken neue Möglichkeiten. Obwohl es keine festen Regeln und Gesetze gibt, sollten Sie sich von gewissen Prinzipien bei der Farbgestaltung leiten lassen. Aber selbst wenn Sie diese außer acht lassen, befinden Sie sich in guter Gesellschaft. Nach Meinung einiger höchst origineller Gartengestalter muß man sich über jegliche Vorkenntnisse hinwegsetzen, wenn man Neues entdecken will. Das Kapitel *Bunte Farben* zeigt einige mutige Beispiele und untersucht, warum sie trotz allem funktionieren.

Bevor Sie sich endgültig für ein Farbschema entscheiden, sollten Sie

Es ist erstaunlich, wie man nur mit Farben Raumwirkung erzielen kann. Der scharlachrote Mohn *(Papaver orientale)* im Vordergrund zieht den Blick auf sich wie eine Warnlampe, und durch seine Farbe bestimmt er seine führende Position in der ersten Reihe. Der Rittersporn und die Katzenminze dahinter bilden einen dunstigen Schimmer, der die Entfernung zum Mohn größer erscheinen läßt, als sie tatsächlich ist. Durch Ausnutzung der Tatsache, daß sich warme Farben in den Vordergrund drängen und kühle entfernter wirken, kann man seinen Garten länger erscheinen lassen, als er wirklich ist. Und wenn Sie Ihren schmalen Garten lieber breiter hätten, versuchen Sie es mit blauen Pflanzen an den Seiten und vermeiden Sie eine perspektivische Ausrichtung.

unbedingt prüfen, wie sich dieses mit den positiven und negativen Gegebenheiten Ihres Gartens verträgt. Ihr Erfolg mit den Farben ist abhängig von guter Pflanzenpflege. Bevor Sie Pflanzen aussuchen, müssen Sie prüfen, ob Sie alle geforderten Ansprüche an Licht, Schatten, Boden und Feuchtigkeit erfüllen können. Die Temperaturschwankungen Ihres Wohnortes sind für die Auswahl entscheidend. Vergewissern Sie sich, ob die Bäume, Sträucher und Stauden den einheimischen Winter überleben, indem Sie die Härtegrade studieren. Und berücksichtigen Sie vor allem die Lichtverhältnisse Ihres Landes. In tropischen Regionen braucht man starke, kräftige Farben, denn das Licht ist klar und die umgebende Vegetation farbig. Stumpfe Farben wirken unter diesen Bedingungen fade, im sanften Licht gemäßigter Zonen aber zart.

Es ist ebenfalls wichtig, daß Sie die Farben für Ihren Garten der unmittelbaren Umgebung anpassen. Beginnen Sie bei der Betrachtung Ihres Hauses und anderer baulicher Elemente Ihrer Nachbarschaft. Aus welchem Material sind Mauern, Wege und Zäune? Diese dauerhaften Strukturen erfordern Rücksichtnahme in bezug auf die Farbe der Pflanzen, die Sie wählen. Ist Ihr Haus zum Beispiel aus rotem Backstein, dann ist ein warmes Gelb-Rot oder Terrakotta mit Grün passend. Denken Sie auch daran, daß andere Gartenbestandteile wie Zäune, Pergolen, Gartenhäuser, Werkzeugschuppen bis hin zu den Gartenstühlen durch eine Lasur oder einen Anstrich in das Farbkonzept einbezogen werden können. Weiß ist eine eindeutige Angelegenheit, stark und hell, und kann deshalb benachbarte Farben erschlagen. Blau-Grün, Grün und Grau sind bewährte Farben für Gartenmöbel, aber Sie sollten ruhig einen stärkeren Kontrast wagen, wie Knallblau oder sogar Rostrot.

Die Farben der Nachbarhäuser, besonders in der Stadt, und sogar die Bäume der nächstgelegenen Gärten beeinflussen die Farbgestaltung Ihres Gartens. Auf dem Land sollten Sie ebenfalls die Farben des Ortes in Ihr Schema einbeziehen, um einen harmonischen Übergang von Ihrem Garten zur umgebenden Landschaft zu erreichen. Gärten sind am schönsten, wenn sie sich der natürlichen Situation anpassen und nicht im Gegensatz zu ihr stehen.

Die größte Herausforderung für jeden Gärtner ist es, das Farbprogramm über das ganze Jahr hindurch einzuhalten. Dabei kann man, grob gesagt, zwischen zwei Pflanzschemata wählen, wobei es auch auf die Größe Ihres Gartens ankommt. Haben Sie viel Platz, können Sie unterschiedliche Gartenbereiche für spezielle jahreszeitliche Effekte nutzen. Wenn man Pflanzen zusammensetzt, die alle zur gleichen Zeit blühen, haben sie einen entsprechend großen Farbauftritt. Jede kann sehr kurzlebig sein, aber bei genügend Platz kann man solche Farbinszenierungen über das ganze Jahr hinweg veranstalten. Auf diese Weise haben Sie unterschiedliche „Gärten“ für Winter und Frühling und Rabatten, die zu verschiedenen Zeiten im Sommer und im Herbst ihren Höhepunkt haben.

Diese beiden Pflanzungen sind sorgfältig zusammengestellt worden, um die Farben der Gebäude im Hintergrund zu ergänzen. Eine gute Lösung für ein weißes Haus, *oben*, sind weißblütige Pflanzen wie die Himalaya Balsamine *(Impatiens glandulifera)*, Tabakpflanzen *(Nicotiana x sanderae)*, weiße Hortensien (*Hydrangea paniculata* 'Tardiva') sowie eine Baumaralie (*Aralia elata* 'Variegata') mit ihren cremig-weißen Blatträndern. Eine perfekte Pflanzenauswahl für einen Backsteinpavillon, *darunter*, ist das Gehölz aus Azaleen *(Rhododendron kaempferi)* mit seinen dunkel-lachsfarbenen Blüten, die fast genau zu der Farbe der Steine passen. Die Unterpflanzung mit Farnen (*Matteuccia struthiopteris)* ist ebenfalls sehr geschickt, da das frische Grün dem der neuen Blätter der Azalee gleicht.

Wenn Ihr Garten klein ist, müssen Sie den anderen Weg wählen. Dann kann man es sich nicht leisten, daß zeitweise Teile unproduktiv bleiben; der Garten muß das ganze Jahr über in Gang gehalten werden. Man erreicht dies mit Pflanzen, die auf derselben Stelle nacheinander durchwachsen, wie auf den drei Bildern zu sehen ist. Nutzen Sie Sträucher, Blumenzwiebeln, Stauden und Einjährige mit der größten jahreszeitlichen Bandbreite zusammen in einer gemischten Rabatte. Das Jahr kann z. B. mit Winterlingen, Schneeglöckchen und Krokussen unter den noch blattlosen Sträuchern beginnen, Narzissen und Tulpen folgen. Wenn die Frühlingszwiebeln vergehen, sind die Stauden soweit, diesen Platz einzunehmen. Im Laufe des Sommers füllt man Lücken mit Einjährigen oder setzt Kübelpflanzen dazwischen. Um den Überblick nicht zu verlieren, planen Sie einzelne Farbschemata für bestimmte Teile des Gartens – z. B. alles in Weiß oder eine besondere Mischung – und verwenden Sie dort durch das ganze Jahr nur Pflanzen dieser Farben. Das ist sehr arbeitsintensiv, denn Sie müssen Verblühtes ständig zurückschneiden, um den Nachfolgern Platz zu machen. Insgesamt aber garantiert Ihnen diese Art des Gärtnerns über die längste Zeit des Jahres Freude an Ihrer Farbgestaltung.

Bauen Sie aber nicht auf die Blüten allein. Blätter bieten über einen längeren Zeitraum Farbe, die sich während des Jahres noch ändern kann. Im Winter spielen Immergrüne eine Rolle ebenso wie farbige Rinde, Früchte und Beeren, Samenstände und sogar die Flechten und Moose.

Gärtnern bedeutet Partnerschaft mit der Natur, und selbst gegenüber Experten hat die Natur oft das letzte Wort. Eine Pflanzung, die an einem Ort blüht, kümmert an einem anderen. Sogar in demselben Garten ist der Erfolg von Jahr zu Jahr unterschiedlich. Die Lehre daraus heißt: Egal wie geschickt Sie pflanzen, lassen Sie Platz für den heiteren Zufall, und freuen Sie sich über unbeabsichtigte Effekte, die manchmal besser als Ihre Planungen ausfallen.

Im Garten des Autors sind auf engem Raum aufeinanderfolgende Farben mit Blattwerk komponiert, die zu jeder Jahreszeit ihre Wirkung zeigen. Diese Rabatte beschränkt sich in etwa auf Blau, Lila und Dunkelrot, denen Gelb und Gelb-Grün gegenübergestellt werden. Im Frühjahr postieren sich die dunkle purpurfarbene Tulpe 'Queen of Night', lila *Allium rosenbachianum* und ein Hauch blauer Vergißmeinnicht vor dem Laub einer *Spiraea japonica* 'Goldflame' und einem *Philadelphus coronarius* 'Aureus'.

Einige Wochen später nehmen Storchschnabel (*Geranium x magnificum* und *G.* 'Johnson's Blue'), Ochsenzunge und *Iris sibirica* den blau-lila Faden wieder auf, unterstützt von dem etwas später blühenden Lauch (*Allium aflatunense* 'Purple Sensation'). Mit blühendem Flattergras (*Milium effusum* 'Aureum') und dem ausschlagenden Laub der kleinen Robinie (*Robinia pseudoaccia* 'Frisia') kommt noch mehr gelbes Blattwerk ins Spiel.

Im Spätsommer wird die Szene von den rosaroten einjährigen *Cosmos* 'Imperial Pink' dominiert. Das führt zu einer leichten Verschiebung der Farbakzente, aber durch *Penstemon heterophyllus* 'Heavenly Blue' (im Vordergrund), eine Kugeldistel *(Echinops ritro)* und die *Clematis* 'Perle d'Azur' vor dem gelben Laub der Robinie und einen Goldhopfen (*Humulus lupulus* 'Aureus') bleibt die grundsätzliche Betonung erhalten.

Farben verstehen

Die Farbe Rot macht in jedem Zusammenhang Eindruck, aber am wirkungsvollsten ist Rot mit Grün, der Komplementärfarbe. Rote Blüten, wie die der *Crocosmia* 'Lucifer', die sich hier über eine Gruppe *Helenium* 'Moerheim Beauty' beugen, leuchten noch intensiver vor einem kräftig grünen Hintergrund.

Das Farbrad

Die Natur zeigt uns, wie wir Farben ordnen und ihre Wechselbeziehungen benennen können. Es ist das Spektrum des Regenbogens. Die Farben entstehen durch die unterschiedlichen Wellenlängen des Lichts, und ihre Reihenfolge ist deshalb unveränderlich. Schließt man dieses Spektrum zu einem Kreis, so hat man ein Farbrad *(siehe gegenüber)*, das hilft, die grundsätzlichen Beziehungen der Farben zueinander im Garten zu ordnen.

Rot, Blau und Gelb sind die Primärfarben, aus denen, theoretisch, alle anderen Farben gebildet werden. Es gibt auf der Netzhaut des Auges nur drei verschiedene Farbsensoren, die sogenannten Zapfen, die auf je eine der Primärfarben reagieren. Jede der drei Sekundärfarben, Grün, Orange und Violett, ist eine Mischung zweier Primärfarben und liegt zwischen diesen auf dem Farbrad. Zum Beispiel Grün, eine Mischung aus Blau und Gelb. Diese Farben des Regenbogens werden durch eine unendliche Vielzahl von Abstufungen miteinander verbunden, die hier durch sechs Farben vertreten werden. Weiß und Schwarz fehlen ebenso wie die feineren Nuancen Rosa, Grau und Braun. Dafür gibt es zwei Gründe. Schwarz, Weiß und Grau sind „unwirksame" Farben, die nicht mit anderen Farben reagieren. Rosa, Braun und alle anderen feinen Zwischentöne könnten auf einer umfassenderen Farbtafel gezeigt werden, aber sie würden die klare Aussage des Farbrades verwirren. Verwendet man kompliziertere Mischfarben wie Pink oder Lila, so läßt man sich von der Hauptkomponente leiten: Pink, z. B., kann wie kaltes Rot und Lila wie dumpfes Violett behandelt werden.

Die beiden verschiedenen Ansätze der Farbgestaltung im Garten – Harmonie oder Kontrast – lassen sich am besten anhand des Farbrades erklären. Harmonierende Farben liegen nebeneinander, sind Nachbarn auf dem Farbrad. Rot, Orange und Gelb z. B. ergeben ein harmonisches Bild. Die Farben der gegenüberliegenden Seite stellen die Kontraste dar. Dabei liegen die größten Opponenten genau gegenüber: Rot und Grün, Blau und Orange, Gelb und Violett. Diese stark gegensätzlichen Farben nennt man Komplementärfarben.

Wie der Name schon andeutet: Eine Komplementärfarbe ergänzt alles, was ihr Gegenüber nicht hat. Es herrscht eine grundsätzliche physiologische Beziehung zwischen ihnen. Starren Sie ohne Unterbrechung eine halbe Minute auf einen leuchtend roten Fleck. Wenden Sie sich ab, und schauen Sie bei guter Beleuchtung auf ein weißes Papier. Sie sehen einen grünen Fleck. Dafür gibt es eine einfache Erklärung. Wenn sich das Auge auf das Rot konzentriert, werden nur die rot-empfindlichen Zapfen beansprucht und ermüden schnell, ihre Leistung fällt ab. Die neue weiße Fläche regt nun alle Zapfen gleichmäßig an, aber die überbeanspruchten Rot-Zapfen schicken falsche Signale an das Gehirn. Sie vermitteln die Botschaft von zu wenig Rot; oder anders herum: zuviel der komplementären Elemente, nämlich zuviel Grün. Deshalb sehen wir ein grünes Phantombild auf dem weißen Papier.

Das Prinzip der unbewußten Ergänzung zwischen den Komplementärfarben trägt entscheidend zu unserer Wahrnehmung der Farben im Garten bei. Die Augen reagieren laufend auf eben gesehene Eindrücke. Nehmen wir einmal folgenden Ablauf an: Zuerst sehen wir blaue Blumen; die blau-empfindlichen Zapfen werden stimuliert und ermüden. Dann sehen wir Orange; die Augen haben schon wegen zuviel Blau die Komplementärfarbe Orange entwickelt, und das Orange wird dadurch verstärkt. Mit anderen Worten, durch das Betrachten von Blau wirkt Orange intensiver. Das Auge wird durch den Anblick einer Farbe angeregt, die entsprechende Komplementärfarbe in dem nächsten Bild zu suchen. Das bedeutet eine Verstärkung des Unterschieds zwischen diesen beiden Farben. Sind die beiden Farben nebeneinander und werden zusammen gesehen, ist der Effekt derselbe, und man spricht vom Simultan-Kontrast. Diese Vorgänge sind für den „Pep" verantwortlich, der von Pflanzungen mit Komplementärfarben ausgeht wie zum Beispiel Blau und Orange. Das gleiche gilt auch bei sanften Farben und erklärt, warum Zusammenstellungen von Pflanzen, die sich farblich ähneln, so besonders angenehm sind. Setzen Sie eine blau-grüne Hosta neben eine grüne, und der Blau-Empfang verschiebt Ihre Grün-Wahrnehmung ein bißchen in Richtung Gelb-Orange. Genauso wird eine gelbblättrige Hosta das benachbarte Grün etwas bläulich erscheinen lassen.

Das Farbrad zeigt ebenfalls, wie sich Farben in eindeutige Gruppen einteilen lassen. Teilt man das Rad grob in zwei Hälften wie in dem kleinen Bild, dann sind die roten und gelben Farben die „warmen". Die Farben der anderen Seite, mit Blau und Violett, sind „kalt". Wenn man Komplementärfarben wie Blau und Orange zusammen verwendet, stammen die Komponenten von verschiedenen Seiten unseres Farbrades und sind sowohl „warm" als auch „kalt". Dies gilt grob gesagt für alle Farb*kontraste*; sie enthalten immer eine Warm-kalt-Beziehung. Bei Farb*harmonien* dagegen haben die Komponenten meistens eine gleiche „Temperatur". Obwohl einige sich scheinbar ähnelnde Farben wie Rosa und Orange unterschiedliche „Temperamente" haben. Dies führt zu einer verfälschten Harmonie; die Farben „beißen" sich.

Das Farbrad ist das zu einem Kreis geschlossene Farbspektrum. Hier bilden die drei Primärfarben Rot, Gelb und Blau die größten Speichen. Sie sind die Hauptbausteine der Farben. Die kürzeren drei Speichen zeigen die Sekundärfarben Grün, Orange und Violett. Die sechs Dreiecke sind die Tertiärfarben, sie bilden die Übergänge zwischen den Hauptfarben. Alle Teile dieses Schaubildes werden durch Pflanzen dargestellt, und das Ergebnis ist ein Sammelsurium von Farben, das in dieser Zusammenstellung im Garten unschön wäre. Das Farbrad ist der Zusammenschluß aller Farbbeziehungen, und es empfiehlt sich natürlich nicht, sie so zu verwenden. Auf den folgenden Seiten wird untersucht, wie das Farbrad für weitaus eingeschränktere Farbpaletten genutzt werden kann.

Teilt man das Rad ungefähr in zwei Hälften, fällt es in zwei deutliche Farbfamilien auseinander – „warme" Farben auf der Grundlage von Rot und Orange und „kalte" Farben, basierend auf Blau. Die Farben an der jeweiligen Spitze, Hellgrün und Pink, schwanken zwischen warm und kalt, je nach Zusammenhang.

Sättigung

Die Sättigung beschreibt die Intensität einer Farbe: eine gesättigte Farbe zeigt sich in voller Kraft, in ihrer unverfälschten Form. Eine ungesättigte Farbe ist schwächer und weniger intensiv, mit Weiß verdünnt oder mit Schwarz schattiert. Die Beispiele zeigen neun verschiedene Sättigungsgrade der Farbe Rot, wobei die Lobelie in der Mitte die intensivste Tönung hat. Das Rosa der Baumpäonie *(Mitte, rechts)* ist ein mit Weiß verdünntes Rot. Andere Mischtöne werden durch „Verschmutzen" mit Schwarz oder anderen dunklen Tönen erzielt. Das matte Blattwerk des Ahorns *(oben, links)* neigt zu Blau und wird oft fälschlicherweise als Lila bezeichnet. Es ist aber ein stumpfes, ungesättigtes Rot. Das matte Karminrot der Clematis *(oben, Mitte)* ist klarer, aber es fehlt die Leuchtkraft.

Licht beeinflußt ebenfalls den Sättigungsgrad einer Farbe. Strahlende Sonne hebt den roten Unterton des Schmuckkörbchens *(Mitte, links)* hervor, in weicherem Licht ist sie fast schwarz. Der Hartriegel *(unten, links)* scheint mattrot, denn die Sonne saugt die Farbe auf und wirft Schatten zwischen die Zweige. Auf ähnliche Weise wird die Intensität des roten Mohns *(unten, Mitte)* durch die weiche, unebene Struktur der Blüten geschwächt. Gemusterte Blüten oder zweifarbige Blätter schwächen ebenfalls die Sattheit der Farbe. Bei der Clematis wird das matte Karminrot durch die hellere Mitte weiter gemildert. Das blasse Karmin der Glockenblume *(oben, rechts)* wird durch den weißen Rand der Blüten noch mehr verwässert, so daß sie beinahe rosa wirkt. Ähnlich verändern die Samenstände – ob heller oder dunkler – den Farbeindruck ihrer Blüten. Bei der Päonie wirkt das helle Rosa der Blütenblätter durch die helleren Samenstände noch blasser. Dieser Effekt läßt natürlich mit der Entfernung nach.

Gärtner sollten den Sättigungsgrad einer Farbe bei der Planung berücksichtigen. Eine intensive, klare Farbe hebt sich von abgestuften Farben ab. Das gilt besonders für sattes Rot, Gelb und Orange, die immer aus ihrer grünen Blätterumgebung hervorstechen. Ungesättigte Farben dagegen scheinen im Hintergrund zu versinken, besonders wenn sie Blau enthalten. Man kann einen harmonischen Effekt erzielen, indem man Pflanzen der gleichen Farbfamilie, aber von unterschiedlicher Intensität, mischt. Blumen, deren Farben von blassem Pink bis zu dunklem Purpurlila reichen, zeigen die ganze Blau-Rot-Palette. Wenn man dagegen unterschiedliche Farben zusammenstellt, sollten sie ungefähr den gleichen Sättigungsgrad haben. Wählen Sie eine schmale Skala pastellfarbiger Mischtöne für ein ruhiges Beet oder eine begrenzte Skala satter Töne für einen stärkeren Effekt.

Ahorn (*Acer palmatum* Dissectum Atropurpureum Gruppe)

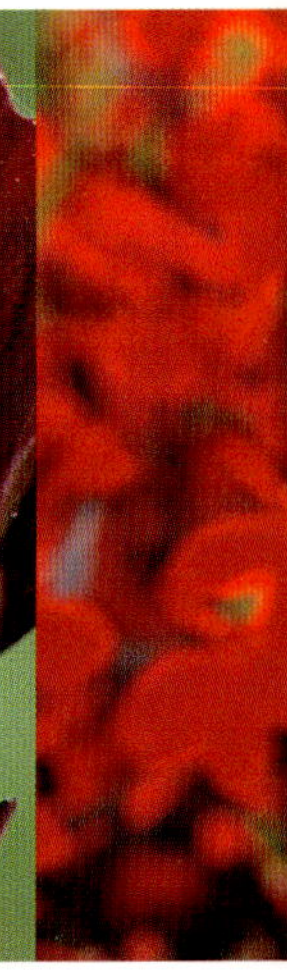

Schmuckkörbchen *(Cosmos atrosanguineus)*

Hartriegel (*Cornus alba* 'Sibirica')

Clematis *(Clematis viticella* 'Purpurea Plena Elegans')

Glockenblume (*Campanula* 'Elizabeth')

Dieses sind drei mit Blau gemischte Rottöne verschiedener Stärke. Obwohl der Fächerahorn so dunkel ist und die Glockenblume so hell, ist ihr jeweiliger Rotgehalt deutlich erkennbar.

Lobelie *(Lobelia x speciosa)*

Baumpäonie (*Paeonia x lemoinei* 'Madame Louis Henri')

Die Lobelie in der Mitte zeigt Rot in seiner sattesten Form. Jeweils daneben Mischtöne; das Schmuckkörbchen mit Schwarz und die Päonie mit etwas Weiß.

Mohn (*Papaver orientale* 'May Queen')

Weihnachtsstern (*Euphorbia pulcherrima* 'Rosetta')

Diese Mischtöne tendieren nach Gelb. Der Hartriegel und der Mohn, beide etwas gelbstichig, zeigen, wie helles Licht den Sättigungsgrad einer Farbe mindern kann. Der Weihnachtsstern demonstriert, wie durch noch mehr Gelb seine Farbe zwar rötlich ist, aber nicht mehr rot genannt werden kann.

Helle und dunkle Töne

Die Tönung bestimmt die Helligkeit, sie besagt, wie licht oder wie dunkel eine Sache ist. Jede Farbe hat ihre eigene Tönung. Lila z. B. ist ein dunkler Ton, Gelb ein heller. Die unterschiedliche Tönung erkennt man auf Schwarz-weiß-Fotos. Sie werden vom Auge durch spezielle Lichtsensoren, die sogenannten Stäbchen, registriert, die nur auf hell-dunkel reagieren. Bei schlechtem Licht funktionieren sie besser als die farbempfindlichen Zellen, die Zapfen. Deshalb kann man im Zwielicht der Dämmerung immer noch Hell und Dunkel unterscheiden, aber keine Farben mehr wahrnehmen.

Diese unterschiedliche Tönung ist bei der Gartenplanung sehr wichtig. Bei manchen Pflanzgruppen ist der Unterschied der Tönung wichtiger als der Farbkontrast. Haben Sie zum Beispiel dunkellila und hellgelbe Pflanzen zusammengesetzt, wie das Eisenkraut und die Schafgarbe auf dem Bild *(gegenüber oben)*, dominiert die Tönung den Farbkontrast, obwohl es Komplementärfarben sind.

Normalerweise wirken Mischungen von Pflanzen gleicher Tönung und kontrastierender Farben am stärksten. Komplementärfarben wie Rot und Grün bilden einen kraftvollen Gegensatz. Sie sind so ähnlich in ihrer Helligkeit, daß der Unterschied auf einem Schwarz-weiß-Foto kaum zu erkennen ist *(gegenüber unten)*. Gelb und Grün dagegen bilden meistens starke Tonkontraste, obwohl sie farblich nahe beieinander liegen, wie auf dem Schwarz-weiß-Foto gut zu sehen ist *(unten)*. Dieses Beispiel kann dazu dienen, Pflanzen für schattige Plätze auszusuchen oder für den Teil des Gartens, in dem Sie den Abend verbringen. Schön sind Pflanzen mit grün-weißem Blattwerk, da sie dort interessante Muster bilden, wo das Auge unterschiedliche Farben nicht mehr genau wahrnimmt.

Weiß und Schwarz bilden den absoluten Gegensatz. Obwohl es keine wirklich schwarzen Blätter und Blüten gibt, werden etliche fast schwarze Pflanzen angeboten. Extreme Hell-Dunkel-Kontraste können im Garten eine dramatische Wirkung haben. Eine tiefgrüne Eibenhecke z. B. hinter einer blassen Blumenrabatte läßt die Blüten noch lichter wirken, die hellen Blumen wiederum machen die Hecke noch dunkler. Eine Verstärkung dieser Dramaturgie wird durch helles Sonnenlicht ausgelöst, durch das sich die Unterschiede der Töne weiter vertiefen. Der Hintergrund entweicht in den Schatten, während die hellen Blumen in ihren klaren Umrissen bildlich nach vorne gedrängt werden.

Bei dieser meisterhaften Pflanzung spielen die unterschiedlichen Töne eine ebenso große Rolle wie die unterschiedlichen Farben. Das erkennt man an der Klarheit des Schwarz-weiß-Fotos, auf dem der geschnittene Kegel des goldenen Liguster (*Ligustrum ovalifolium* 'Aureum') und die weiß geränderten Blätter der Hosta *(H. crispula)* klar vor den anderen dunkleren Blättern hervortreten. Die gelben Spitzen des Kreuzkrautes (*Ligularia* 'The Rocket'), die weißen Storchschnabelblüten *(Geranium pratense f. albiflorum)*, weiße Hornveilchen *(Viola cornuta)* und *Achillea ageratum* 'W. B. Childs' sind ebenfalls in Schwarz-weiß klar zu erkennen. Aber der Hauch von Blau – Jakobsleiter, Glockenblume und Rittersporn – läßt sich vor dem grünen Hintergrund nicht ins Monochrome übersetzen.

Weiß liefert die größten Kontraste mit fast jedem Blattwerk und anderen Pflanzen, bis auf die ganz hellen Blütenfarben, da diese den lichtesten Ton in der Palette des Gärtners bilden. Sie müssen mit Weiß vorsichtig umgehen, besonders bei flächigen oder schweren Formen, da es einen sehr starken Kontrast bildet. Die Augen wenden sich immer den hellsten Tönen zu, und Weiß kann somit alle Aufmerksamkeit auf sich ziehen.

rechts: Bei dieser Blumenrabatte sind die Farbkontraste und unterschiedliche Tönungen geschickt gemischt. Violett und Gelb sind Komplementärfarben. So bildet das lila Eisenkraut *(Verbena rigida)* zusammen mit der gelben Schafgarbe *(Achillea* 'Taygetea') und *Kniphofia* 'Sunnigdale Yellow' einen starken Farbkontrast. Sie sind aber auch die jeweils hellste und dunkelste Farbe im Farbrad. Weiß ist der hellste Ton überhaupt, und in vollem Sonnenlicht gegen dunklen Schatten ergibt das weiße Waldweidenröschen *(Epilobium angustifolium album)* eine aufregende Silhouette.

links: Der Eindruck von dieser Pflanzung ist das Ergebnis satter Farben, die mit scharlachroten Salvien (*Salvia splendens* 'Blaze of Fire' und 'Lady in Red'), zinnoberroten *Alonsoa*, braun-roter Sonnenbraut (*Helenium* 'Moerheim Beauty') und *Crocosmia* 'Lucifer' einen schneidenden Gegensatz zu dem Grün ihrer Blatter bilden. In Schwarz-weiß schwindet der Gegensatz jedoch, und das Bild wirkt schmutzig grau. Das liegt an der Ähnlichkeit der Tönung. Zwar werden Gärten nicht unbedingt für Farbenblinde gemacht, aber man sollte daraus lernen. Es ist immer gut, einige klare Formen und Tonkontraste, wie z. B. helle, dunkle und gemusterte Blätter, zu verwenden. Dieser Tönungsaspekt fügt dem Ganzen eine weitere Feinheit hinzu, die oft bleibt, auch wenn die Blumen verblüht sind.

Der Einfluß des Lichts

Mehr Freude an der Farbzusammenstellung in Ihrem Garten haben Sie, wenn Sie die unterschiedliche Wirkung kennen, die die Lichtverhältnisse im Laufe eines Tages, während der Jahreszeiten und bei unterschiedlichem Wetter auf Farben ausüben. Der französische Impressionist Monet pflanzte eine Dämmerungsrabatte in seinem Garten in Giverny, die auch noch existiert. Er verwendete hauptsächlich gelbe und orangefarbene Blumen. Seine Idee war, das warme Licht des Sonnenuntergangs auszunutzen und die Rabatte wie die verglühende Asche eines Feuers leuchten zu lassen. Beobachten Sie die Veränderungen des Sonnenlichts im Laufe des Tages, und Sie können ähnliche Wirkungen durch Ihren Farbplan erzielen. Die Sonne steht am niedrigsten bei Sonnenaufgang und -untergang. Dann fallen ihre Strahlen schräg durch die Erdatmosphäre und werden am stärksten durch Staub und andere Partikel beeinflußt. Das Ergebnis ist ein diffuses Licht in einer wärmeren Tönung und manchmal eben ein roter Himmel, der unseren Garten in rot-gelbes Licht taucht. Die warmen Farben Rot, Orange und Gelb leuchten in diesem Licht; Blau, Grün und Violett hingegen erscheinen matt und dunkel, weil sie so wenig blaues Licht reflektieren können. Nutzen Sie die niedrig stehende Sonne am Tagesanfang und -ende, indem Sie Skulpturen, bemalte Holzelemente oder Bäume mit farbiger Rinde so plazieren, daß erste oder letzte Sonnenstrahlen sie effektvoll beleuchten. Ebenso lassen sich erstaunliche Wirkungen mit den langen Schatten erzielen, die im Sommer um diese Tageszeit oder den ganzen Tag im Frühjahr und Winter fallen.

Mittags steht die Sonne am höchsten, ihre Strahlen fallen im rechten Winkel auf und werden deshalb kaum durch die Atmosphäre beeinträchtigt. Sonnenlicht ist gelb, das Blau des Himmels kompensiert dies, so daß mittags das Licht fast weiß ist. Die Reflektion des blauen Himmels ist im Schatten am stärksten, weil sie dort die einzige Beleuchtung darstellt. Schatten an einem sonnigen Tag hat deshalb einen gewissen Blaustich. Die wirkungsvollsten Blumen für Stellen, die mittags im Schatten liegen, sind Blau und Violett sowie Weiß, das in diesem Zusammenhang einen blaßblauen Schimmer erhält.

Wenn die Sonne untergegangen ist und der goldene Schein verblaßt, wird das Licht wieder bläulich. Das Auge kann Blau noch eine Weile erkennen, nachdem Rot und Orange schwarz werden, weil die Blau-

oben: Weinblätter (*Vitis vinifera* 'Purpurea') in Herbstfärbung werden im Schein der niedrigen Sonne durchsichtig wie bunte Glasfenster.

links: Ein Kreis Kaufmanniana-Tulpen reflektiert die erste Frühlingssonne. Jetzt steht die Sonne tief am Himmel, hat ein sanftes Licht und wirft längliche Schatten. Ist die Luft klar, wirkt das Licht sehr kühl und mildert die Kraft der gelben Farbe, die zu dieser Zeit vorherrschend ist.

Rezeptoren bei Dämmerlicht noch arbeiten. Weiß ist ebenfalls noch erkennbar; deshalb sollten Sie blaue und weiße Blumen dort pflanzen, wo Sie an Sommerabenden länger sitzen möchten.

Das Klima und das vorherrschende Licht beeinflussen die Farben Ihres Gartens gleichermaßen. An bedeckten Tagen, wenn diffuses Licht herrscht und die Schatten weich sind, kann man die feinsten Farbnuancen unterscheiden. Deshalb passen matte Farben und feine Pastell-Harmonien am besten in Gegenden fern vom Äquator, wo die Sommersonne schwach und der Himmel oft bedeckt ist. In heißeren Zonen und den Tropen bewirkt die starke Sonne einen harten Kontrast zwischen strahlendem Licht und blau-schwarzen Schatten. Da dieser große Unterschied durch Farbe nicht aufgehoben wird, muß man hier starke, satte Farben arrangieren, die selbst lebendige Kontraste abgeben.

Jahreszeitlich bedingte Lichtunterschiede sind ebenso zu beachten. Das sanfte, kühle Licht des Frühlings ist freundlich zu kräftigen Farben, läßt sie frisch und nicht grell aussehen. Im Sommer kann man am Morgen und am Abend die Pflanzen in ihrem mildesten Licht genießen. Mittags scheint die Sonne so stark, daß die Farben bruchstückhaft wirken und sich zueinander verändern. Im Herbst steht die Sonne tief am Himmel, das Licht wird wieder weich und schmeichelhaft. Im Winter sind ihre Schatten am längsten und bewirken dramatische Effekte. Die Sonne leuchtet den Garten aus, und die Schatten der nackten Baumstämme und kahlen Äste stehen silhouettenhaft gegen den Schnee oder die dunkle Erde.

Dort, wo jahreszeitlich die größten Klima- und Lichtunterschiede auftreten, ist auch die natürliche Farbpalette über das Jahr am vielfältigsten. Im zeitigen Frühjahr, Spätherbst und Winter sind in diesen Gegenden die Farben schwer zu dirigieren, da dann nur wenig blüht. Passen Sie sich der Natur an! Frühjahrsfarben sind Hellgelb, klares Blau und Violett. Sprießende Blätter sind eher gelb als grün. Im Herbst bestimmt ebenfalls die Natur sehr stark die Farben. Feiern Sie diese Zeit mit glühenden Rot- und Goldtönen der Beeren und fallenden Blätter, auch wenn diese Farben im übrigen Jahr nicht zu Ihren Lieblingen zählen. Der Winter dominiert mit dem Braun und Beige der abgestorbenen Stauden und dem Dunkelgrün der Immergrünen. Da ist jede zusätzliche Farbe willkommen. Ein Farbschema spielt dabei keine Rolle, da jede Farbe im Winter die trübe Stimmung aufhellen und Hoffnung auf farbenfrohere Zeiten wecken soll.

Das Licht eines Spätnachmittags umfängt eine elegante Steinvase und gibt ihr Kontur. Zu dieser Zeit wirken Ornamente, Skulpturen und Gartenstrukturen ganz besonders aufregend. Achten Sie darauf, wie das warme Licht einen kühlen Schatten hervorruft, der den Weg bläulich, das Rosa der 'Mevrouw Nathalie Nypels'-Rose kühler und das Blau der Katzenminze *(Nepeta nervosa)* intensiver werden läßt.

Farbaufteilung

Wenn Sie eine Farbauswahl getroffen haben, ist es wichtig, über die Formen und Eigenschaften der Pflanzen, die Sie haben möchten, nachzudenken, damit sie zusammen die beste Wirkung erzielen. Eine einzelne Farbe kann als schlichter Fleck im Garten ihre ursprüngliche Kraft verlieren und langweilig wirken. Ein krauses Durcheinander von Farben dagegen ist irritierend, weil sich das Auge auf keiner Farbe oder Kombination ausruhen kann. Auch Gärten mit Pflanzen gleicher Struktur und Mächtigkeit können trotz fein abgestimmter Farbkomposition ein Alptraum an Gleichmäßigkeit werden. Es geht also nicht nur um Farbblöcke oder -bänder, Farbtupfen oder -striche, sondern auch um unterschiedliche Formen und Größen der Pflanzen.

Die Überlegungen werden von der Größe Ihrer Anlage bestimmt, aus welchem Blickwinkel sie am häufigsten betrachtet wird und ob Sie sich für ein Farbthema oder verschiedene Kombinationen entscheiden. Je größer Ihr Garten, desto breitgefächerter können die Effekte ausfallen. Je enger der Blickpunkt, desto konzentrierter müssen sie sein. Pflanzen Sie eindeutig abgegrenzte Bereiche, bleiben die einzelnen Farben klar erkennbar; mischen Sie die Farben, ist die Wirkung in der Nähe gefleckt, in der Ferne verlaufen die Farben und wirken diffus. Wenn Sie Stauden in großen Farbflächen lieben, versuchen Sie einmal die Gertrud-Jekyll-Methode der länglichen Abfolgen statt der runden Horste. Längliche Pflanzungen verknüpfen sich untereinander ohne scharfe Trennlinien. Das ist vorteilhaft, wenn eine Staude verblüht ist und zurückgeschnitten werden muß. Die benachbarten Pflanzen werden den unschönen Fleck schnell verdecken. Oft ist es wirkungsvoller, wiederholt die gleiche Pflanze zu setzen, als ständig zu wechseln. Farbwiederholungen können wie ein Musikrhythmus wirken, wenn sie nicht zu gleichmäßig oder symmetrisch auftauchen. Durch die Wiederkehr derselben Pflanze in verschieden starken Häufungen wird die natürliche Vermehrung nachempfunden, und Ihre Anlage wirkt überzeugender.

Diese beiden Pflanzungen, von demselben Gärtner, demonstrieren zwei verschiedene Ansätze der Farbgebung. Die Rabatte *(oben links)* mit ihren kleinen verstreuten Blüten – Potentilla und Verbenen vermischt mit Bartnelken, weißen Schafgarben und einzelnen Bartfaden – wirkt aus der Nähe juwelenhaft, mit den einzelnen Farbtupfern wie ein impressionistisches Gemälde. In der Ferne würden die Farben verschwimmen. In dem Garten *(oben rechts)* ist der gleiche Bartfaden in großzügigen Flächen gepflanzt, zusammen mit dichten Nelken- und Lichtnelkenhorsten. Sie bilden die Unterpflanzung für alte Rosen, welche ihrerseits gewichtige rosa und mauvefarbene Zentren bilden. Auch aus der Ferne sind diese großen Farbflächen gut zu unterscheiden.

Diese blau-gelbe Kombination vereint lockere Gruppen von Lupine, Schafgarbe, Katzenminze, Glockenblume, Frauenmantel und Ehrenpreis, die in einen gewundenen Weg wachsen. Pflanzen gedeihen und sehen am besten aus, wenn man sie in ihrer natürlichen Form wachsen läßt. Stauden neigen dazu, sich so wie ihre Wurzeln nach allen Seiten auszudehnen; manche vermehren sich auch durch Samen, so daß neue Horste in einiger Entfernung entstehen. Diese natürlichen Vorgänge ziehen sich über Jahre hin. Sie brauchen bei Ihrer Rabatte darauf nicht zu warten, weil Sie durch Ihre Pflanzung diesen Prozeß vorwegnehmen können. Seien Sie großzügig, wenn Sie es sich leisten können, und setzen Sie immer mehrere Pflanzen einer Sorte in üppigen Gruppen zusammen.

Ein völlig anderes Ergebnis erzielen Sie mit vereinzelten Pflanzen einer Farbe zwischen anderen Farbgruppierungen. Im Frühling z. B. können einzelne gelbe Narzissen, die durch blaue Hügel von *Lithodora* (Steinsame) hindurchwachsen, das Blau noch intensivieren und Eintönigkeit vermeiden helfen. Auch im Sommer können kleine, verstreute Blumen mit leuchtenden Blüten wie Potentilla und Nelkenwurz einer Pflanzung, die sonst vielleicht langweilig wirken würde, wertvolle Impulse geben.

Unterschiedliche Formen beeinflussen die Farben. Ob es sich um Bäume und Sträucher in großem Maßstab handelt oder um kleinere Kletterpflanzen und Stauden, immer bilden ihre Blüten und Blätter ein Faktum, auf das die Nachbarfarbe reagiert. Manchmal können Formunterschiede eine Farbreihe interessant machen, selbst wenn die andere Form mehr oder weniger die gleiche Farbe hat. Stellen Sie sich ein Büschel von aufrechtem rot-lilafarbenem Fingerhut neben einem runden Kissen Indianernessel der gleichen Farbe vor. Die unterschiedlichen Formen wirken belebend. Bei der oben gezeigten Rabatte kommt durch die verschiedenen Gelbtöne, den Sternenregen des Ginsters, die Speerspitzen der Lupinen und die Teller der Schafgarbe Schwung in die Pflanzung. Unifarbene Kompositionen sind noch abhängiger von verschiedenen Formen und Strukturen. Dies wird auf den folgenden Seiten genauer untersucht.

oben: Die Hell-Dunkel-Musterung dieser Kalifornischen Hybrid-Iris läßt die Farbe schimmern und weniger kompakt wirken, als es ein flacher Mischton täte. Die bunten Blätter der Distel *(Galactites tomentosa)* mit ihren gekerbten Rändern vermitteln den Eindruck von Sonnenflecken. Die Äderung der Blüten von *Geranium malviflorum* belebt seine Farbe, aber etwas verhalten.

unten: Rhododendren haben enorme Blütenköpfe, die am Strauch zusammen eine klumpige Farbfülle ergeben. Aus der Nähe, besonders in kleinen Gärten, sieht das nicht sehr gewinnend aus. Ein Saum von gleichfarbigem Leimkraut mildert den Eindruck und verbindet mit der umgebenden Natur.

Dichte, Form und Struktur

Jede Pflanzenart präsentiert ihre Farbe auf ganz eigene Art und Weise, und das Ziel jedes Gartenkünstlers ist es, ein ausgewogenes Bild aus den verschiedenen Formen, Strukturen und Farbintensitäten der verwendeten Pflanzen zu komponieren. Es besteht z. B. ein himmelweiter Unterschied zwischen der diffusen Farbwolke vieler winziger Blüten eines Schleierkrauts oder den massigen Farbflecken mancher Rhododendren oder zwischen der klaren Linie und mattierten Oberfläche einer Lilienblüte und dem zackigen Umriß und der spröden Struktur einer Distel.

Großblütige Blumen wie Begonien, Lilien, manche Rosen und Clematis können den stärksten Farbakzent in ein Beet setzen. Sie wirken aber nicht lieblich, und eine Rabatte ausschließlich mit großblumigen Pflanzen wäre fast brutal. Um diesen Effekt zu mildern, sollte man sie mit zierlicheren Nachbarn versehen, am besten mit derselben oder einer ähnlichen Farbe. Verbinden Sie z. B. rosa Rhododendren mit rosa Leimkraut, so daß sich der klumpige Effekt der Rhododendren durch die Farbwiederholung mit den zierlichen Leimkrautblüten aufhebt. Ähnlich würden duftige Spiräenwedel einen guten Ausgleich für massige Rittersporndolden bilden.

Gemusterte Blüten oder Blätter vermitteln ihre Farbe auf weniger kompakte Weise. Einige Lilienblüten z. B. sind verschiedenfarbig gestreift oder gepunktet; Stiefmütterchen sind oft mit kontrastierenden Farben gefleckt, typisch sind Gelb und Violett; Blumen wie Fuchsien und Lupinen können zweifarbig sein. Aus der Nähe betrachtet, bilden sie für sich schon eine starke Farbkomposition. Von fern laufen die Farben ineinander, die Wirkung ist aber sanfter als die einer schlichten einzelnen Farbe.

Es ist erstaunlich, wie die Form und die Struktur der Blumen und Blätter unser Farbempfinden beeinflussen. Auf engem Raum wirken aufgrund ihrer Form die glänzenden Blütensterne einer Margerite viel heller als die duffen, runden Achilleaköpfchen. Die Sternform ähnelt der Sonne und suggeriert Kraft und Licht, während eine dichte, gefüllte Form träge und statisch wirkt. Blattstrukturen sind sogar noch ausschlaggebender. Vergleichen Sie die samtigen grünen Blätter einer *Hydrangea aspera* subsp. *sargentiana* mit den glänzenden, spröden Blättern des gemeinen Ilex, und Sie sehen, obwohl die Farben fast gleich sind, daß durch die sehr unterschiedlichen Strukturen der Farbeffekt ein völlig anderer ist. Diese Beobachtung gilt auch für Blüten. Je ähnlicher die Farben, desto mehr Bedeutung gewinnt der Strukturunterschied. Eine einfarbige Pflanzung kann also zu einer Studie der verschiedenen Blüten- und Blattstrukturen gemacht werden.

oben rechts: Drei verschiedene Blütenformen bringen Vielfalt in ein weißes Beet. Die einjährige weiße *Dimorphotheca* 'Glistening White' wurde mit *Gypsophila paniculata* zusammengepflanzt, das mit seinem Schleier winziger weißer Blüten einen guten Gegensatz zu der dichten, gefüllten Garbe (*Achillea ptarmica* 'The Pearl') bildet.

oben rechts außen: Die Zwiebelpflanze *Tigrida pavonia* gibt es in Dunkelrosa, Rot oder Gelb. Man muß die richtige wählen, um den passenden Partner für die empfindliche *Verbena* 'Sissinghurst' zu finden. Die Ähnlichkeit der Farben erhöht den Reiz der verschiedenen Formen – hier sind es Dreiecke vor Kreisen.

unten rechts: Die Blüten der Distel *Eryngium alpinum* haben eine ähnliche Farbe wie die krautige *Clematis integrifolia*, und deshalb konzentriert sich das Auge eher auf die Unterschiede der Form und Struktur. Die aufwärts blickenden, piksigen Blütenspindeln der einen Pflanze bilden den perfekten Rahmen für die weichen, nickenden und gewellten Blüten der anderen.

unten rechts außen: Wilde Butterblumen, die zu Füßen einer Baumlupine *(Lupinus arboreus)* wachsen, liefern eine satte Gelbpunktierung inmitten der größeren, aber schwächer gefärbten Lupinenblüten. Die Beziehung zwischen Größe und Farbigkeit ist angenehm ausgewogen, was klar wird, wenn man sich die gelben Töne vertauscht vorstellt.

Gartengestaltung mit Farbe

Gartengestaltung ist ein fortlaufender Prozeß, und die Kunst manch eines Gärtners zeigt sich erst, lange nachdem die Pflanzen gesetzt wurden. Diese frühblühenden *Crocus tommasinianus*, gemischt mit *Cyclamen coum*, brauchten Jahre der Selbstaussaat und Verbreitung, bevor sie diesen herrlichen lila-rosa Teppich bilden konnten.

Die einzelnen Farben

Sie nehmen am besten Ihre Lieblingsfarbe als Ausgangspunkt für Ihre Farbplanung. Aber bevor Sie sich auf ehrgeizige Pflanzungen einlassen, sollten Sie die vorhandenen Farbmöglichkeiten in Ihrem Garten prüfen. Nicht nur die Wirkung der einzelnen Farben und ihr Effekt auf andere ist von Bedeutung, sondern auch die Stimmung, die sie in Ihrem Garten auslösen kann.

Jeder von uns verbindet unbewußt Erinnerungen und Assoziationen mit gewissen Farben; wir empfinden und beschreiben Farben auf unterschiedliche Weise. Es gibt jedoch eindeutige Richtlinien, die Ihnen helfen, die Qualität der einzelnen Farben am besten zur Geltung zu bringen – ob allein oder in der gemischten Rabatte.

Wenn Sie einfarbige Pflanzungen lieben, wirkt es am interessantesten, verschiedene Farbvariationen und abwechslungsreiche Formen und Strukturen zu verwenden. Für eine gelbe Rabatte z. B. können Sie die gesamte Farbpalette von Safrangelb über Zitrone bis zu blassem Beige ausnutzen. Für die Form nehmen Sie Lupinen und Königskerzen, damit ihre hohen Blütenspeere einen Kontrast zu den flachen Schafgarbenköpfen bilden. Und vor allem nutzen Sie die Vielfalt der gelb-grünen Blattpflanzen und kombinieren Sie etwa die porzellanartige Glätte einer Hosta mit der filigranen Textur eines Farns. Mit weißen Blumen oder silbernem Blattwerk können Sie dem eine weitere Variante hinzufügen.

Auch wenn Sie nicht einen ganzen Gartenteil einer Farbe widmen, können Sie mit einer Farbe Beziehungen zwischen Pflanzen erzielen – verbinden Sie z. B. eine gelbblütige Kamille mit den gelben Samenständen einer benachbarten Lilie und diese wiederum mit einem gelb-bunten Efeu. Es macht Spaß, ein Farbecho zu gestalten, das eine Farbe durch den ganzen Garten widerhallen läßt und ein befriedigendes Ganzes bildet.

Diese beiden langen, parallelen Rabatten sind eine phantasievolle einfarbige Pflanzung. Die Vielfalt gelber Blumen ist groß, von dottergelbem Brandkraut *(Phlomis)* bis zu blaßgelben Lupinen. Die unterschiedlichen Formen und Strukturen des Blattwerks verhindern, daß das Gelb eintönig wirkt. Der Ansatz ist nicht dogmatisch, die eingestreuten weißen Blüten und große Tuffs aus silbergrauem Laub machen die Beete heiter und sonnig, auch bei bedecktem Himmel. (Genauer Pflanzplan auf Seite 172.)

Gelb

Denken Sie an Gelb, und die Sonne geht auf. Im Garten sehen kleine gelbe Margeriten wie Miniatursonnen aus, strahlend und hell. Sogar an trüben Tagen wirkt eine Reihe gelber Blumen wie ein Sonnenstrahl. Gelb bringt Heiterkeit in den Garten und hebt die Stimmung. Aber denken Sie daran, daß zuviel Überschwang erschlägt; Gelb muß deshalb vorsichtig gehandhabt werden. Verwenden Sie es mit Zurückhaltung, sonst übertönt es zartere Farben oder setzt zu heftige Kontraste zu anderen starken Farben.

Gelb wirkt zu jeder Jahreszeit anders. Im Sommer steht die Sonne hoch am Himmel und wirft schwarze Schatten. Helles Gelb und dunkler Schatten sind eine wilde Kombination, nehmen Sie deshalb für eine angenehme Hochsommerpflanzung nicht zuviel davon. Im Frühjahr und Herbst steht die Sonne niedrig, das Licht ist sanfter und mildert die Kraft von reinem Gelb.

Die Üppigkeit des Goldregentunnels entschädigt für die kurze Blühzeit dieser Pflanze. Für ungefähr zehn Tage im Frühsommer hängen von seinen Seiten dicke Trauben zitronenschalfarbiger Blüten, von ganz wenig Laub unterbrochen, das später auswächst. Der gelbe und cremefarbene Goldlack ist hier eine mutige Unterpflanzung. Weil er volle Sonne braucht, blüht er normalerweise eher als Goldregen. Der leichte Schatten der Bäume hält ihn hier zurück. Eine gelbblättrige Hosta, wie z. B. *Hosta* 'Gold Standard', wäre eine dauerhaftere Unterpflanzung, sie müßte allerdings in trockenen Sommern gewässert werden, da der Goldregen (hier *Laburnum x watereri* 'Vossii') die meiste Feuchtigkeit wegnehmen würde.

Dieses Frühjahrsbeet besteht aus 'Golden Melody'-Tulpen, gekoppelt mit dem zweijährigen Goldlack (*Erysimum* 'Golden Bedder'). Der Beiname 'Golden' beider Pflanzen klingt zwar poetisch, beschreibt aber nicht den buttergelben Ton der Tulpen im Vergleich zu dem eher pudrigen Schwefelgelb des Goldlacks. Solche Pflanzungen sind lohnend, aber sehr arbeitsintensiv. Goldlack muß im Vorjahr ausgesät und im Herbst zusammen mit den Tulpenzwiebeln gepflanzt werden. Tulpen kommen eher wieder, wenn man sie nach der Blüte herausnimmt und während des Sommers kühl und trocken lagert; wenn sie sich in ihrer Erde wohl fühlen, lassen Sie sie dort.

Leuchtend gelbe Narzissenfelder im Frühling wirken heiter, während eine größere Fläche der gleichen Farbe im Hochsommer grell aussieht. Anders wiederum im Herbst, wenn das weichere Licht große Mengen gelber Blätter angenehm erscheinen läßt. Sie können eine rein gelbe Hochsommerpflanzung mildern, indem Sie viele Mischtöne verwenden. Blaßgelb ist nicht so ungestüm wie Knallgelb, und Zitronengelb mit seiner Grünstichigkeit ist kühler und ein besserer Partner für andere Farben. Das Gelb der Himmelschlüsselchen und Cremegelb sind die anpassungsfähigsten dieser Farbe und am gefahrlosesten in Kombination mit anderen Farben – sogar mit Rosa, das normalerweise nicht gut zu Gelb paßt. Cremegelbe Blumen haben einen beruhigenden Einfluß in jedem Farbzusammenhang und wirken wie grüne Blätter, die beißende Farben voneinander trennen. Auch in eine rein gelbe Frühlingsanlage sollten Sie einige blassere Gelbtöne wie Scheinhasel, hellgelben Ginster und cremefarbene Narzissen einplanen. Das paßt alles gut zu dem Gelb-Grün der frischen Frühlingsbelaubung.

Als Glanzlichter in Ihrem gelben Beet können Sie weiße Blumen mit einem kleinen Gelbstich hinzufügen. Weiße Margeriten z. B. haben eine gelbe Mitte, und einige weiße Lilien, wie *Lilium regale*, haben leuchtende gelbe Staubgefäße. Sie bilden einen Zusammenklang mit anderen Gelbtönen in der Rabatte. Diese Auswahl betrifft nicht nur Blumen. Beziehen Sie gelbblättrige Bäume und Sträucher mit ein; ihre Wirkung ist dauerhafter, und sie sind das Rückgrat Ihrer Anlage.

Den Leuchteffekt von Gelb kann man an vielen Stellen im Garten ausnutzen. So wie gelbe Staubgefäße eine rote Blume aufhellen, so können vereinzelte gelbe Blumen, wie Punkte zwischen rote und orangefarbene Blüten gepflanzt, ein Funkeln in die sonst schwere und dunkle Pflanzung bringen.

Eine rein gelbe Bepflanzung der Blumenkästen hellt im Frühling einen Innenhof auf. Hier ist Goldlack in zwei Gelbtönen kombiniert mit einem cremerandigen Efeu, der die Kästen verdeckt. Um diese Wirkung über den Sommer zu retten, kann man den Goldlack durch Einjährige ersetzen, z. B. Löwenmäulchen in unterschiedlichem Gelb oder die Margerite *Argyranthemum* 'Jamaica Primrose' zusammen mit dem rankenden *Bidens ferulifolia*. Zur Pflege so dicht gepflanzter Kästen nehmen Sie wasserspeicherndes Granulat oder gießen Sie täglich. Wenn Sie keinen Langzeitdünger unter die Erde gemischt haben, müssen Sie wöchentlich düngen.

Vier Stauden ergeben diese dichte Gruppe gelber Blumen, die Margeriten ähneln und Teil einer Rabatte mit warmen Farben sind. Zwei sind winterfest – *Rudbeckia fulgida* var. *sullivantii* 'Goldsturm', unten links, und die blaßgelbe *Anthemis tinctoria* 'E. C. Buxton', und zwei sind empfindlich – die kleinblütige *Bidens ferulifolia* und das cremefarbene *Osteospermum* 'Buttermilk'. Jede würde für sich in großen Gruppen gepflanzt ein betörendes Bild ergeben. Aber zusammen gewinnen sie zusätzlichen Charme durch feine Unterschiede in Form, Farbe und Struktur.

Gelbes Laub

Durch gelbes, gelb-gestreiftes oder -geflecktes Laub läßt sich ebenfalls Gelb in Ihren Garten bringen. Blattwerk zeigt seine Wirkung länger als Blüten; im Frühling und Herbst ist es das wesentliche Element. Aber seine Wirkung ist immer verhalten. Um diese nicht zu zerstören, sollten Sie nur wenige gelbe Blumen dazusetzen. Ebenso wie ein orange-rotes Beet mit gelben Blumen aufgehellt werden kann, können Pflanzen mit gelb-gemustertem Blattwerk, wie Hosta und Efeu, die Düsterkeit dunkelgrüner Partner erleuchten. Teiche, besonders mit überhängenden Zweigen, können sehr dunkel sein. Bepflanzen Sie die feuchten Ufer mit „goldenen" Gräsern, um Licht zu erzeugen, oder mit einigen verstreuten Blumen, die ein kleines gelbes Echo auslösen.

Gegenüberliegende Seite: Die Goldsegge dominiert das Gras *(Phalaris arundinacea* var. *picta),* oben links, und den Wasserschwaden (*Glyceria maxima* 'Variegata'), unten rechts. Im Vordergrund stehen Riesen-Himmelsschlüssel *(Primula florindae)*, Farnwedel *(Osmunda regalis)* und einige Gauklerblumen *(Mimulus guttatus)*. Stattliche Iris *(Iris orientalis)* wiederholen das Gelbthema in Creme-weiß und gedeihen wie die anderen Pflanzen auch in der feuchten Umgebung des Teichs gut. (Genauer Pflanzplan auf Seite 172.)

Im Frühjahr nimmt hier das gelb-gestreifte Laub einer kraftvollen Irisstaude (*Iris pseudarcorus* 'Variegata') das Gelb des Hahnenfußes (*Ranunculus lingua* 'Grandiflorus') und der Etagenprimel im Hintergrund auf. Eine Goldkeule *(Orontium aquaticum)* mit ihren gelben Schlangenköpfchen hat sich am Rand des Teichs angesiedelt, obwohl sie sonst tieferes Wasser bevorzugt.

Goldfelberich *(Lysimachia punctata)* bildet ziemlich grelle butterblumengelbe Blütenberge, aber hier wächst er durch Zweige eines immergrünen Busches (*Lonicera nitida* 'Baggesen's Gold'), dessen blasse Blätter den Effekt mildern. Ein anderer Felberich (*Lysimachia nummularia* 'Aurea') ist ein guter Bodendecker – flachwachsend mit gelb-grünem Laub und hellgelben Blüten.

In dieser ungewöhnlichen Kombination für ein gelbes Schattenbeet werden die röhrenförmigen blaßgelben Blüten eines *Cestrum parqui* verschönt durch das spröde Blattwerk einer Goldeibe, die man als Beeteinfassung beschneiden kann.

Gelb

Frühling

***Aurinia saxatilis* (syn. *Alyssum saxatile*) Steinkraut**
Immergrüne Staude, bildet dichte Matten mit kleinen, glänzend gelben Blüten. 'Citrina' mit blasseren Blüten rankt hübsch von einem Hochbeet oder Steingarten. Bevorzugt Sonne. H 23 cm, Br 30 cm, Z3

***Caltha Palustris,* Sumpfdotterblume**
Staude, wie eine große Butterblume, für Teiche und Feuchtgebiete in voller Sonne. H und Br 60 cm, Z3

***Corydalis lutea,* Lerchensporn**
Immergrüne Staude, blüht den ganzen Sommer. Röhrenförmige gespornte, zweilippige Blüten und blau-grünes farnartiges Laub. Sonne oder Halbschatten. H und Br 30 cm, Z5

***Crocus x luteus* 'Golden Yellow', Krokus**
Knollenpflanze mit großen kelchförmigen Blüten. Sonne. H 10 cm, Br 8 cm, Z4

***Doronicum,* Gemswurz**
Staude, blüht im Spätfrühling mit herzförmigen Blättern. Gänseblümchenartige, große Blüten an langen Stielen. Sonne oder Schatten (Bild S. 141). Gute Sorten *D. x exelsum* 'Harpur Crewe' und *D. orientale* 'Magnificum'. H 90 cm, Br 60 cm, Z4

***Eranthis hyemalis,* Winterling**
Knollenstaude mit goldgelben, stengellosen Blüten und Blatthalskrause. Zieht im Sommer ein. Halbschatten und humusreicher Boden. H und Br 10 cm, Z5

***Erysimum cheiri* 'Golden Bedder', Goldlack**
Kurzlebige Staude, als Zweijährige zu ziehen. Einfarbige Auswahl erhältlich oder Mischungen von Dunkelrot bis Blaßgelb. Braucht volle Sonne. H und Br 30 cm, Z7 (Bild S. 30)

***Erythronium* 'Pagoda', Hundszahn**
Knollenstaude mit bis zu 10 nickenden, lilienähnlichen Blüten an einem Stengel. Breite gefleckte Blätter. Halbschatten und humusreicher Boden, der vor dem Austrocknen im Sommer geschützt werden muß. H 35 cm, Br 20 cm, Z5 (Bild S. 125)

***Forsythia,* Forsythie**
Strauch, dessen nackte Zweige mit glänzenden Blütensternen bedeckt sind, bevor das Laub erscheint. Gute Sorten sind *F. x intermedia* H 1,5 m, Br 2,4 m, Z6. *F. suspensa* hat blassere Blüten. H und Br 2 m, an einer Wand gezogen auch höher. Sonne. Z6

***Fritillaria imperialis* 'Maxima Lutea', Kaiserkrone**
Bulbe mit einer Krone hängender, glockenförmiger Blüten an hohen, aufrechten Stielen. Sonne und Halbschatten. H 1,5 m, Br 30 cm, Z5

***Lysichiton americanus,* Drachenwurz**
Staude mit großen Blütenscheiden, die unangenehm riechen. Später erscheinen die attraktiven breiten Blätter. Sumpfpflanze. Sonne, verträgt auch Halbschatten. H 90 cm, Br 75 cm, Z6

***Mahonia aquifolium,* Mahonie**
Immergrüner Strauch mit dichten, süß duftenden Blütenköpfen, aus denen sich im Sommer blaue Beeren entwickeln. Schatten und Halbschatten. H und Br 1,5 m, Z5

***Narcissus,* Osterglocke**
Die gelben Glocken dieser beliebten Zwiebelpflanze sind die wichtigsten Frühlingsboten. Boden sollte nicht austrocknen. Volle Sonne oder Halbschatten. Gute frühblühende Sorten sind *N. cyclamineus* 'February Gold' H 32 cm und 'Peeping Tom' H 45 cm, Z5 und die niedrigere 'Tête-à-Tête' H 25 cm, Z4. Eine gute späte Sorte ist *N. jonquilla* 'Yellow Cheerfulness' mit gefüllten, duftenden Blüten. H 40 cm, Z4

Rhododendron luteum
Sommergrüner Strauch mit klebrigen Knospen, großen, trichterförmigen Blüten. Benötigt neutrale bis saure Böden und Halbschatten. H und Br 2,4 m, Z5

***Ribes odoratum,* Goldjohannisbeere**
Strauch mit Blütensternen, die an gebogenen Zweigen aufgereiht sind und würzig nach Nelken duften. Gut vor einer sonnigen Mauer. H und Br 1,8 m, Z5

***Trollius europaeus,* Trollblume**
Staude mit runden, butterblumenähnlichen Blüten und zierlich geteilten Blättern. Sonne oder Halbschatten, aber feuchter Boden. H 60 cm, Br 45 cm, Z4

***Tulipa,* Tulpe**
Schätzt Sommerhitze. Gute Sorten sind die frühblühende 'Bellona' H 30 cm, Br 20 cm, Z4; 'Golden Melody' H 30 cm, Br 20 cm, Z4 (Bild S. 30) und 'West Point' H 50 cm, Br 25 cm, Z4 (Bild S. 169)

***Uvularia grandiflora,* Trauerglocke**
Rhizombildende Staude mit reizenden, hängenden Blüten an langen Stengeln, die aus dem jungen Laub wachsen. Benötigt torfreiche Erde im Halbschatten. H 60 cm, Br 30 cm, Z5

Sommer

***Achillea,* Schafgarbe**
Staude mit flachen, tellerartigen Blütenköpfen, die einen willkommenen Gegensatz in Rabatten mit vertikaler Betonung bilden. Ebenfalls schönes farnartiges Laub. Benötigt Sonne und verträgt Trockenheit. Gute Sorten sind 'Coronation Gold' H 90 cm, Br 60 cm, Z4 und *A. filipendulina* 'Gold Plate' H 1,2 m, Br 60 cm, Z4 (Bilder S. 157 und 180)

***Allium moly,* Goldlauch**
Zwiebelpflanze mit schönen klargelben Blütenköpfen und grasartigem Laub. Breitet sich an sonnigen Standorten mit durchlässigen Böden zu Horsten aus. H 35 cm, Br 12 cm, Z3 (Bild S. 183)

***Anthemis tinctoria,* Färberkamille**
Immergrüne Staude mit glänzenden, gänseblümchenartigen Blüten und gefiederten Blättern. Blüht ausdauernd, wenn sie ständig geputzt wird. Liebt offene, sonnige Standorte. H und Br 90 cm, Z4 (Bild S. 181)

Bidens ferulifolia
Ein rankender Korbblütler mit kräftigen gelben Blüten und kleinen Blättern. Empfindlich, aber gut für Topfbepflanzung. H 75 cm, Br 90 cm, Z9 (Bilder S. 31 und 177)

***Buphthalmum salicifolium,* Ochsenauge**
Staude mit sehr vielen margeritenähnlichen Blüten. Braucht eine Stütze und wuchert gerne. Sonne. H 60 cm, Br 90 cm, Z4

***Cassia artemisioides,* Gewürzrinde**
Immergrüner Strauch mit Büscheln becherförmiger Blüten und geteilten Blättern, die mit einem weißen Flaum bedeckt sind. Frostempfindlich, gut geeignet für Wintergärten. Der Strauch braucht Sonne. H und Br 1,8 m, Z10

Eranthis hyemalis

Fritillaria imperialis 'Maxima Lutea'

Narcissus 'February Gold'

Uvularia grandiflora

Allium moly

Clematis
Kletternde Pflanze, verträgt Sonne oder Halbschatten, braucht einen kühlen Fuß. Gute Spätsommer-Blüher sind u. a. 'Bill Mackenzie', laternenförmige, breite Blüten mit zurückgebogenen Spitzen, später fedrige Fruchtstände, H und Br 7 m, Z6; und *C. tangutica*, mit kleineren Blüten und ähnlichen Fruchtständen, H und Br 4,6 m, Z6

***Coreopsis verticillata,* Schöngesicht**
Empfindliche Staude mit vielen Blütensternen und fein geteiltem Laub. Braucht Sonne. H 60 cm, Br 30 cm, Z3

***Crososmia,* Montbretie**
Knollenpflanze mit schwertförmigen Blättern und Büscheln trompetenartiger Blüten. Schöne gelbe Sorte 'Golden Fleece' (Bild S. 163) (syn. 'Citronella'). Benötigt Sonne. H 75 cm, Br 20 cm, Z6

Fremontodendron californicum
Immergrüner oder halbimmergrüner Strauch mit großen, leuchtenden, tellerförmigen Blüten. Am besten gegen eine sonnige, geschützte Wand in magerem Boden. H 6 m, Br 3,7 m, Z9

***Genista aetnensis,* Ginster**
Leuchtende, erbsenartige Blüten an gebogenen Zweigen wirken wie eine Farbexplosion. Liebt volle Sonne in magerem Boden. H 7,5 m, Br 9 m, Z8

***Glaucium flavum,* Hornmohn**
Staude, mohnähnliche Blüten, die sich wie Seidenpapier entfalten. Helles, blau-grünes Laub. Sonne. H 60 cm, Br 45 cm, Z5

***Helenium,* Sonnenbraut**
Staude mit kräftigen Büscheln flacher Blüten im Spätsommer. (Bilder S. 177 und 180) 'Butterpat' ist eine gute Sorte. Sonne. H 90 cm, Br 60 cm, Z4

***Helianthus,* Sonnenblume**
Die einjährige *H. annuus* ist die typische Sonnenblume mit großem Samenstand in der Mitte und einem Rand gekrauster gelber Blättchen. H 3 m, Br 45 cm. Die Staude *H. salicifolius* hat ziemlich kleine margeritenähnliche Blüten an sehr hohen Stengeln. H 2,1 m, Br 60 cm, Z6 Beide benötigen volle Sonne.

***Hemerocallis,* Taglilie**
Grasartige Staude, deren wunderbare lilienförmige Blüten nur einen Tag lang halten, blüht in Folge. Schöne Sorten sind die anmutige *H. lilio-asphodelus*, sehr früh; 'Marion Vaughn' (Bild S. 181) und 'Stella de Oro' (Bild S. 157). Am schönsten in voller Sonne. H und Br 90 cm, Z4

***Hypericum,* Johanniskraut**
Strauch, klare gelbe Blüten mit auffälligen Staubgefäßen. Verträgt Sonne oder Halbschatten Gute Sorten sind *H. calycinum*, verträgt Trockenheit und arme Böden, ist ein guter Bodendecker, H 60 cm, Br 1,2 m, Z6; und *H. x inodorum* 'Elstead' mit orange-roten Früchten, H und Br 90 cm, Z7

***Inula magnifica,* Alant**
Staude mit margeritenähnlichen, tellergroßen Blüten über breiten, haarigen Blättern. Bilden große Horste in Sonne auf feuchtem Boden. H 1,8 m, Br 90 cm, Z4

Iris
Rhizombildende Staude. Gute hohe Bartiris, schön in voller Sonne sind 'Canary Bird' (Bild S. 40) und 'Kent Pride' (Bild S. 125). Beide H 90 cm, Br 45 cm, Z4. *I. pseudacorus* gelbe Schwertlilie paßt zu Uferbepflanzungen und benötigt Halbschatten. H 1,2 m, Br 45 cm, Z5 (Bild S. 32)

***Isatis tinctoria,* Färberwaid**
Zweijährige mit winzigen Blüten in unordentlichen Büscheln. Benötigt Sonne. H 1,2 m, Br 45 cm, Z7

***Kniphofia citrina,* Fackellilie**
Die gelbe Variante der bekannten stockartigen Blumen. Benötigt Sonne und feuchten Boden. H 90 cm, Br 45 cm, Z8

***Laburnum x watereri* 'Vossii', Goldregen**
Baum mit reizvoll hängenden Blütentrauben. Kann trainiert werden und sieht bezaubernd als Bogengang aus. Am schönsten in voller Sonne. H 9 m, Br 7,6 m, Z5 (Bilder S. 30 und 139)

***Ligularia przewalskii,* Kreuzkraut**
Staude mit hohen Blütenähren aus kleinen Blüten über eleganten, tiefeingeschnittenen Blättern. 'The Rocket' ist eine Hybrid-Züchtung mit größeren Blüten (Bilder S. 18 und 177). Sonne oder Halbschatten in feuchtem Boden. H 1,5 m, Br 90 cm, Z4

***Lilium,* Lilie**
Schöne gelbe Züchtungen dieser Zwiebelpflanze, die am liebsten in der Sonne steht, sind die *Citronella*-Sorten mit gepunkteten, nickenden Türkenbund-Blüten, H 90 cm (Bild S. 122); 'Connecticut King' mit strahlenden, schalenförmigen Blüten, H 90 cm; und die 'Golden Splendour' Sorten mit trompetenförmigen Blüten, H 1,5 m, alle Z4

***Limnanthes douglasii,* Sumpfblume**
Einjährige mit vielen glänzenden, dottergelben, weiß-umrandeten Blüten, die sich an sonnigen Standorten selbst aussäen. Sonne. H 30 cm, Br 40 cm (Bilder S. 167 und 179)

***Lysimachia punctata,* Felberich**
Staude mit lebhaft gelben Blütenähren. Bildet Horste und wuchert. Benötigt Sonne oder Halbschatten, feuchte Böden. H 75 cm, Br 60 cm, Z4 (Bilder S. 32 und 180)

***Meconopsis cambrica,* Scheinmohn**
Staudenmohn, der sich selbst aussät. Schatten und feuchter Boden. H 45 cm, Br 30 cm, Z6 (Bilder S. 136 und 183)

***Oenothera macrocarpa* (syn. *O. missouriensis*), Nachtkerze**
Staude mit großen trichterförmigen Blüten, die sich am Abend öffnen, später große Samenstände. Sonne und sandiger Boden. H 25 cm, Br 40 cm, Z5

***Orontium aquaticum,* Goldkeule**
Eine schwimmende Tiefwasser-Staude, die auch an Teichrändern wächst. Bildet sonderbare spitze Blüten, die wie Schlangenköpfe aussehen. Br 60 cm, Z7 (Bild S. 32)

***Phlomis,* Brandkraut**
P. fruticosa ist ein immergrüner Strauch mit salbeiähnlichem grau-grünem Laub und sattgelben Blütenquirlen, später attraktive Samenstände. Benötigt Sonne. H und Br 1,2 m, Z8 (Bilder S. 162 und 169). *P. russeliana* ist eine immergrüne Staude mit ähnlichen Merkmalen. H 90 cm, Br 60 cm, Z4

***Piptanthus nepalensis* (syn. *P. laburnifolius*)**
Halb-immergrüner Strauch mit leuchtendgelben Schmetterlingsblüten zwischen attraktiven, dreizähnigen Blättern. Benötigt Sonne und Winterschutz in kälteren Zonen. H 3 m, Br 1,8 m, Z8 (Bild S. 174, Laub)

***Potentilla fruticosa* 'Elizabeth', Fingerstrauch**
Ein kompakter, runder Strauch mit kleinen untertassenförmigen Blüten zwischen sauber geteilten Blättern. Volle Sonne. H 90 cm, Br 1,5 m, Z3 (Bild S. 178)

Clematis 'Bill Mackenzie'

Glaucium flavum

Iris pseudacorus

Lilium 'Connecticut King'

Phlomis fruticosa

***Ranunculus lingua* 'Grandiflorus', Hahnenfuß**
Hohe Staude für Teichränder oder Feuchtgebiete. H 90 cm, Br 30 cm, Z4 (Bild S. 32)

***Rosa*, Rose**
Ein guter Kletterer ist 'Golden Showers' mit Büscheln kräftiggelber halbgefüllter Blüten in Folge. H 2 m, Br 2,1 m, Z5. Gute Strauchrosen sind 'Graham Thomas', eine feine gelbe Englische Rose, H 1,2 m, Br 1,5 m, Z5 (Bilder S. 141 und 172) und *R. xanthina* 'Canary Bird' mit kleinen Einzelblüten, die früh an gebogenen Zweigen erscheinen; kleine farnartige Blätter. H und Br 2,1 m, Z5

***Rudbeckia*, Sonnenhut**
Staude mit margeritenartigen Blüten, spät im Sommer. Dunkle, kegelförmige Mitte. Sonne oder Halbschatten. Gute Sorten sind *R. fulgida* var. *sullivantii* 'Goldsturm' H und Br 90 cm, Z4 (Bilder S. 31 und 177) und *R. nitida* 'Herbstsonne', eine gute Hintergrundpflanze, H 2,1 m, Br 75 cm, Z5

***Sedum acre*, Scharfer Mauerpfeffer**
Teppichbildende Sukkulente, bewächst willig Mauern und Geröll in voller Sonne. H 5 cm, Br unendlich, Z5 (Bild S. 172)

x Solidaster luteus (Kreuzung ***Solidago x Aster)***
Staude mit kleinen asternartigen Blütenständen. *x S.* 'Lemore' hat Büschel winziger Blüten im Spätsommer; wuchert. Sonne oder Schatten. H 60 cm, Br 75 cm, Z4 (Bild S. 139)

***Verbascum* 'Cotswold Queen', Königskerze**
Rosettenbildende Staude mit aufrechten, dunkelgelben Blütenähren. Bevorzugt Sonne, aber toleriert Schatten. H 1,2 m, Br 60 cm, Z5 (Bild S. 125)

Herbsteinfärbung

Das Herbstlaub kann rein-gelb ohne jede Spur Grün sein. Unter Gelb-Grün auf Seite 86 finden Sie gelbes Blattwerk.

***Acer cappadocicum*, Kolchischer Ahorn**
Ausladender Baum, dessen Blätter sich im Herbst goldgelb färben. Verträgt neutralen bis schwach-sauren Boden und Sonne bis Halbschatten. H 20 m, Br 15 m, Z6

***Ginkgo biloba*, Ginkgobaum**
Die fächerförmigen Blätter dieses langsam wachsenden Baums werden im Herbst leuchtend gelb. Sonne bis Halbschatten. H 30 m, Br 7,6 m, Z4 (Bild – im Frühling – S. 136)

Winter

***Hamamelis mollis*, Zaubernuß**
Strauch mit duftenden, drahtigen Blüten, die an kahlen Zweigen im Winter erscheinen. Benötigt Sonne bis Halbschatten und saure, torfhaltige Erde. H und Br 3,7 m, Z6

***Jasminum nudiflorum*, Winterjasmin**
Wird als Wandbegrünung gezogen. In milden Wintern kleine wachsartige Blüten an blattlosen, gebogenen Zweigen. Benötigt volle Sonne. H und Br 3 m, Z6

***Mahonia x media* 'Charity', Mahonie**
Immergrüner Strauch mit zartduftenden Blütenbüscheln über dunkelgrünen, stacheligen Blättern. Bevorzugt Schatten. H 4 m, Br 3 m, Z6

Rinde

***Cornus stolonifera* 'Flaviramea', Hartriegel**
Strauch, dessen junge, nackte Triebe gelb sind; im Frühjahr stark zurückschneiden, um neues Wachstum anzuregen. Bevorzugt Sonne. H 1,8 m, Br 4 m, Z2

Hellgelb

Frühling

***Corylopsis pauciflora*, Scheinhasel**
Strauch mit kleinen, duftenden Blütenglocken, die an ausgebreiteten Zweigen hängen, bevor das Laub erscheint. Liebt sauren Boden im Halbschatten. H 1,8 m, Br 2,4 m, Z6

***Cytisus x praecox* 'Warminster', Ginster**
Blasse, zitronengelbe, erbsenähnliche Blüten bedecken diesen Strauch im Frühjahr. Bevorzugt volle Sonne in nicht zu nahrhaftem Boden. H und Br 1,5 m, Z5 (Bild S. 179)

***Erysimum cheiri*, Goldlack**
Kurzlebige Staude, als Zweijährige gezogen. Benötigt Sonne (Bilder S. 30, 31, 167, 169). Gute Züchtungen sind 'Moonlight', H 45 cm, Br 30 cm und 'Primrose Bedder', H und Br 40 cm

***Narcissus*, Osterglocke**
Blumenzwiebel. Schöne Zwergformen mit Büscheln zierlicher Blütentrompeten sind 'Hawera', H 20 cm, Z5 (Bild S. 141) und 'Jack Snipe', H 23 cm, Z5

***Primula*, Primel**
Staude, bevorzugt Sonne oder Halbschatten und feuchte, humusreiche Erde. *P. florindae*, Tibetprimel, duftet süß. H 90 cm, Br 60 cm, Z6 (Bild S. 32). *P. veris*, Schlüsselblume, hat Blütentrauben an aufrechten Stengeln. H und Br 20 cm, Z5. *P. vulgaris*, Kissenprimel, hat flache Einzelblüten. H und Br 20 cm, Z5 (Bild S. 136)

Tellima grandiflora
Halb-immergrüne Staude mit Trauben kleiner, glockenförmiger, cremefarbener Blüten über herzförmigen, behaarten Blättern. Bevorzugt kühlen Halbschatten. H und Br 60 cm, Z4 (Bilder S. 71 und 139)

***Tulipa*, Tulpe**
Blumenzwiebel, schätzt Sommerhitze. Schöne Arten sind *T. acuminata*, mit gedrehten, blaßgelben, rotgeränderten Blütenblättern. H 45 cm, Br 23 cm, Z5; *T. kaufmanniana*, Seerosentulpe, blüht sehr früh, H 35 cm, Br 20 cm, Z5; *T. tarda*, sehr niedrig, öffnet die Blüten sternförmig weit in voller Sonne, H und Br 15 cm, Z5 (Bild S. 149)

Sommer

***Achillea* 'Moonshine', Schafgarbe**
Staude mit flachen, tellerartigen Blütenköpfen über gefiedertem grau-grünem Laub. Bevorzugt Sonne. H 60 cm, Br 50 cm, Z4 (Bild S. 179)

***Aconitum*, Eisenhut**
Staude mit giftigen Wurzelknollen. Sonne oder leichter Schatten. 'Ivorine' hat aufrechte Ähren helmförmiger gelber Blüten über elegantem, geteiltem Laub, H 1,2 m, Br 60 cm, Z5 (Bild S. 181); *A. lycoctonum* (syn. *A. vulparia*) Wolfseisenhut ist dunkler und niedriger.

***Anthemis tinctoria* 'E. C. Buxton', Färberkamille**
Vielleicht die schönste hellgelbe, asternartige Blume. Hat feines, gefiedertes Laub. Gedeiht am besten in der Sonne. H und Br 90 cm, Z4 (Bilder S. 31 und 157)

Rudbeckia nitida 'Herbstsonne'

Acer cappadocicum

Cornus stolonifera 'Flaviramea'

Narcissus 'Jack Snipe'

Anthemis tinctoria 'E. C. Buxton'

***Antirrhinum,* Löwenmaul**
Saatgut in einzelnen Farben, wie z. B. Blaßgelb, gibt es bei den meisten Serien, u. a. *Coronette* oder *Monarch*. Bevorzugt Sonne. H 45 cm, Br 30 cm (Bild S. 139)

***Asphodeline lutea,* Junkerlilie**
Staude mit Rhizomwurzeln, sternförmigen Blüten an hohen Stengeln über spitzen, graugrünen Blättern. Bevorzugt Sonne. H 1,2 m, Br 90 cm, Z6

***Cephalaria gigantea,* Schuppenkopf**
Staude mit nadelkissenartigen Blüten und tief eingeschnittenen Blättern. Benötigt Sonne. H 1,8 m, Br 1,2 m, Z3 (Bild S. 181)

Clematis rehderiana
Kletterpflanze mit Trauben kleiner glockenförmiger Blüten im Spätsommer. Feiner Duft. H und Br 4,6 m, Z6

Dietes bicolor
Immergrüne Staude. Die flachen, cremegelben Blüten haben braune Flecken in der Mitte. Schmale, grasähnliche Blätter. Sonne. H 90 cm, Br 60 cm, Z9

***Digitalis grandiflora,* Gelber Fingerhut**
Immergrüne Staude mit Rispen röhrenförmiger Blüten über einer Blattrosette glatter, mittelgrüner Blätter. Am besten in leichtem Schatten und feuchter Erde. H 90 cm, Br 30 cm, Z4

***Gentiana lutea,* Gelber Enzian**
Staude mit steifen Blüten, die in Wirbeln um hohe, aufrechte Stengel wachsen. Blattrosette großer, ovaler Blätter. Sonne oder Halbschatten in feuchter, neutraler bis leicht saurer Erde. H 1,2 m, Br 60 cm, Z5

***Helianthemum* 'Whisley Primrose', Sonnenröschen**
Immergrüner Strauch mit kleinen, tellerförmigen Blüten. Blühen nur einen Tag lang, aber aufeinanderfolgend und bieten damit Farbfülle. Volle Sonne. H 45 cm, Br 60 cm, Z6

***Helichrysum* 'Schwefellicht', Strohblume**
Staude, die Gruppen kleiner, büscheliger Blumen bildet. Gut zum Trocknen, mit silbrigem Laub. Bevorzugt Sonne. H 60 cm, Br 30 cm, Z5

***Hemerocallis citrina,* Taglilie**
Staude, deren viele Blüten sich nacheinander jeweils nur einen Tag lang halten. Volle Sonne und feuchter Boden. Schneckenschutz! H und Br 75 cm, Z4

***Hypericum olympicum* 'Citrinum', Johanniskraut**
Offene, cremegelbe Blüten mit dunkleren Samenständen bedecken den kompakten Strauch durch den ganzen Sommer. Bevorzugt volle Sonne. H und Br 30 cm, Z6

***Kniphofia* 'Little Maid', Fackellilie**
Staude mit cremegelben Blütenähren an aufrechten Stengeln über Büscheln mit schmalen, grasartigen Blättern. Bevorzugt Sonne. H 60 cm, Br 45 cm, Z5

***Lilium monadelphum* (syn. *L. szovitsianum*), Lilie**
Bulbe mit Blüten, die blutrote Spitzen an den geschwungenen Blütenblättern haben. Sonne. H 1 m, Br 30 cm, Z5

***Lonicera japonica* 'Halliana', Japanisches Geißblatt**
Immergrüner Kletterer, dessen cremefarbene Blüten sich bis zu blassem Erdbeer-Rot verfärben. Duft! Sonne oder Halbschatten. H und Br 10 m, Z5

***Lupinus* Lupine, *L. arboreus,* Baumlupine**
ist ein schnellwachsender, kurzlebiger Strauch mit duftenden Blütenrispen. H 2,4 m, Br 1,8 m, Z4 (Bilder S. 6, 25 und 168); 'Chandelier' ist eine Staude mit Rispen erbsenähnlicher Blüten über fächerartigen, eingeschnittenen Blättern. H 1,2 m, Br 60 cm, Z3 (Bilder S. 141 und 172). Beide benötigen Sonne.

***Nepeta govaniana,* Katzenminze**
Staude mit Rispen kleiner cremegelber, helmartiger Blüten. Sonne und feuchte Erde. H 90 cm, Br 60 cm, Z5 (Bild S. 157)

***Oenothera biennis,* Nachtkerze**
Staude mit zarten, tellerförmigen Blüten, die sich nacheinander abends öffnen und am nächsten Tag in Blaßrosa vergehen. Sonne und sandiger Boden. H 1,5 m, Br 20 cm, Z4 (Bild S. 180)

***Osteospermum* 'Buttermilk'**
Empfindlich bis auf sehr milde Klimazonen. Immergrüne Staude, geeignet für Topfbepflanzungen und Sommerflor. Am besten in voller Sonne. H 60 cm, Br 30 cm, Z9 (Bild S. 31)

***Phygelius aequalis* 'Yellow Trumpet'**
Immergrüner bzw. halb-immergrüner Strauch mit hängenden Büscheln röhrenförmiger Blüten (in geschützter Lage). Sonne. H und Br. 1,2 m, Z8 (Bild S. 167)

***Potentilla recta* var. *sulphurea,* Fingerstrauch**
Staude mit schüsselförmigen Blüten in lockeren Büscheln und gebuchteten Blättern. Bevorzugt Sonne. H bis 45 cm, Br 60 cm, Z4 (Bild S. 172)

***Rosa,* Rose**
Gute Kletterer sind u. a. 'Albéric Barbier', halb-immergrün und Schatten tolerierend, H 5 m, Br 3 m, Z7; *R. banksiae* 'Lutea' mit Büscheln cremegelber, gefüllter Blüten wie gerüschte Knöpfchen, dornenlos, mag geschützten Standort an einer Südwand, H und Br 9 m, Z9; 'Mermaid' mit großen, einfachen Blüten und etwas steifem Habitus. H und Br 2,4 m, Z7 Schöne Strauchrosen, u. a. 'Golden Wings' mit blaßgelben, einfachen Blüten mit dunkleren Staubgefäßen, blüht wiederholt. H 1,5 m, Br 90 cm, Z7; *R. xanthina f. hugonis* H 2,4m, Br 3,7m, Z5

***Santolina pinnata* subsp. *neapolitana,* Heiligenblume**
Immergrüner Strauch, kleine Blüten über fiedrigem, silber-grünem Laub. Sonne. H 75 cm, Br 90 cm, Z7 (Bilder S. 176 und 178)

***Sisyrinchium striatum,* Binsenlilie**
Halb-immergrüne Staude mit schmalen Ähren strohgelber Blüten über einer Rosette schwertförmiger Blätter. Bevorzugt Sonne. H 60 cm, Br 30 cm, Z8 (Bild S. 167)

***Verbascum* 'Gainsborough', Königskerze**
Halb-immergrüne Staude mit verzweigten, aufrechten Rispen mit Blütenrosetten, die eine wundervolle cremegelbe Farbfülle bilden. Verträgt Schatten, aber bevorzugt offene, sonnige Standorte. H 1,2 m, Br 60 cm, Z5 (Bilder S. 141 und 157)

Winter

Clematis cirrhosa* var. *balearica
Immergrüner Kletterer, dessen nickende Blüten blutrote Flecken in ihrem Schlund haben. H und Br 3 m, Z7

***Hamamelis x intermedia* 'Pallida', Zaubernuß**
Strauch mit köstlich duftenden, zipfeligen Blüten, die an den nackten Zweigen erscheinen. Verträgt Sonne oder Halbschatten und gedeiht am besten in humusreicher, saurer Erde. H und Br 3,7 m, Z5

Clematis rehderiana

Kniphofia 'Little Maid'

Lilium monadelphum

Rosa banksiae 'Lutea'

Clematis cirrhosa var. *balearica*

Die Spätsommersonne beleuchtet glutvoll die sich schälende Rinde des *Acer griseum*. Das gleiche Licht verleiht den roten Blüten der *Crocosmia* 'Lucifer' einen orangefarbenen Hauch. Die Ränder der Rodgersiablätter unter dem Baum antworten mit einem Braun-Orange. Der Ahorn ist zu allen Jahreszeiten ein reizvoller Baum, besonders aber im Winter, wenn die mahagonifarbene Rinde mit der abrollenden orangefarbenen Haut Farbe in den Garten bringt.

Orange

Orange ist eine herausfordernde Farbe, die Aufmerksamkeit erregt. Es ist nicht leicht, sie zu verwenden, weil sie so heftig mit anderen Farben reagiert und nur mit Orangerot, Gelb oder eigenen Mischtönen wie Bronze und Elfenbein harmonisch wirkt. Manche Gärtner schließen sie gänzlich aus ihren Gärten aus, aber wenn Sie starke Farben mögen, dann werden Sie Orange aufgrund seiner Intensität und Üppigkeit lieben.

Auf dem Farbrad (s. S. 15) liegt Orange zwischen Rot und Gelb und bildet somit den Kern der warmen Farben. Es ist naheliegend, Orange mit anderen warmen Farben zu kombinieren. Pflanzen Sie Tulpen in Rot, Gelb und Orange für ein fröhliches, warmes Frühlingsbeet. Eine kühne Zusammenstellung von Orange, Rot und Gelb im Hochsommer spricht für sich selbst, besonders in starkem Sonnenlicht. Versuchen Sie orangefarbene Sonnenröschen mit orangefarben schimmernden Inkalilien, Margeriten in Orange und Kalifornischem Mohn. Im Spätsommer steht ein Reichtum an Orange zur Verfügung: Montbretien, Fackellilien und Dahlien zusammen mit einjährigen Ringelblumen und Kapuzinerkresse. Noch später hat Orange seinen Auftritt in dem rot-gelben Herbstlaub von Ahorn, Federbuschstrauch und Pfaffenhütchen. Eine Möglichkeit, die Intensität von Orange abzuschwächen, ist eine Mischung mit Bronze oder Beige. Es gibt nur wenige braunrote Blumen – *Viola* 'Irish Molly' ist ein Beispiel –, aber mehrere Blattpflanzen, wie Heuchera, Phormium, Perückenstrauch, Keulenlilie und Fenchel sind hervorragende Partner in Braunrot und Rotbraun. Vergessen Sie auch nicht die interessante mahagonifarbene Rinde mancher Bäume wie *Acer griseum* (Papierrindenahorn) und *Arbutus x andrachnoides* (Erdbeerbaum). Orangenbäume selbst kommen auch in Frage, obwohl man sie in gemäßigten Zonen nur in Containern halten kann, die im Winter ins Haus geholt werden müssen. In einigen italienischen Gärten sind Orangenbäume in Terrakottatöpfen die einzigen Farbtupfer.

Weil Orange so hervorstechend ist, sollte man es lieber an gesonderter Stelle pflanzen, besonders in kleinen Gärten, und nicht in einer ganzen Rabatte, in der es alle anderen Farben übertönen würde. Oder Sie beschränken sich auf Kübelpflanzen in Orange. Wegen der Farbharmonie ist ein einfacher Terrakottatopf ein guter Untergrund für eine Reihe orange- und bronzefarbener Pflanzen. Starten Sie im Frühling mit Tulpen ('Generaal de Wet') und Goldlack in Orange. Im Sommer tauschen Sie diese mit Gazanien und rankender Kapuzinerkresse, in der Mitte eine Rosette bronzeroter Keulenlilien. Solche Arrangements wären in blauen Keramiktöpfen noch effektvoller, weil Orange und Blau Komplementärfarben sind, die ihre Vorzüge gegenseitig verstärken.

Die Färbung der orangefarbenen Tulpen ist so stark, daß sie sich trotz ihrer sparsamen Pflanzung – mit 45 cm Zwischenraum – lebhaft vor dem Grün des Buchsbaums abheben. Die Anlage entspricht dem Stil des 17. Jahrhunderts, als Tulpenzwiebeln selten und teuer waren.

Um einen Steintrog (*links unten*) versammeln sich orangefarbene *Helianthemum* 'Fire Dragon', *Alstroemeria aurea* und die asterähnliche *Anthemis sancti-johannis*. Eine rein orangefarbene Pflanzung wirkt in einer Gartenecke wie hier anregend. Auf größerer Fläche wäre dies erdrückend.

Das braunrote Laub des Fenchel (*Foeniculum vulgare* 'Purpureum') stützt eine orangefarbene Mohnblume *(Papaver orientale)*, die sonst aufgebunden werden müßte. Der starke Farbfleck kontrastiert schön mit den durchbrochenen Blütenköpfen der *Euphorbia griffithii* 'Fireglow'. Das schwertartige Laub gehört zu *Crocosmia masoniorum*, die später in Orange aufblühen werden (*unten*).

Hell-Orange und Apricot

Hell-Orange und Apricot sind ungesättigte Varianten ihrer Stammfarbe mit ähnlichen Eigenschaften. Leicht und warm vermitteln sie zwischen Rosa und Gelb und zeigen sich in Blumen von besonderer Schönheit, oft in Farbharmonien bei ein und derselben Pflanze. Die Moschusrose 'Penelope' z. B. hat blaßorange Knospen, die sich nach dem Öffnen aprikosenfarbig wandeln und cremefarben verblassen. Einige Etagenprimeln erscheinen in der gesamten Farbpalette von Hell-Orange bis Dunkelrosa in einer derartigen Vielfalt nebeneinander, daß sie keine Begleitung brauchen.

Diese warmen Farben passen zu verwandten Schattierungen in Gelb, Gelb-Rosa und zu mattem Braun-Rot oder Bronze. Schwierig gestaltet sich jedoch die Kombination mit anderen Farben, besonders mit kaltem, blaustichigem Rosa, weil sich hier die Temperaturen „beißen". Schön dagegen sind Pflanzungen, die sich auf diese Farben beschränken. Wählen Sie eine besondere Pflanze in Blaß-Orange und kombinieren Sie andere in der Nachbarschaft, vielleicht mit kleinen Wiederholungen. Nutzen Sie die orangen Staubgefäße einer Lilie, um eine Brücke zur Bartiris mit Hängeblättern derselben Farbe zu schlagen.

Oder lassen Sie Apricot schmeichelhaft verblassen, indem Sie es mit Blaßgelb und Creme oder gelbgrünem Laub umgeben: zum Beispiel hell-bernsteinfarbene und hellgelbe Iris zusammen mit limettengrünen Euphorbien und dem gelbgrünen Blattwerk des Hopfens.

Hier ist eine cremefarbene Fingerhutkreuzung *(Digitalis purpurea)* Partner der Rose 'Penelope'. Der Ton der hellorangen Knospen und der kupferfarbenen Zweige wiederholt sich in einer anderen Version in der verblassenden Mitte der Rosenblüten. Der dunkelrosa Fingerhut ist ein verwilderter Sämling.

Ein Horst gelber Türkenbundlilien *(Lilium pyrenaicum)* mit kräftig orangefarbenen Fruchtständen wird von einer *Iris* 'Canary Bird' mit orangefarbenem Bart gezähmt. Die Lilien sind ausgesprochene Frühblüher. Eine gute Wahl für den Sommer wäre *Lilium x testaceum* mit aprikosenfarbenen Blüten und orangefarbenen Staubgefäßen.

Ein Gras mit gelb-braunen Federbüscheln und die Lilie 'Bright Star' mit ihren blassen, cremefarbenen Kelchen mildern den Kontrast zwischen dem Gelb und Orange der Taglilien. Am Rabattenrand wächst die einjährige Afrikanische Aster *(Lonas annua)* mit flachen Blütenköpfchen, ähnlich einer Schafgarbe.

oben: Die matt-orangefarbenen Blüten der Irisstaude im Vordergrund haben einen gelben Schlund; dies schafft eine Verbindung zu den hellgelben Iris im Hintergrund, den gelb-grünen Spitzen der Wolfsmilch und dem Laub der Bäume. Diese hohen Bartiris beherrschen eine Pflanzung, weil sie große Farbflächen bilden. Aber ihre Blüte währt nur kurz – höchstens zwei Wochen. Stützen Sie Ihr Farbschema deshalb nicht zu sehr auf sie.

unten: In dem feuchten Ufer eines Bachlaufs erstrecken sich Etagenprimeln soweit das Auge reicht. Dies sind Inshriach-Hybriden, die allein genug Farbvariationen aufweisen, um eine harmonische Farbpalette von Blaßorange, Lachs und Bernsteingelb zu bilden. Sie haben sich über die Jahre selbst ausgesät. Die hohe Paradieslilie *(Paradisea liliastrum)* ist etwas höher gepflanzt, weil sie durchlässigeren Boden braucht; sie breitet sich auch selbst aus.

Orange

Frühling

***Aquilegia canadensis,* Akelei**
Staude mit zweifarbigen Blüten, gelb mit rotem Sporn, die aus der Ferne orange wirken. Mag offene, sonnige Standorte. H 60 cm, Br 30 cm, Z4

***Erysimum cheiri,* Goldlack**
Immergrüne Staude, als Zweijährige zu behandeln. Braucht offene, sonnige Standorte. H bis 60 cm, Br 38 cm, Z7 (Bilder S. 132, 178 und 179)

***Fritillaria imperialis,* Kaiserkrone**
Bulbe mit einem Kranz glockenförmiger Blüten in Gelb oder Orange auf hohen Stielen, gekrönt von einem grünen Blattschopf. Setzen Sie die Bulben auf sandigen Untergrund, um Fäulnis zu verhindern. Sonne oder Halbschatten, am besten in Böden, die im Sommer trocken werden. H 1,5 m, Br 30 cm, Z5

***Rhododendron kaempferi,* Azalee**
Halb-immergrüner Strauch in verschiedenen Farbschattierungen von Orange über Apricot bis Gelbbraun. Benötigt sauren Boden und lichten Halbschatten. H und Br 2,4 m, Z5 (Bild S. 9)

***Trollius chinensis* 'Golden Queen', Trollblume**
Staude mit butterblumenartigen Blüten in Orange mit auffälligen Samenständen. Schön geteiltes Laub. Benötigt feuchten Boden. H 75 cm, Br 35 cm, Z4

***Tulipa,* Tulpe**
Schätzt Sommerhitze. Gute Sorten u. a. *T. clusiana* var. *chrysantha* (syn. *T. aitchisonii),* Damentulpe, H 30 cm, Br bis 20 cm, Z6. T. 'Generaal de Wet' ist die schönste. H 45 cm, Br 23 cm, Z4

Sommer

***Alstroemeria aurea* (syn. *A. aurantiaca),* Inkalilie**
Staude mit üppigen Köpfen aus kleinen lilienartigen Blüten in Hellorange mit roten Streifen. Bevorzugt Sonne und geschützten Standort. H und Br 90 cm, Z7 (Bild S. 39)

***Asclepias tuberosa,* Seidenpflanze**
Staude mit kleinen aufrechten Blütenkrönchen in Büscheln an aufrechten Stengeln. Schmale lanzettliche Blätter. Sonne und nährstoffreicher Boden. H 75 cm, Br 45 cm, Z4

***Calendula officinalis,* Ringelblume**
Einjährige, blüht den ganzen Sommer, auch auf ärmeren Böden. Gefüllte Sorten u. a. 'Art Shades' und 'Fiesta Gitana'. Sonne. H und Br 30 cm

***Crocosmia,* Montbretie**
Knollenpflanze mit Blütenähren an gebogenen Zweigen über schwertförmigen Blättern. Gut in sonnigen, offenen Lagen. Schöne Sorten u. a. *C. masoniorum* H 1,5 m, Br 45 cm, Z7 (Bilder S. 122, 177). *C.* 'Star of the East' ist eine kleinere Pflanze mit größeren Blüten, insgesamt ein intensiverer Farbeffekt. H 90 cm, Br 23 cm, Z6 (Bild S. 177)

***Dahlia,* Dahlie**
Knollenstaude in unzähligen Formen. Von *D. coccinea* – kleinblütig, orange – bis zu Kaktusdahlien mit gefüllten, spitzen Blütenblättern, Pompondahlien mit kleinen, kugelrunden Blüten und einfache Dahlien. Alle benötigen Sonne. Die Knollen müssen frostfrei überwintern. Schöne Sorten u. a. 'Jescot Julie', H 90 cm, Br 60 cm, Z9

***Eschscholzia californica,* Kalifornischer Mohn**
Einjährige mit einfachen, lebhaft orangefarbenen Blüten, die sich in der Sonne öffnen, über fiedrigem, blau-grünem Laub. Benötigt Sonne, verträgt armen Boden. H 30 cm, Br 15 cm

***Euphorbia griffithii* 'Fireglow'**
Staude mit leuchtend orangefarbenen Blütenköpfen über kleinen, kurzen Blättern mit rotem Mittelrist. Sehr beliebt, kann aber wuchern. Verträgt Sonne oder Halbschatten, benötigt feuchten Boden. H 90 cm, Br 50 cm, Z4 (Bild S. 39). *E.* 'Dixter' ist ähnlich, hat aber rostrote Blätter. (Bilder S. 125, 178 und 179)

***Geum,* Nelkenwurz**
Staude. Sonne und feuchter Boden. Schöne Sorten u. a. 'Borisii' mit einfachen Blüten in Orange und leuchtend gelben Samenständen; 'Fire Opal' mit gefüllten, bronze-roten Blüten (Bild S. 133), H und Br 30 cm, Z4

***Helenium,* Sonnenbraut**
Die Wildform dieser Staude hat gelbe, asternartige Blüten; eine gute Gartenzüchtung ist *H. autumnale* mit orangefarbenen Blüten (Bild S. 144). 'Wyndley' hat orangegefleckte, dunkelgelbe Blüten (Bild S. 177). Volle Sonne. H bis 1,5 m, Br 60 cm, Z4

***Helianthemum,* Sonnenröschen**
Schöne Sorten dieses immergrünen Strauchs sind u. a. 'Ben Hope' und 'Ben More', die mit einer Fülle kleiner Blüten in dichtem blau-grünem Laub einen kompakten Farbeffekt erzielen. Benötigt volle Sonne. H bis 45 cm, Br 60 cm, Z6 (Bilder S. 39 und 178)

***Hemerocallis,* Taglilie**
Staude mit langen, gebogenen Blättern und sich täglich erneuernden Blüten. Schöne Sorten u. a. *H. fulva* und *H. f.* 'Kwanso Variegata'. Sonne und feuchter Boden. H und Br 90 cm, Z4

***Ipomoea lobata* (syn. *Mina lobata),* Prunkwinde**
Einjährige Kletterpflanze mit röhrenförmigen Blüten, in der Knospe tiefrot, aber im Aufblühen von Orange bis zu Creme verblassend. Büschel mit Blüten in den verschiedenen Stadien ergeben einen schönen vielfarbigen Effekt. Attraktive herzförmige Blätter. Sonne und feuchter Boden. H und Br 3 m

Iris
Hohen Bartiris bekommt es gut, wenn ihre Rhizome oberflächlich und in voller Sonne wachsen können. Schattiertes Orange und Brauntöne findet man u. a. bei 'Olympic Torch' und 'Autumn Leaves' H 90 cm, Br 40 cm, Z4

***Ligularia dentata* 'Desdemona', Kreuzkraut**
Staude mit gänseblümchenartigen Blütenbüscheln in lebhaftem Orange. Schöner Kontrast zu dem dunkelgrünen Laub, das unterseitig tiefrot ist. Sonne oder Halbschatten, feuchter Boden. H 1,2 m, Br 60 cm, Z4

***Lilium,* Lilie**
Sommerblühende Zwiebelpflanze. 'Enchantment' hat aufwärts gerichtete Blütenbüschel mit dunklem Muster. H 90 cm, Z5. Spätblühende Türkenbundlilie, *L. henryi,* hat blaßorange Blüten. Kalkhaltiger Boden. H 90 cm, Z4 (Bild S. 132). *L. pardalinum* hat Türkenbundblüten, oben rot und unten orange mit bräunlichen Tupfen. H 1,8 m, Z5

***Lonicera tellmanniana,* Geißblatt**
Der fehlende Duft dieser Kletterpflanze wird durch die lebhafte gelb-orange Farbe ausgeglichen. Verträgt Sonne und Halbschatten. H und Br 5 m, Z6

Trollius chinensis

Tulipa 'Generaal de Wet'

Eschscholzia californica

Hemerocallis fulva 'Kwanso Variegata'

Lonicera x tellmanniana

Mimulus aurantiacus, **Gauklerblume**
Strauch, gute Kübelpflanze. Erzeugt nacheinander röhrenförmige Blüten von pfirsichfarben bis rot-orange. Braucht Sonne und feuchten Boden. H und Br 1,5 m, Z9

Rudbeckia hirta, **Sonnenhut**
Staude, als Einjährige gehalten, asternartige Blüten mit kegelförmiger, schwarzer Mitte. Stengel und Blätter behaart. *R. h.* 'Marmalade' ist eine schöne Sorte in Orange. Verträgt Sonne und Schatten, braucht aber feuchten Boden. H 45 cm, Br 30 cm, Z7

Solanum pyracanthum, **Nachtschatten**
Strauchige Staude mit kleinen, kartoffelähnlichen, blau-violetten Blüten und orangefarbenen Früchten. Benötigt volle Sonne. H und Br 90 cm, Z10 (Bild S. 134)

Tagetes, **Studentenblume**
Robuste Einjährige für Beet- oder Wegeinfassungen. Blüht den ganzen Sommer. Sonne. Schöne Sorten u. a. 'Disco Orange' und 'Star Fire', H und Br 30 cm; 'Tangerine Gem' hat einfache Blüten in kräftigem Orange, H 20 cm, Br 30 cm (Bild S. 134)

Tithonia rotundifolia
Einjährige mit dunkelrot-orangen, asternartigen Blüten mit heller Mitte. Benötigt Sonne. H 1,5 m, Br 60 cm

Tropaeolum majus, **Kapuzinerkresse**
Einjährige mit leuchtenden, gespornten, trompetenförmigen Blüten und würzigen, runden Blättern. Rankende Sorten für Blumenkästen, H und Br bis 1,5 m oder kompaktwachsende für Beete, H und Br 60 cm. Sonne. (Bilder S. 163 und 173)

Herbst

Kniphofia, **Fackellilie**
Staude mit auffälligen Blütenähren, die wie große Kerzenflammen an hohen Stielen stehen. *K. caulescens* hat stämmige, dichtbepackte Blütenköpfe, in der Knospe orange, aufblühend in Gelb. H 1,5 m, Br 1,2 m, Z6. *K. triangularis* hat lockerere Blütenähren, rein orange, und grasartige Blätter. H 1 m, Br 75 cm, Z6. Sonne und feuchter Boden

Physalis alkekengi, **Lampionblume**
Die Hüllblätter der kleinen, weißen Blüten dieser Staude entwickeln sich zu großen, orangen Hüllen, die die Früchte umschließen. Sonne oder Halbschatten. H 45 cm, Br 30 cm, Z5

Beeren

Malus **'John Downie', Zierapfel**
Bevorzugt Sonne, aber verträgt auch Schatten. Gedeiht in jedem Boden, außer in Staunässe. H 9 m, Br 7 m, Z4

Pyracantha, **Feuerdorn**
Strauch, der Sonne und Halbschatten verträgt, aber einen geschützten Standort benötigt – am besten an einer Mauer. 'Orange Glow' hat kleine, orange Beerenbüschel, die die Pflanze so üppig überziehen, daß die Blätter kaum sichtbar sind. H 4,6 m, Br 3 m, Z7

Winter
Rinde

Salix alba **var. *vitellina* 'Britzensis' (syn. *S. a. 'Chermesina'*), Silberweide**
Baum, der volle Sonne benötigt. Verträgt alle Böden, nur nicht zu trockene. H 24 m, Br 9 m. H 2,4 m, wenn er jährlich beschnitten wird, Z2

Apricot

Frühling

Acer pseudolpatanus **'Brilliantissimum', Bergahorn**
Die jungen Blätter dieses Baums haben für ein paar Wochen im Frühling die Farbe gekochter Krabben, bevor sie zu Mattgelb verblassen und dann grün werden. H und Br 6 m, Z5

Tulipa **'Apricot Beauty', Tulpe**
Eine frühblühende, zuverlässige Zwiebel. Aprikosenfarbener Blütengrund mit cremefarbenen Rändern. Sonne oder lichter Schatten. H 50 cm, Br 23 cm, Z4

Sommer

Crocosmia **'Solfaterre', Montbretie**
Knollenpflanze mit aprikosenfarbenen Blütenähren, die eine schöne Einheit mit den oliv-farbenen lanzettlichen Blättern bilden. Offene, sonnige Standorte. H 60 cm, Br 23 cm, Z7

Diascia **'Salmon Supreme'**
Staude mit röhrenförmigen Blütenähren in blassem Apricot. Schön für Beeteinfassungen. Sonne und nahrhafter Boden. H 30 cm, Br 45 cm, Z8

Digitalis purpurea **'Sutton's Apricot', Fingerhut**
Zweijährige mit hell-aprikosenfarbenen Röhrenblüten. Halbschatten und feuchter Boden. H 1,5 m, Br 60 cm, Z3 (Bilder S. 57 und 175)

Lilium, **Lilie**
Schöne Sorten dieser sonnenhungrigen Zwiebelpflanze, u. a. 'Bright Star' mit nickenden Blüten, deren zurückgebogene Petalen aprikosengelbe Streifen haben. H 1,5 m, Br 30 cm, Z5 (Bilder S. 40); *L. x testaceum* Nanking-Lilie hat wachsartige Blüten in Creme-Apricot mit leuchtend orangen Staubgefäßen. H 1,5 m, Br 30 cm, Z5

Potentilla fruticosa **'Daydawn', Fingerstrauch**
Strauch mit kleinen, offenen Blüten in zartem Apricot, die zur Mitte gelb verlaufen. Muß vor zu starker Sonne geschützt werden. H 90 cm, Br 1,2 m, Z3

Rosa, **Rose**
Die meisten Rosen brauchen offene, sonnige Lagen und feuchten Boden. Ein schöner Kletterer ist 'Gloire de Dijon' mit großen, gefüllten Blüten, die von dunklem Gelb-Apricot zu Creme verblassen. H und Br 3,7 m, Z6. Gute Strauchrosen, u. a. 'Buff Beauty', die sich farblich ähnlich verhält, H und Br 2,4 m, Z6; 'Chicago Peace' mit rosa- und cremefarbenen Schattierungen über aprikosenfarbenem Grund. H 1,2 m, Br 90 cm, Z7; 'Penelope' mit blassen, lachsfarbenen Blüten, H und Br 1,5 m, Z6 (Bild S. 40) und *R. x odorata* 'Mutabilis' mit lappigen, einfachen Blüten, deren Färbung variiert von aprikosenfarbener Knospe über Rosa bis Dunkelrot. H und Br 2,4 m, Z7

Verbena **'Peaches and Cream', Eisenkraut**
Staude mit runden Blütenköpfen, von denen einige mehr orange, andere cremegelb sind. Vermitteln einen Farbeindruck von Aprikose. Benötigt Sonne. H 45 cm, Br 30 cm, Z9

Thithonia rotundifolia

Physalis alkekengi

Pyracantha 'Orange Glow'

Lilium x testaceum

Rosa 'Buff Beauty'

Diese gelungene Pflanzung kombiniert *Dahlia* 'Bishop of Llandaff' mit der Geranie 'Paul Crampel'. Das Ergebnis wirkt harmonisch, nicht nur wegen der gleichmäßigen Verteilung der roten Blüten, sondern auch weil die hellgrüne Tabakpflanze (*Nicotiana x sanderae* 'Lime Green') dazu gekommen ist. Die Farbverwandtschaft der Dahlienblätter mit dem Gartenstuhl ist eine brillante Zugabe.

Rot

Rot signalisiert Gefahr. Rote Signale sollen uns aufhalten, und wir „sehen rot", wenn wir wütend sind. Unsere Empfindungen für Rot werden auch mit Blut assoziiert – welches wiederum Schmerz und Verletzungen bedeutet, aber auch Leidenschaft. Alle diese unbewußten Beziehungen wirken auf uns ein, wenn wir Rot im Garten sehen.

Viele Maler spielen mit der Macht der roten Farbe, indem sie z. B. mit einem einzigen roten Farbfleck den Blick fesseln. Denselben Effekt erzielen einzelne knallrote Blumen wie Mohn, die eine ähnliche Aufmerksamkeit hervorrufen wie rotes Feuerwerk am nächtlichen Himmel. Rote Blüten erscheinen fast immer mit grünem Laub. In großen Mengen werden rote Blumen alles um sich herum beherrschen. Aber als gelegentlicher Farbfleck können rote Blüten einer Pflanzung Bedeutung verleihen und Nachbarpflanzen auffrischen, die sonst eintönig wirken würden. Am geeignetsten sind hierfür Pflanzen mit kleinen Streublüten wie Nelkenwurz, Purpurglöckchen, Verbenen und Potentilla. Sie lockern vielfarbige Pflanzungen mit kleinen roten Punkten auf, und benachbarte Blumen erhalten Schwung, ohne daß sie übertönt werden.

Grob gesagt kann man zwischen zwei Rotfamilien unterscheiden. Zinnober- und Scharlachrot tendieren zur gelben Seite des Farbrades, während Purpur und Karminrot mit ihrer Blaustichigkeit eher zur kälteren, violetten Seite neigen. Im Gegensatz zu anderen Farben ist Rot nur in seiner gesättigten Form wirklich rot. Wenn Rot gemischt wird, erhält man einen völlig anderen Farbton. Rot mit Gelb wird zu Orange; Rot mit Blau wird Lila, und Mischungen aus Rot und Weiß werden zu Rosa. Man muß mit diesen Varianten im Garten vorsichtig sein: sie passen nicht alle gut zusammen. Nicht gerade harmonisch erscheint eine Kombination von warmem Zinnober- und Feuerwehrrot mit allen Rosatönen. Diese Zusammenstellung kann man in kleinen Portionen verwenden, im großen Stil wirkt sie abstoßend. Sogenanntes „rotes" Laub wie das der Blutbuche enthält grünes Chlorophyll, das über dem roten Pigment liegt und es fast schwarz erscheinen läßt. Bei gewissem Licht wirkt dies purpurfarben und hat einen abkühlenden Effekt auf rote Nachbarpflanzen. Verbindungen von roten Blumen und „schwarzem" Laub können in größeren Gruppen recht düster wirken, und man spart sich diese für kleinere Inszenierungen auf. Oder man benutzt leuchtend grünes Laub oder hellere Blumen, um die dunklen Töne aufzuhellen. Noch freundlicher wird es, wenn man rote Blüten mit gelben Staubgefäßen hinzufügt, wie bei einigen Dahlien, oder orange-rote Blumen wie Kapuzinerkresse, Spornblume, Alonsoa oder Bärenohr.

Seidiger roter Mohn begleitet die Rose 'Frensham', die fast schwarze Bartnelke (*Dianthus barbatus,* Nigrescens Gruppe) und ein dunkelrotes Löwenmaul mit tiefroten Blättern (*Antirrhinum* 'Black Prince'). Einige Blütenähren *Salvia elegans* im Hintergrund sind fast von Laub verdeckt. In einer rein-roten Gruppierung wie dieser wirkt das hellgrüne Laub des einjährigen Mohns erfrischend und ist ein Gegengewicht zu der düster-roten Unterpflanzung, die aufregend ist, wenn man ihr einen Kontrast entgegensetzt.

In diesem Beet wächst eine Gruppe Lobelien 'Cherry Ripe' durch einen Saum *Potentilla atrosanguinea* 'Gibson's Scarlet', dahinter zwei scharlachrote Dahlien. Das schwarz-rote Laub der Dahlie 'Bishop of Llandaff' wiederholt den Ton des Bluthasel (*Corylus maxima* 'Purpurea') im Hintergrund. An anderer Stelle dieser Rabatte wird das Dunkelrot durch Flecken von Tiefblau, Rittersporn und Eisenhut, und dem Orange der Lilien und Taglilien gemildert.

Rote Rabatten

Für eine ausdauernd blühende Staudenrabatte in Rot eignen sich am besten Pflanzen, die durchgehend vom Sommer bis zum Herbst blühen, und solche mit interessantem Blattwerk. Viele davon sind Einjährige oder empfindliche Stauden, die man jedes Jahr neu setzen muß. Diese zusätzliche Arbeit lohnt sich, weil man flexibel ist und neue Kombinationen ausprobieren kann.

Die Farbe der Blüten muß in diesem Fall gesättigtes, also reines Rot sein. Es gibt warme Rottöne wie Scharlach (Erdbeer) und Zinnober (Tomate) oder kühlere, dunklere wie Karmin (Kirsch). Eine Mischung von Scharlach und Karmin ist anregend, Scharlach und Rosa viel aufregender. Für das Laub können Sie harmonierende dunkelrote Farben wählen oder kontrastierendes Hellgrün.

links: Dieses rote Beet in seinem spätsommerlichen Höhepunkt vermittelt einen satten, nachhaltigen Farbeindruck mit warmen, scharlachroten Glanzpunkten vor relativ kühler Umgebung in Purpur und Karmin. Die dunkle Farbe des Dahlienlaubs wiederholt sich im Gebüsch des Hintergrunds, dem Sedum und den schwarz-roten Blättern von Roter Bete (!). Schwere wird hier durch das karmin-bunte Laub der *Iresine herbstii* vermieden. (Genauer Pflanzplan dieser Rabatte auf Seite 173).

rechts: Bärenohr und Lichtnelke bilden das Rückgrat dieser leuchtenden Pflanzung. Dabei vermitteln die etwas helleren, zinnoberroten Blüten zwischen Beet und Backsteinwand. Achten Sie auf die Wirkung des Laubs – das Blaßgrün der Mohnblätter erhellt die Stimmung und liefert den Kontrast zu den ernsteren Dahlienblättern. (Genauer Pflanzplan dieser Rabatte auf Seite 173).

Dunkelrot

Schattiertes Rot ergibt subtilere Pflanzungen als Hellrot. Besonders reizvoll sind Blumen in Pflaumenrot oder Granat, die einen schönen Gleichklang mit dem Laub von Perückenstrauch, einiger Berberitzen und Zierobstgehölzen bilden. Mit dem üblichen Blattgrün kontrastieren sie eher sanft und sind angenehm in Verbindung mit Rosa. In dieser Hinsicht verhalten sie sich friedlicher in gemischten Rabatten als die prunkvolleren Scharlachtöne. Dunkelrotes Laub kann allein recht düster wirken. Aber es verleiht einem Beet Tiefe, wenn es mit Hellgrün oder silbernen Blättern gemischt wird. Buntes Laub muß sparsam verwendet werden. In einem Garten mit zuviel Bäumen und Sträuchern in Dunkelrot oder Gelb sehnt sich das Auge nach der Ruhe des einfachen Grüns.

oben: Die einfache *Clematis* 'Ville de Lyon' und die gefüllte *Clematis viticella* 'Purpurea Plena Elegans' an einer Wand im Spätsommer haben in etwa den gleichen Farbton in unterschiedlicher Form.

ganz links: Eine pflaumenfarbige Bartiris paßt hier genau zum Mohn (*Papaver orientale* 'Patty's Plum'). Das dunkle Laub des Perückenstrauchs (*Cotinus coggygria* 'Royal Purple') im Hintergrund wiederholt die dunkleren Schattierungen der Iris und die Mitte der Mohnblüten.

links: Zwischen zwei rotlaubigen Sträuchern leuchtet eine Sterndolde (*Astrantia major* 'Hadspen Blood'). Im Hintergrund eine *Berberis x ottawensis* 'Superba' und als schöner Farbpartner die jungen Blätter einer Zwergform, der *Berberis thunbergii* 'Atropurpurea Nana', im Vordergrund.

Scharlach- und Zinnoberrot

Frühling

***Tulipa*, Tulpe**
Zwiebelpflanze für Sonne und Halbschatten, liebt Sommerhitze. Leuchtend rein-rote Tulpen sind einladend in Kübeln neben der Eingangstür. Schöne Sorten, u. a. 'Plaisir' H 20 cm, Br 25 cm, Z4; *T. praestans* H 45 cm, Br 23 cm, Z5 (Bild S. 5); 'Red Shine', eine Lilientulpe, spät und lange blühend, H 60 cm, Br 35 cm, Z4

Sommer

***Arctotis x hybrida* 'Flame' (syn. *x Venidioarctotis*), Bärenohr**
Anmutige, asternartige Einjährige, die sich bei Sonne öffnet. Verschiedene Farben; die Zinnoberröte neigt zu Dunkelorange. Benötigt Sonne. H 50 cm, Br 40 cm, Z10 (Bild S. 173)

***Canna indica*, Blumenrohr**
Rhizompflanze, ideal als Mittelpunkt einer größeren Kübelbepflanzung oder einer Rabatte; große, durchscheinende Blätter und eingerollte, rote Blüten. *C. i.* 'Purpurea' hat dunkelrotes Laub. Benötigt Sonne und nahrhaften, feuchten Boden. H 2 m, Br 90 cm, Z9

***Crocosmia* 'Lucifer', Montbretie**
Blumenknolle mit rein-roten Blüten an gebogenen Zweigen und hellem, schilfartigem Laub. Unverzichtbar in einem roten Beet. Bevorzugt offene, sonnige Lagen. H 1 m, Br 40 cm, Z5 (Bilder S. 13, 19, 38 und 122)

***Dahlia* 'Bishop of Llandaff', Dahlie**
Knollenstaude mit einfachen, scharlachroten Blüten und gelber Mitte. Wird ebenso wegen ihrer lakritzfarbenen Blätter gepflanzt. Sonne. H und Br 90 cm, Z9 (Bilder S. 44, 173 und 177)

***Geum* 'Mrs J. Bradshaw', Nelkenwurz**
Staude mit kleinen gefüllten Blüten auf hohen Stielen. Verleiht der Beeteinfassung starke Farbtupfer. Sonne und feuchter Boden. H 80 cm, Br 45 cm, Z5

***Helenium*, Sonnenbraut**
Eine schöne Sorte dieser Staude ist 'Moerheim Beauty'. Benötigt volle Sonne. H bis 1,5 m, Br 60 cm, Z4 (Bilder S. 13 und 19)

***Hemerocallis* 'Stafford', Taglilie**
Staude, deren Blüten sich täglich erneuern. Kupferrot, lange gebogene Blätter. Benötigt Sonne und feuchten Boden. H und Br 90 cm, Z4

***Lobelia cardinalis*, Lobelie**
Staude mit hohen Ähren lebhaft scharlachroter Blüten, verträgt Sonne oder Halbschatten in feuchtem Boden, auch etwas sumpfig an Teichrändern. H 1 m, Br 30 cm, Z3 (Bilder S. 45 und 177); *L.* 'Queen Victoria' hat schwarz-rotes Laub. H 1 m, Br 30 cm, Z6 (Bild S. 80)

***Lychnis chalcedonica*, Lichtnelke**
Staude mit sternförmigen Blüten, die in üppigen Dolden runde Köpfe bilden. Auf ihren hohen Stengeln sorgen sie für auffallende Farbtupfer. Benötigt Sonne. H 1,2 m, Br 45 cm, Z4 (Bild S. 173)

***Papaver*, Mohn**
Einjähriger *P. commutatum* 'Lady Bird' hat schwarze Flecken am einzelnen Blütenblatt. H und Br 45 cm. Die Blüten der Staude *P. orientale* öffnen sich wie Seidenpapier und übertrumpfen alle Nachbarn mit ihrer Leuchtkraft. H und Br 90 cm, Z4 (Bild S. 8). Eine schöne tiefrote Sorte ist *P. o.* 'Beauty of Livermere' (Bild S. 167). Alle bevorzugen volle Sonne.

***Pelargonium*, Geranie**
Immergrüne Staude, meistens als Einjährige gehalten. Eine Haus- oder Wintergartenpflanze, im Sommer draußen in der Sonne, in Kübeln oder nicht zu feuchten Beeten. Es gibt unzählige Sorten in vielen Farben. Eine schöne rote ist u. a. 'Paul Crampel', H und Br 45 cm, Z9 (Bilder S. 44 und 128)

***Penstemon*, Bartfaden**
Halb-immergrüne Staude, bildet ausdauernd blühende Horste. Schöne Sorten sind u. a. *P. barbatus* mit schlanken, röhrenförmigen Blütenähren, Z4. 'Flame' Z9, 'Rubicundus' Z9 und 'Schoenholzeri' Z6 haben größere Blüten und sind effektvoller. H bis 90 cm, Br 60 cm. Sonne.

***Potentilla atrosanguinea* 'Gibson's Scarlet', Fingerstrauch**
Staude mit Blütenbüscheln in strahlendem Rot. Guter Kontrast zu den tiefgrünen, erdbeerartigen Blättern. Verträgt Sonne, aber im Halbschatten kommt die Farbe am besten zur Geltung. H und Br 45 cm, Z5 (Bild S. 45)

***Rosa*, Rose**
Gute Kletterrosen, u. a. 'Dublin Bay', H und Br 2,1 m, Z6; 'Parkdirektor Riggers', H und Br 3,7 m, Z6 (Bild S. 173). Gute Strauchrosen, u. a. *R. moyesii*, in doppelter Hinsicht schön: Einfache, scharlachrote Blüten, leuchtend rote Hagebutten und gelbes Herbstlaub. H 4m, Br 3m, Z5

***Salvia*, Salbei**
Halbstrauch *S. fulgens* mit Blütenrispen an roten Stielen über leicht behaarten Blättern. H und Br 75 cm, Z9. Immergrüner Strauch *S. microphylla* (syn. *S. grahamii*) hat runde, zweilippige Blüten, H und Br 1,2 m, Z9 (Bild S. 183). *S. splendens*, ein Halbstrauch, der als Einjähriger gezogen und oft als der typische Sommerflor verspottet wird. Zu Unrecht, denn er kann bei vorsichtiger Verwendung einen schönen hellroten Effekt in der Beeteinfassung bilden. Schöne Sorten u. a. 'Blaze of Fire' und 'Lady in Red'. H und Br 30 cm, Z10 (Bild S. 19)

***Tropaeolum speciosum*, Kapuzinerkresse**
Rhizombildende Rankpflanze mit Dolden gespornter Blüten, die wie Vorhänge von aufgebundenen Pflanzen herabhängen. Benötigt Sonne und Wurzelschatten. H und Br 3 m, Z7 (Bild S. 128)

***Verbena*, Eisenkraut**
Einjährige oder Staude für Beeteinfassungen oder als Blütenkaskade in Kübeln. Schöne Sorten mit ballartigen Köpfen aus winzigen Blüten u. a. 'Lawrence Johnston' (Bild S. 173) und 'Nero' (Bild S. 144). Beide benötigen Sonne. H 30 cm, Br 60 cm, Z10

***Zauschneria californica*, Weidenröschen**
Ausdauernder Halbstrauch mit auffallenden zinnoberroten Röhrenblüten, die im Spätsommer für mehrere Wochen blühen. Bevorzugt Sonne. H 45 cm, Br 75 cm, Z8

***Zinnia*, Zinnie**
Einjährige mit großen, kräftigen, asternartigen Blüten, die dem Sommerbeet Würze verleihen. Benötigt Sonne. H 60 cm, Br 30 cm

Tulipa 'Red Shine'

Hemerocallis 'Stafford'

Papaver commutatum 'Lady Bird'

Salvia fulgens

Zauschneria californica

Herbst

***Schizostyllis coccinea*, Spaltgriffel**
Rhizompflanze mit becherförmigen Blüten und schmalen Blättern. Sonne und feuchter Boden. H 60 cm, Br 30 cm, Z6

Laub

***Acer*, Ahorn**
A. palmatum hat tiefgelappte Blätter, die sich scharlachrot verfärben. H und Br 6 m, Z6 (Bild S. 129) *A. p.* 'Osakazuki' ist eine schöne Sorte. H und Br 4,5 m. *A. japonicum* 'Aconitifolium' hat schön geschnittene Blätter, die rot und gelb werden. H und Br 7 m, Z6. *A. rubrum*, H 18 m, Br 11 m, Z3. Sonne bis Halbschatten in neutralem bis saurem Boden.

***Liquidambar styraciflua*, Amberbaum**
Hat gelb-rotes Herbstlaub. Benötigt Sonne und feuchten Boden. H 22,5 m, Br 12 m, Z5

***Parthenocissus quinquefolia*, Wilder Wein**
Kletterpflanze, leuchtet im Herbst karminrot. Sonne oder Halbschatten. H u. Br 15 m, Z4 (Bild S. 129)

***Vitis coignetiae*, Weinrebe**
Kletterpflanze mit bis zu 30 cm großen, herzförmigen Blättern, die sich von Karminrot bis Orange verfärben. Sonne oder Halbschatten, kalkhaltige Erde. H und Br 15 m, Z5 (Bild S. 129)

Winter
Rinde

***Cornus alba* 'Sibirica', Tatarischer Hartriegel**
Strauch, im Frühjahr auf 30 cm zurückschneiden, um neue Zweige hervorzubringen. Diese sind scharlachrot. Sonne oder Halbschatten. H und Br 2 m, Z3 (Bilder S. 16 und 170)

Purpur und Dunkelrot

Frühling

***Paeonia officinalis* 'Rubra plena', Päonie**
Ausdauernde Bauerngarten-Staude, die am gleichen Ort Generationen überlebt. Zur Vermehrung kann man die Knollen teilen, es dauert aber oft Jahre, bis sie sich erholt. Bevorzugt Sonne, aber verträgt lichten Schatten in nahrhaftem Boden. H und Br 75 cm, Z3 (Bild S. 183)

Sommer

***Centranthus ruber*, Roter Baldrian**
Staude, die den ganzen Sommer blüht, erneut nach einem Schnitt. Sät sich selbst aus. Es gibt auch weiße und rosa Sorten. Sonne, magerer Boden. H 75 cm, Br 60 cm, Z5 (Bild S. 131)

Clematis
Gute Kletterer sind u. a. 'Ville de Lyon' mit purpurfarbenen Blüten und Staubgefäßen in Creme (Bild S. 48); *C. viticella* 'Purpurea Plena Elegans' mit matt-purpurnen gefüllten Blüten, die an Samtrüschen erinnern (Bilder S. 17 und 48). Verträgt Schatten oder Sonne, der Wurzelbereich muß immer schattig sein. H und Br 3 m, Z6

***Dianthus barbatus*, Bartnelke**
Jeder Blütenkopf dieser Zweijährigen ist wie ein Strauß kleiner Blumen, die mit konzentrischen Farbkreisen prunken. Offene, sonnige Lagen in leicht alkalischem Boden. H 75 cm, Br 30 cm, Z4 (Bilder S. 75 u. 113)

***Monarda*, Indianernessel**
Staude, deren kleine, zweilippige Blüten runde Wirbel bilden, die insgesamt für ein gezacktes Erscheinungsbild sorgen. Lockert rote Rabatten auf und sorgt für weiche Übergänge zwischen den Farben. Benötigt Sonne und feuchten Boden. Schöne Sorten, u. a. 'Cambridge Scarlet', H 1 m, Br 45 cm, Z4 (Bild S. 177); *M. didyma*, H 90 cm, Br 45 cm, Z4 und 'Mrs Perry' H 50 cm, Br 45 cm, Z4 (Bild S. 173)

***Penstemon* 'Garnet', Bartfaden**
Eine der beliebtesten halbimmergrünen Stauden, die Blütenfülle über einen langen Zeitraum bieten. Benötigt volle Sonne. H 75 cm, Br 60 cm, Z6 (Bild S. 175)

***Rosa*, Rose**
Die meisten wollen offene, sonnige Standorte in feuchtem Boden. Gute Kletterrose, u. a. die duftende, dunkelkarminfarbene 'Guinée', H 5 m, Z6. Schöne Strauchrose, u. a. 'Dusky Maiden' mit Büscheln halbgefüllter, dunkel-schattierter, scharlachfarbener Blüten, H 1,2 m, Br 1,5 m, Z5 (Bild S. 6); 'Frensham', mit dunkelroten Blütenbüscheln, H 1,2 m, Br 75 cm, Z6 (Bilder S. 45 und 166); 'Tuscany Superb', eine Gallicarose, gefüllt und samtig karminrot, H und Br 1,1 m, Z5

Pflaumenrot und Schwarzrot

Frühling

***Helleborus orientalis*, Christrose**
Immergrüne Staude mit Blüten in vielen Farben, von gelb-grün bis rosa-gepunktet. Beliebt sind die fast schwarzen oder matten Rottöne. Bevorzugt Halbschatten und feuchten Boden. H und Br 45 cm, Z4

***Tulipa* 'Queen of Night', Tulpe**
Spätblühende Zwiebelpflanze mit einfachen, samtigen, dunkelpurpurfarbenen Blüten. Sonne. H 60 cm, Br 23 cm, Z4 (Bilder S. 10, 149 und 169)

Sommer

***Antirrhinum* 'Black Prince', Löwenmaul**
Einjährige, die so dunkel ist, daß nur bei gutem Licht ein Rotschimmer sichtbar wird. Sonne. H 45 cm, Br 30 cm (Bilder S. 45 und 131)

***Astrantia major* 'Hadspen Blood', Sterndolde**
Staude mit sternförmigen, tiefdunkelroten Blüten. Sonne oder Halbschatten. H 60 cm, Br 45 cm, Z4 (Bild S. 48)

***Cosmos atrosanguineus*, Schokoladenblume**
Knollenpflanze mit fast schwarzen Blüten; in gutem Licht kupferrot. Duften nach Schokolade Sonne und feuchter Boden. H 60 cm, Br 45 cm, Z8 (Bild S. 16)

***Dianthus barbatus* Nigrescens, Bartnelkengruppe**
Zweijährige, deren Blätter und Blüten für einen dunklen Saum an einer roten Rabatte sorgen. Offene, sonnige Lagen in leicht alkalischem Boden. H 75 cm, Br 30 cm, Z4 (Bilder S. 45, 119, 131 und 173)

Geranium phaeum
Staude mit zarten, kleinen, schwärzlichen Blüten, die im Gegenlicht dunkelpurpur leuchten. Schattige Plätze, keine Staunässe. H 75 cm, Br 45 cm, Z4 (Bild S. 183)

Acer palmatum 'Osakazuki'

Centranthus ruber

Monarda 'Cambridge Scarlet'

Rosa 'Tuscany Superb'

Geranium phaeum

***Knautia macedonica*, Skabiose**
Sternförmige Staude mit kleinen, dunkelpurpurnen Blütenköpfchen, blüht den ganzen Sommer. Benötigt Sonne. H 75 cm, Br 60 cm, Z5 (Bilder S. 164, 183)

***Rosa*, Rose**
Liebt offene, sonnige Lagen und feuchten Boden. Gute Strauchrosen, u. a. pudrig dunkelkarminrote 'Cardinal de Richelieu', H 1,2 m, Br 90 cm, Z5; 'Nuits de Young', H 1,2 m, Br 90 cm, Z5

***Viola* 'Molly Sanderson', Veilchen**
Die dunkelste Sorte, aber 'Bowles Black' ist eine gute zweite Wahl. H und Br 25 cm, Z4

Laub

***Acer*, Ahorn**
Bäume und Sträucher, die Sonne oder lichten Schatten vertragen, in neutralem bis alkalischem Boden. *A. palmatum* Dissectum *Atropupureum*, Japanischer Fächerahorn, wächst sehr langsam, bringt eine Masse feinfiedriger Blätter hervor. H 1,5 m, Br 2,4 m, Z6 (Bild S. 16). *A. platanoides* 'Crimson King', schöne Art mit dunkelpurpurnem Laub. H 15 m, Br 10 m, Z3 (Bild S. 17)

***Anthriscus sylvestris* 'Ravenswing', Wiesenkerbel**
Eigentlich eine Wildstaude, wenn nicht sogar „Unkraut", aber sein hübsches, tief rot-schwarzes Laub bildet einen starken Farbkontrast mit dem weißen Blütenflor. H 90 cm, Br 60 cm, Z5

***Atriplex hortensis* var. *rubra*, Rote Melde**
Einjährige mit pflaumenrotem Laub. Benötigt volle Sonne. Gut in Küstenregionen. H 1,2 m, Br 30 cm (Bilder S. 131 und 184)

***Berberis thunbergii* f. *atropurpurea*, Blutberberitze**
Vielseitiger, aber bescheidener Strauch mit kleinen Blättern. Verträgt starken Schnitt, deshalb auch eine Heckenpflanze. Geeignet für Sonne oder Halbschatten in fast jedem Boden, keine Staunässe. H 2,4 m, Br 3 m, Z5 (Bilder S. 48, 131 und 177). *B. t.* 'A. Nana' ist eine Zwergform. H und Br 60 cm (Bilder S. 148 und 178)

***Beta vulgaris* 'Bull's Blood', Rote Bete**
Die dunkelblättrigen Sorten der Einjährigen für Einfassungen roter Rabatten. H 25 cm, Br 15 cm (Bilder S. 131 und 173)

***Cercis canadensis* 'Forest Pansy', Judasbaum**
Einer der hübschesten kleinen Bäume mit pflaumenroten, herzförmigen Blättern. Volle Sonne. H und Br 3,7 m, Z4 (Bild S. 130)

***Cimicifuga simplex* Atropurpurea, Silberkerze**
Staude mit schönem, dunkelrotem, geteiltem Laub und puscheligen, weißen Blütenähren im Spätsommer. Lichter Schatten und feuchter Boden. H 1,2 m, Br 60 cm, Z4 (Bild S. 81)

***Cordyline australis* 'Purpurea', Keulenlilie**
Immergrüner Strauch mit lederartigen, purpurfarbenen Blättern. Mittelpunkt für eine Kübelpflanzung, Größe dort: H und Br 1 m, Z9 (Bild S. 80)

***Corylus maxima* 'Purpurea', Bluthasel**
Kräftiger Strauch, guter, dunkler Hintergrund. Muß regelmäßig beschnitten werden. Sonne oder leichter Schatten. H 6 m, Br 5 m, Z5 (Bilder S. 45, 173 und 178)

***Cotinus coggygria* 'Royal Purple', Perückenstrauch**
Strauch mit tiefstem, pflaumenrotem Laub, im Herbst zu durchscheinendem Rot verblassend. Für große Blätter und guten Wuchs im Frühling bis zur Basis zurückschneiden; dies verhindert allerdings im Sommer die Bildung der federartigen „Perücken"-Blüten. H und Br 5 m, Z5 (Bild S. 147)

***Euphorbia dulcis* 'Chameleon', Wolfsmilch**
Halb-immergrüne Staude mit Blüten und Laub in Farbtönen von Khaki, Purpur bis fast Schwarz. Verträgt Sonne oder Halbschatten in feuchtem Boden. H und Br 75 cm, Z4

***Heuchera micrantha* var. *diversifolia* 'Palace Purple', Purpurglöckchen**
Staude, die Horste mit verknitterten, herzförmigen Blättern in tiefem Pflaumenrot bildet; sie glänzen und reflektieren die Sonne. Darüber schweben kleine, weiße, zarte Blütendolden. H und Br 45 cm, Z4 (Bild S. 177)

Iresine herbstii
Empfindliche Blattpflanze in Tiefrot bis Rosa. Benötigt helles Licht für eine gute Blattfärbung und lehmigen Boden. H 60 cm, Br 45 cm, Z9 (Bild S. 173)

***Ocimum basilicum* var. *purpurascens*, Rotes Basilikum**
Empfindliche einjährige Kräuterpflanze mit purpurnem Laub. Malerisch in Topfbepflanzungen. Benötigt Sonne. H 40 cm, Br 30 cm (Bild S. 119)

***Ophiopogon planiscapus* 'Nigrescens', Schlangenbart**
Immergrüne Staude in Horsten mit grasartigen Blättern, die an der Basis dunkelgrün sind, sonst glänzend schwarz. Am besten in Halbschatten. H und Br 25 bis 30 cm, Z6

***Perilla frutescens rubra*, Schwarznessel**
Einjährige mit gesägtem, dunkelrotem Laub. Ausknipsen, um buschigen Wuchs zu erreichen. Benötigt Sonne. H 60 cm, Br 30 cm

***Prunus cerasifera*, Blutpflaume**
Baum mit kleinen, weißen Blüten im Frühjahr und dunkelrotem Laub. Gute Heckenpflanze. Benötigt volle Sonne in jedem Boden, keine Staunässe. Gute Sorten, u. a. *P. c.* 'Nigra', Z4 (Bild S. 178) und *P. c.* 'Pissardii', Z3 (Bild S. 181), beide H und Br 10 m

***Ricinus communis*, Rhizinuspflanze**
Die dunkelblättrige Sorte dieses immergrünen Strauchs, als Einjährige gezogen, hat außergewöhnlich kräftiges Laub. Die Blätter sind groß und tief eingeschnitten. Stachlige Samenstände folgen auf die kleinen roten Blüten. Sonne. H 1,5 m, Br 90 cm, Z9 (Bilder S. 173 u. 177)

***Sambucus nigra* 'Guincho Purple', Roter Holunder**
Kleinbaum mit geteilten, purpurroten Blättern. Schöner Kontrast zu den flachen, cremefarbenen Blütendolden. Sonne und feuchter Boden. H und Br 6 m, Z6 (Bild S. 57)

***Veratrum nigrum*, Germer**
Staude mit gerollten, ovalen Blättern und hohen Blütenähren, dunkelrot bis fast schwarz. Bevorzugt Halbschatten und feuchten Boden. H 1,8 m, Br 90 cm, Z4

Herbst

***Sedum telephium* subsp. *maximum* 'Atropurpureum', Mauerpfeffer**
Staude, deren fleischige, dunkelpurpurne Blätter im Herbst rot leuchten, wenn die kleinen dunkelrosaroten Blüten verblühen. Benötigt Sonne. H 60 cm, B 45 cm, Z4 (Bild S. 173)

Viola 'Bowles' Black'

Anthriscus sylvestris 'Ravenswing'

Euphorbia dulcis 'Chameleon'

Heuchera micrantha var. *diversifolia* 'Palace Purple'

Sedum telephium subsp. *maximum* 'Atropurpureum'

Rosa

Die Familie der Rosatöne ist groß. Sie reicht von knalligem Magenta bis zu zartestem Rosé. Rosa erscheint nicht auf dem Farbrad, weil seine Mischungen komplexer sind als die Regenbogenfarben. Die einzelnen Farbbestandteile der unterschiedlichen Rosatöne unterliegen jedoch den gleichen Prinzipien wie die des Farbrades. Rosa ist denkbar als ein Rot, das entweder zu Gelb oder Blau neigt und mit mehr oder weniger Weiß verdünnt ist. Die Mischungen aus Purpurrot ergeben kühle, bläuliche Rosatöne (s. S. 54–55), diejenigen aus Scharlach- oder Zinnoberrot sind warme, pfirsichfarbene Rosatöne (s. S. 56–57). Grundsätzlich sollte man diese beiden Richtungen auseinanderhalten. Zusammen verwendet, „beißen" sie sich, weil das Auge hauptsächlich den Gegensatz zwischen dem Blaustich und dem Gelbstich wahrnimmt.

Die Unterschiede zwischen den Rosatönen können sehr subtil sein, und manchmal scheint sich ihre Zugehörigkeit je nach ihrer Umgebung zu verändern. Ein rosa Klatschmohn kann z. B. in einem Beet mit kühlen Farben – blaue Katzenminze und violett-blauer Salbei – wie ein warmer Fleck wirken, in einem Beet roter Rosen dagegen kalt. Lichtveränderungen können Rosa ebenfalls von Warm zu Kalt verschieben. Im gelblichen Licht des Sonnenuntergangs erscheinen sie warm; sobald die Sonne untergegangen ist, sieht das gleiche Rosa kalt oder bläulich aus.

Eine rein-rosa Pflanzung ist in jeder Größe angenehm, ob als Unterpflanzung ganzer Wälder oder in einem Blumenkübel. Auf kleinem Raum ist eine Wiederholung derselben rosa Pflanze reizvoll, auf großen Flächen kann das süßlich und aufdringlich wirken. Für eine anspruchsvollere Anlage sollte man die große Vielfalt der Rosatöne, die Formen und Strukturen ausnutzen. Wirkungsvoll sind flächige Pflanzungen in abgestuften Rosatönen derselben Blume. Auf kleinem Raum kann man Verbenen und Nelken nehmen, für größere Flächen Tulpen oder Azaleen.

Rosa Blumen passen schön zu Weiß, aber trotz ihres Rotanteils nicht zu reinem Rot. Das liegt daran, daß durch die Mischung mit Weiß dieser Rotanteil „kälter" gemacht wird. Trifft diese Abstufung auf reines, warmes Rot, wird das Aufeinandertreffen von Warm und Kalt als unangenehm empfunden. Bei stärkeren Rosatönen, z. B. Magenta, ist diese Wirkung extrem. Solche Farbschocks können sehr aufregend sein (s. S. 144–45).

links: Üppige Anpflanzung von rosa Azaleen in einem Waldstück im Frühling. Bis zu 20 Pflanzen einer Farbe waren für den beeindruckenden Effekt auf dieser Fläche nötig.

unten: Bänder mit rosa-gerandeten Tulpen 'Meißner Porzellan', blau-rosa Tulpen 'Pandour' und ganz hinten dunkelrote 'Queen of Night' wiederholen den Farbton der Unterpflanzung von lila und rosa Stiefmütterchen. Dies ist ein Ausschnitt einer üppigen öffentlichen Anlage, wo Tausende von Zwiebeln gesetzt wurden. Den gleichen Effekt können Sie auch auf kleiner Fläche erzielen; sogar in Pflanzenkübeln. Derartige Kompositionen sind arbeitsaufwendig, da man sie mehrmals im Jahr wechseln muß. Dadurch kann man aber auch die Farbzusammenstellungen jeweils komplett ändern.

Gegenüberliegende Seite
links außen: Auf einem Terrassenbeet werden dunkelrosa Verbenen 'Sissinghurst' und 'Kemerton' begleitet von blaßrosa Nelken *Diascia vigilis* und Bartfaden 'Evelyn'. Darunter wächst kräftig-rosa *Phlox paniculata* 'Cherry Pink' mit dem helleren *P. p.* 'Sandringham'. Phlox verblüht schnell, aber danach wird der Mauerpfeffer *Sedum* 'Herbstfreude' seinen Platz einnehmen, der hier noch nicht blüht.

links, Mitte: Die jungen Blüten der Chrysantheme *Argyranthemum* 'Vancouver' haben eine rosa Mitte, die später verblaßt. Hier wachsen sie zusammen mit der Strauchmalve *Lavatera* 'Rosea'.

links: Eine schöne Herbstrabatte vereint hier rosa Japan-Anemonen *(Anemone x hybrida)* mit einer Chrysantheme gleicher Farbe und Größe. Eine andere rostrosa Chrysantheme faßt das Beet ein wie auch der Mauerpfeffer *Sedum* 'Ruby Glow' dahinter.

Kaltes Rosa

Kaltes Rosa – das zu Blau tendiert – rangiert von zartem Muschelrosa bis Magenta. Die meisten dieser Farbtöne passen gut zueinander; die hellen bilden sanftere, lieblichere Harmonien als die dunkleren. Die knalligen Pinks sind sehr eigenwillige Farbaussagen im Garten. Wenn Sie sich nicht ganz sicher sind, verwenden Sie sie in Kübeln, die man gegebenenfalls beiseite stellen kann.

Kaltes Rosa ist durch seine Blaustichigkeit mit Lila und Violett verwandt. Einige Blumen werden im Verblühen violett und schaffen damit angenehme Übergänge.

oben: Zwei Wickenstauden *(Lathyrus latifolius)* in Dunkel- und Hellrosa wachsen an einem Hühnerdraht vor einer Mauer. Im Laufe ihres Wachstums verblassen sie zu Lila und Grau. Das vermittelt Vielfarbigkeit.

links: Dunkelrosa Stiefmütterchen und Etagenprimeln *(Primula denticulata)* sind ähnliche Farbpartner in einer Unterpflanzung für Tulpen. Eigentlich mögen es Etagenprimeln eher sumpfig, Stiefmütterchen nur feucht. Aber in kurzlebigen Anlagen vertragen sich Pflanzen mit unterschiedlichen Neigungen. Bei dauerhaften Pflanzungen müssen die Bedingungen jedoch für alle gleichermaßen geeignet sein.

links: Hier ranken Petunien der neuen japanischen Surfina-Serie mit burgunderroten Petunien und rosa Verbenen 'Sissinghurst' in mehreren Terrakottatöpfen. Alle Farbtöne sind aus der Familie des kalten Rosa, aber die hellen Petunien sind deutlich blaustichiger und deshalb kälter als die Verbenen.

unten: Die gefiederte einjährige Kosmee 'Imperial Pink' hat dieselbe Farbe wie die *Salvia involucrata* 'Bethellii', aber eine gegensätzliche Struktur. Derartig ähnliche Farbzusammenstellungen müssen vorher ausprobiert werden; ziehen Sie die Kosmee in Töpfen vor.

ganz unten: Hier wachsen Gladiolen *Gladiolus communis* subsp. *byzantinus* durch Storchschnabel *Geranium psilostemon* auf einem Sommerbeet; gleiche Farbe, aber unterschiedliche Formen.

Warmes Rosa

Die Kletterrose 'Albertine' paßt perfekt zu dem Geißblatt *(Lonicera periclymenum* 'Belgica'), dessen junge Blüten rosa sind und später dem gelben Unterton der rosa Rose entsprechen.

Warmes Rosa enthält etwas Gelb, und je mehr es davon hat, desto näher kommt es Hell-Orange oder Apricot. Der Gelbanteil läßt diese Rosatöne mit Blaßgelb harmonieren. Einige Blumen wie rosa Echinacea oder Sonnenröschen wirken wärmer aufgrund ihrer gelben bzw. orangen Mitte. Andere, wie das Geißblatt, sind gelb und rosa in unterschiedlichen Blüten an derselben Dolde. Eine hübsche Erscheinung dieser besonderen Farbe ist, daß sich manche Blumen während ihres Wachstums ändern. Die Knospen sind dunkel, und sie verblassen beim Öffnen. Einige Rosen, u. a. 'Albertine', haben orange-rote Knospen und rosa Blüten mit einem Hauch Kupfer. Da nur wenige Blumen dieses flüchtige, warme Rosa lange behalten, ist es schwierig, eine Pflanzung nur in diesem Ton zu komponieren.

oben: Der Schwarze Holunder (*Sambucus nigra* 'Guincho Purple') hat flache Köpfe kleiner Blüten, die in der Knospe rosa und im Aufblühen cremefarben sind; eine schöne Verbindung mit dem warmen Blaßrosa des Fingerhuts (*Digitalis purpurea* 'Sutton's Apricot'). Diese Fingerhutzüchtung hat Blüten um den ganzen Stengel herum und wirkt dadurch sehr viel üppiger als die wilden, magentafarbenen Fingerhüte, die nur an einer Seite des Stengels Blüten tragen.

oben rechts: Die kupferfarbene Verbene (*Verbascum* 'Helen Johnson') „wärmt" das kühle Rosa der benachbarten Tabakpflanze und Indianernessel auf (*Nicotiana x sandera* 'Domino Salmon Pink' und *Monarda* 'Beauty of Cobham'). Die dunkelroten Kronenblätter der Indianernessel geben den zartrosa Blüten Halt und bilden ein Gegengewicht zu der kraftvollen Farbe der Verbene.

unten rechts: Die satt-orange Mitte der *Echinacea purpurea* 'Leuchtstern' und der gelbe Schlund der Taglilien (*Hemerocallis* 'Catherine Woodbery') verleihen der rosa Pflanzung Wärme.

Magenta und Dunkelrosa

Frühling

***Malus x moerlandsii* 'Profusion', Zierapfel**
Kräftiger kleiner Baum mit Mengen weinroter Blüten, das junge Laub ist rötlich, und die Früchte sind im Herbst blutrot. Sonne. H 7,5 m, Br 6 m, Z5

***Rhododendron* 'Praecox'**
Kompakter Strauch mit schmalen, dunkelgrünen Blättern und großen Büscheln purpurrosa Blüten im zeitigen Frühjahr. Neutraler bis leicht saurer Boden, spätfrostgefährdet. H 1,2 m, Br 1,5 m, Z6

Sommer

***Bougainvillea glabra*, Drillingsblume**
Kräftige, verholzende Kletterpflanze mit glänzenden, ovalen Blättern. Üppige magentafarbene Blütenrispen im Sommer. Volle Sonne. H und Br 4,6 m, Z9

Clematis
Folgende kletternde Sorten können im zeitigen Frühjahr scharf zurückgeschnitten werden, um ab Sommer zu blühen: 'Jackmanii Rubra' mit einzelnen samtigen, magentafarbenen Blüten, cremefarbene Staubgefäße; 'Niobe' mit stark purpurroten Blüten und grünlichen Staubgefäßen (Bild S. 66); 'Rouge Cardinal' mit großen magentafarbenen Blüten. Alle H und Br 4 m, Z6

***Geranium*, Storchschnabel**
Wichtige Beetstaude. *G. psilostemon* hat dunkel-magentafarbene Blüten mit schwarzer Mitte, bildet große Horste mit schön geschnittenen Blättern, die sich im Herbst verfärben. H und Br 1,2 m, Z4 (Bilder S. 55, 181, 182 und 184). *G. sanguineum* hat hell- und dunkelrosa Blüten, blüht lange und hat tief eingeschnittene dunkelgrüne Blätter. H 25 cm, Br 30 cm, Z4 (Bilder S. 116 und 183)

***Gladiolus communis* subsp. *byzantinus*, Gladiole**
Knollenpflanze mit hübsch geformten Blüten in Purpur und Magenta. Sät sich in leichten Böden stark aus. Sonne. H 75 cm, Br 15 cm, Z7 (Bilder S. 55 und 180)

***Lychnis coronaria*, Lichtnelke**
Zweijährige mit verzweigtem Wuchs und vielen dunkelmagentafarbenen Blüten und grauem Laub. Sonne. H 50 cm, Br 30 cm, Z4

***Malva sylvestris* var. *mauritiana*, Malve**
Staude, die schon im ersten Jahr nach Aussaat dunkel-purpurne Blüten hervorbringt. H 90 cm, Br 30 cm, Z6

***Petunia*, Petunie, Surfina Serie**
Empfindliche Staude, als Einjährige gezogen. Blüht den ganzen Sommer in vielen Schattierungen von Rosa, Lila oder Weiß. Bodendecker oder Hängepflanze. Durch Stecklinge überwintern. H 20 cm, Br 60 cm, Z9 (Bilder S. 55 und 146)

***Rosa*, Rose**
Schöne Strauchrosen in diesen Farben, u. a. 'Cerise Bouquet', mit anmutigem, bogigem Wuchs, gefüllten, dunkelrosa Blüten und vielen Dornen, H und Br 1,8 m, Z6; 'Charles de Mills' mit dem typischen Gallicarosen-Duft und purpurrosa Blüten, H 1,2 m, Br 90 cm, Z5 (Bild S. 157), 'Chianti', lockerblütiger Strauch mit dunkelbraun-roten Blüten, H und Br 1,5 m Z6 (Bild S. 162); 'William Lobb', Moosrose, deren purpurfarbene Knospen sich in der Blüte bis fast Lavendelgrau verfärben. (Das Beschneiden der neuen Schosse fördert die Blütenbildung), H und Br 2 m, Z5 (Bilder S. 7 und 119)

***Verbena*, Eisenkraut**
Viele Sorten werden wegen ihrer langen Blüte gezogen. Schön für Kübel oder Beete u. a. 'Cleopatra' mit Blüten in Weiß und Purpur, Z9 (Bild S. 144); 'Homestead Purple' mit karminroten Blüten, Z9; 'Sissinghurst' mit dunkelrosa Blüten, Z7 (Bilder S. 53, 55, 121 und 182). Alle H 30 cm, Br 45 cm

Mittelrosa

Frühling

***Anemone coronaria* St. Brigid Gruppe**
Knollenpflanze mit petersilienartigen Blättern und großen gefüllten bzw. halbgefüllten Blüten in vielen Farben. Sonne oder Halbschatten. H 30 cm, Br 15 cm, Z8 (Bild S. 116)

***Bellis perennis*, Maßliebchen**
Staude mit gefüllten, gänseblümchenartigen Blüten in Rot-, Rosa- und Weißtönen. Sonne. H und Br 15 cm, Z4 (Bild S. 144)

***Cornus florida* f. *rubra*, Blumenhartriegel**
Großer Strauch mit ausgebreitetem Wuchs, rosa Laub im Frühjahr, rötliche Rinde. Lichter Schatten und kalkfreier Boden. H 6 m, Br 7,6 m, Z7

***Cyclamen*, Alpenveilchen**
Die großen Knollen von *C. coum* bringen runde, gezeichnete Blätter und zarte Blüten in Rosa und Weiß hervor. Lichter Schatten, Gehölzrand. Breitet sich aus. H 10 cm, Br 15 cm, Z5 (Bilder S. 27 und 113). *C. repandum* hat viele marmorierte Blätter und leicht gedrehte Blüten. Schatten. H 10 cm, Br 15 cm, Z8

***Daphne mezereum*, Seidelbast**
Strauch mit süß duftenden, rosaroten Blüten, die vor den Blättern erscheinen. Sonne oder Halbschatten in feuchtem, leicht alkalischem Boden. H und Br 1,2 m, Z5

***Erythronium*, Hundszahn**
Knollenstaude, liebt Halbschatten und feuchten Boden. *E. dens-canis* hat rotbraun gepunktete Blätter und lila-rosa Blüten mit gedrehten Petalen. H und Br 15 cm, Z3; *E. revolutum* hat gefleckte Blätter und zarte rosa Blüten an höheren Stielen, H 30 cm, Br 15 cm, Z5

***Primula denticulata*, Kugelprimel**
Staude mit runden Blütenköpfen in Weiß, Lavendelblau und Rosa auf kräftigem Stiel. Sonne oder Halbschatten in feuchtem Boden. H 30 cm, Br 20 cm, Z6 (Bild S. 54)

***Tulipa*, Tulpe**
Zwiebelpflanze für sonnige Lagen. Schöne spätblühende Sorten in diesen Farben, u. a. die lilienblütige 'China Pink', H 55 cm, Br 23 cm, Z4 und die Triumph-Tulpe 'Peerless Pink', H 40 cm, Br 23 cm, Z4 (Bild S. 112)

Bougainvillea glabra

Lychnis coronaria

Rosa 'Charles de Mills'

Cyclamen repandum

Erythronium dens-canis

Sommer

***Allium*, Zierlauch**
Zwiebelpflanze, die Sonne benötigt. *A. carinatum* subsp. *pulchellum* hat rosa Blüten, wie kleine Springbrunnen. H 45 cm, Br 10 cm, Z6. *A. cernuum* hat ungewöhnliche, nickende Blütenköpfe von Blaßrosa bis Dunkel-Purpurrosa. Kein Zwiebelduft. H 45 cm, Br 12 cm, Z3

***Armeria maritima*, Grasnelke**
Immergrüne Staude. Bildet dichte Kissen mit grasartigen Blättern und duftenden, magentafarbenen Blüten. H 20 cm, Br 30 cm, Z4 (Bild S. 176)

***Astrantia maxima*, Sterndolde**
Horstbildende Staude mit kräftigem, gelapptem Laub und lange blühenden, rosa Blüten. Sonne. H 60 cm, Br 30 cm, Z4 (Bild S. 178)

***Cistus* 'Silver Pink', Zistrose**
Immergrüner Strauch mit gefälligen, rein-rosa Blüten und graugrünem Laub. Sonne. H und Br 1 m, Z8

Clematis
Die folgenden Klettersorten mögen Sonne oder Halbschatten und feuchten, alkalischen Boden: 'Comtesse de Bouchard' mit üppigem Blütenflor, im späten Winter hart zurückschneiden, H und Br 3 m, Z6; *C. montana* var. *rubens* mit dunkelrotem Laub und rötlichen Blüten, die nach Vanille duften, kein Rückschnitt, H 12 m, Br 3 m, Z6; *C. m.* 'Tetrarose' ist weniger wüchsig, hat aber größere Blüten und üppigeres Laub, H 7,5 m, Br 3 m, Z6

***Cleome hassleriana*, Spinnenpflanze**
Einjährige mit hübschen, spinnenartigen Blüten in Schattierungen von Rosa, Purpur und Weiß. Duftendes Laub. Sonne. H 1,2 m, Br 30 cm

***Cosmos bipinnatus*, Schmuckkörbchen**
Einjährige mit fiedrigem Laub und kräftigen Stielen. Blüht in verschiedenen Rosa-Weißtönen. Sonne und feuchter Boden. 'Imperial Pink' ist dunkelrosa. H 1,2 m, Br 75 cm, Z8 (Bilder S. 11, 55 und 114)

***Dianthus*, Nelke**
Immergrüne Staude, am besten in sonnigen, offenen Lagen und kalkreichem Boden. 'Pike's Pink' bildet dichte Matten und hat duftende, gefüllte rosa Blüten. H 15 cm, Br 30 cm, Z4. Moderne Nelken, wie 'Gran's Favourite' mit weiß-rosa Blüten, haben blaugrünes Laub. H 25 cm, Br 40 cm, Z4

***Diascia* 'Ruby Field'**
Empfindliche Staude, bildet dichte Matten mit schmalen, grünen Blättern und üppigen Blütenrispen in Kupferrosa. Sonne und nicht zu trockener Boden. H 25 cm, Br 30 cm, Z8 (Bild S. 112)

***Dicentra*, Tränendes Herz**
D. spectabilis Staude mit herzförmigen Blüten, die an bogigen Stielen hängen. Hübsches geteiltes Laub. H 75 cm, Br 50 cm (Bild S. 112). 'Stuart Boothman' ist kleiner mit grau-grünen Blättern. H 45 cm, Br 30 cm (Bild S. 111). Halbschatten und humoser Boden. Z3

***Dierama pulcherrimum*, Trichterschwertel**
Immergrüne Staude mit grasartigem Laub und dunkelrosa, glockenförmigen Blüten, die an bogigen, drahtigen Stielen hängen. Geschützte, sonnige Lagen und feuchter Boden. H 1,5 m, Br 90 cm, Z7 (Bild S. 116)

***Digitalis*, Fingerhut**
D. purpurea ist zweijährig mit hohen Blütenähren in Rosa, Purpur und Weiß, die innen gepunktet sind. H 1,5 m, Br 45 cm, Z3 (Bilder S. 113 und 175). *D. x mertonensis* ist ausdauernd, wenn man nach der Blüte teilt. Kürzere Blütenähren in Matt-Rosa. H 60 cm, Br 30 cm, Z4 (Bild S. 131). Beide lieben Halbschatten und feuchten Boden.

Echinacea purpurea
Spätsommerstaude mit robusten, asternartigen Blüten mit auffallender, kegelförmiger Mitte. Sonne und humusreicher Boden. 'Leuchtstern' ist eine gute Sorte. H 1,2 m, Br 45 cm, Z4 (Bild S. 57)

***Geranium*, Storchschnabel**
Wichtige Beetstaude. *G. cinereum* 'Ballerina' bildet runde Horste mit grau-grünen Blättern und hat relativ große lila-rosa Blüten mit dunkler Äderung. Durchlässiger Boden. H 20 cm, Br 30 cm, Z4. *G. x oxonianum* 'Claridge Druce' bildet Unkraut unterdrückende Horste mit leuchtend rosa Blüten. Wuchert. H und Br 90 cm, Z3 (Bild S. 163). *G x riversleaianum* 'Mavis Simpson' hat rankende Stiele mit silbrig-rosa Blüten und gelapptes, silbrig-grünes Laub. H 23 cm, Br 60 cm, Z7. *G x r.* 'Russell Prichard' hat ähnliches Laub, ist aber niedriger und hat magentafarbene Blüten. H 23 cm, Br 60 cm, Z6 (Bild S. 119)

***Helianthemum* 'Rhodanthe Carneum', (syn. *H.* 'Wisley Pink'), Sonnenröschen**
Immergrüner, ausladender Strauch mit silber-grauem Laub und unzähligen, kurzlebigen rosa Blüten im Frühsommer. Benötigt Sonne. H 45 cm, Br 60 cm, Z6 (Bild S. 180)

***Lathyrus*, Platterbse**
Staude. *L. grandiflorus* hat große dunkel-magentafarbene Blüten mit einem Hauch Rosa. Bildet starke Ausläufer. H 1,5 m, Z6 (Bild S. 163). *L. latifolius* hat robuste, fast „schlampige" Blüten. Kein Duft. Es gibt sie in Magenta, Rosa, Hellrosa und Weiß. H und Br 1,8 m, Z5 (Bild S. 54). *L. odoratus* ist einjährig. Einmaliger Duft. Viele Farben als Saatgut erhältlich. H und Br 1,8 m. Alle benötigen Sonne und humusreichen Boden.

***Lavatera*, Malve**
Sowohl Einjährige als auch Sträucher benötigen Sonne. *L. trimestris* 'Silver Cup' ist eine buschige Einjährige mit großen, leuchtend rosa Blütentrompeten. H und Br 60 cm. 'Rosea' ist eine schnellwachsende strauchige Pflanze mit salbei-grünen Blättern und vielen Blüten in weichem Rosa. H und Br 3 m, Z8 (Bilder S. 53 und 184)

***Lilium*, Lilie**
Zwiebelpflanze. *L. martagon*, Türkenbundlilie, hat nickende Blüten mit zurückgebogenen Petalen in Schattierungen von Weiß über Dunkelrosa bis Weinrot; gepunktet. Sät sich in humosem Boden selbst aus. H 1,2 m, Z4. *L. speciosum* var. *rubrum* hat größere Blüten in Karminrot mit weißen Punkten. H 1,5 m, Z5. Schöne Züchtungen, u. a. 'Journey's End', ebenfalls karmin/weiß. H 1,5 m, Z5; und die sog. Pink Perfection Gruppe, die rosa Glocken mit dunkelkarminroten Außenseiten hat. H 1,2 m, Z5 (Bild S. 184)

Allium carinatum subsp. *pulchellum*

Clematis montana 'Tetrarose'

Digitalis x mertonensis

Geranium x riversleaianum 'Russell Prichard'

Lilium speciosum var. *rubrum*

***Lupinus* 'The Chatelaine', Lupine**
Staude mit hübschen, palmartigen Blättern und kräftigen Blütenähren. Zweifarbig rosa-weiß. Sandiger Boden, Sonne. H 1,2 m, Br 45 cm, Z3 (Bilder S. 3 u. 184)

***Nicotiana x sanderae*, Tabakpflanze**
Einjährige. Süß duftende, fünfzackige Blüten den ganzen Sommer. Sonne. H 75 cm, Br 30 cm (Bild S. 163)

***Osteospermum* 'Pink Whirls'**
Empfindliche Staude mit Tuffs aus schmalen, aromatischen Blättern und altrosa Blüten von Sommer bis zum ersten Frost. Sonne. H und Br 60 cm, Z9 (Bild S. 109)

***Paeonia lactiflora*, Pfingstrose**
Ursprünglich hat diese Staude große, weiße, einfache Blüten mit gelben Staubgefäßen. Es gibt Züchtungen in vielen Farben, gefüllt und ungefüllt. Schöne, rosa Sorten, u. a. 'Bowl of Beauty', ungefüllt, und 'Ballerina', gefüllt, blaßrosa (Bild S. 113). Sonne. H und Br 60 cm, Z5

***Penstemon* 'Evelyn', Bartfaden**
Buschige halb-immergrüne Staude mit röhrenförmigen, rosa Blüten. Sonne. H und Br 45 cm, Z7 (Bilder S. 53, 157 und 181)

***Phlox paniculata* 'Bright Eyes'**
Staude, bildet hochstielige Gruppen mit großen, süß duftenden Blütenköpfen. Sie benötigt feuchten Boden. Sonne oder Halbschatten. H 1,2 m, Br 60 cm, Z4

Rehmannia elata
Empfindliche Staude mit rundblättrigen Laubhorsten und großen, fingerhutähnlichen Blüten in leuchtendem Rosa mit orangen Flecken. H 90 cm, Br 45 cm, Z9 (Bild S. 112)

***Rosa*, Rose**
Schöne Kletterrosen, u. a. 'Mme Grégoire Staechelin', wüchsig mit gesundem Laub und großen, blaßrosa Blüten, H 6 m, Br 3,7 m, Z6 (Bild S. 65); 'Zéphirine Drouhin', dornenlos mit duftenden, rosa Blüten, remontierend, H 2,4 m, Br 1,8 m, Z6. Schöne Strauchrosen, u. a. 'Complicata', die auch als Kletterrose gezogen werden kann, schöne, bogige Triebe, an denen offene, einfache Blüten aufgereiht sind, H 2,1 m, Br 2,4 m, Z5; 'Comte de Chambord' mit duftenden, lila-rosa Blüten und aufrechtem Wuchs, H 1,2 m, Br 90 cm, Z5 (Bilder S. 176 und 178); 'De Rescht' mit kleinen, leuchtenden Blüten in stark Magentarot, H 1,2 m, Br 90 cm, Z6 (Bild S. 162); *R. gallica* var. *officinalis*, Apothekerrose, mit hellgrünem Laub und pinkfarbenen Blüten, blüht üppig, aber nicht remontierend, H und Br 90 cm, Z5 (Bild S. 116); *R. g.* 'Versicolor', ähnlich wie *officinalis*, aber die Blüten sind weiß-rosa gefleckt, H 75 cm, Br 90 cm, Z5 (Bild S. 162)

***Salvia involucrata* 'Bethellii', Salbei**
Staude mit dunkelgrünen Blättern und großen, kirschroten Blütenähren mit rosa Hochblättern. Sonne. H 1,5 m, Br 90 cm, Z9 (Bild S. 55)

***Sidalcea malviflora*, Präriemalve**
Staude mit seidigen Blüten an verzweigten Stielen. Schöne Sorten, u. a. *S. m.* 'William Smith'. Sonne. H 90 cm, Br 40 cm, Z5

***Silene dioica*, Leimkraut**
Staude mit klaren, rosa Blüten über dunklem, behaartem Laub; die gefüllte *S. d.* 'Flore Pleno' hat bäuerlichen Charme. H 60 cm, Br 30 cm, Z5

Herbst

***Colchicum speciosum*, Herbstzeitlose**
Zwiebelpflanze, deren große, glänzende Blätter im Frühjahr erscheinen und dann vergehen. Die Blüte ist blattlos. Offene, sonnige Lagen. H und Br 15 cm, Z5 (Bild S. 146)

***Cyclamen hederifolium*, Alpenveilchen**
Knollenstaude mit zarten, rosa oder weißen Blüten; zurückgebogene Petalen, herzförmige, silbrig marmorierte Blätter. Sonne und Schatten, aber nährstoffhaltiger Boden. H 10 cm, Br 15 cm, Z5 (Bild S. 147)

***Nerine bowdenii*, Guernsey Lilie**
Zwiebelpflanze mit üppigen Blütenköpfen auf hohen Stielen. Das kräftige Pink ist im Herbst ein schöner Blickfang. Sonne und sandiger Boden. H 60 cm, Br 15 cm, Z8

***Schizostylis coccinea* 'Mrs Hegarty', Spaltgriffel**
Die sich ausbreitenden Rhizome bringen Horste schmaler Blätter und kräftiger Stiele mit blaßrosa Blüten hervor. Sonne und feuchter Boden. H 60 cm, Br 15 cm, Z6

***Sedum*, Mauerpfeffer**
Sonnenhungrige Staude. 'Herbstfreude' hat gedrungene, grau-grüne, sukkulente Blattrosetten und große, rosa Blütenköpfe, die zum Herbst kupferfarben verblühen. H und Br 60 cm, Z4 (Bilder S. 146 und 171); 'Ruby Glow' ist kriechend und hat rubinrote Blütenköpfe. H bis 23 cm, Br 45 cm, Z4 (Bild S. 53)

Blaßrosa

Frühling

***Daphne x burkwoodii* 'Somerset', Seidelbast**
Halb-immergrüner Strauch mit kleinen, schmalen Blättern und stark duftenden Blüten im späten Frühjahr. Sonne, aber nicht zu trocken. H und Br 1,2 m, Z5

***Magnolia*, Magnolie**
Strauch, der neutralen bis leicht alkalischen Boden benötigt. Schadstoffresistent. *M. x loebneri* 'Leonard Messel' hat elegante, schlanke Blüten, die vor den Blättern erscheinen. H 8 m, Br 6 m, Z5. *M x soulangeana* ist ein verzweigter Busch mit großen, tulpenförmigen Blüten in weißfleckigem Rosa an kahlen Zweigen. H und Br 6 m, Z5

***Malus floribunda*, Kirschapfel**
Ein zierlicher, ausladender Baum. Frühblühend. Dunkelrosa Knospen öffnen sich zu blaßrosa Blüten. Im Herbst kleine gelb-rote Früchte. Sonne. H und Br 10 m, Z4

***Tulipa*, Tulpe**
Zwiebelpflanze, liebt Sommerhitze. 'Angelique' ist halbgefüllt, duftend, spätblühend. H 40 cm, Br 23 cm (Bild S. 111). 'Elegant Lady', lilienblütig, magentafarben mit cremefarbenem Rand. H 45 cm, Br 23 m. 'Meißner Porzellan', apfelblütenrosa, elfenbeinfarben gefleckt. H 40 cm, Br 23 cm (Bild S. 53). 'Pandour', eine Greigii-Tulpe, blaßgelbgeflammtes Rot, wirkt rosa. Geflecktes Laub. H 30 cm, Br 20 cm (Bild S. 53). Alle Z4

Paeonia 'Bowl of Beauty'

Rosa 'Zéphirine Drouhin'

Sidalcea malviflora 'William Smith'

Sedum 'Herbstfreude'

Magnolia x loebneri 'Leonard Messel'

Sommer

Clematis
Kletterpflanze, die Halbschatten und einen kühlen „Fuß“ bevorzugt. Schöne Sorten, u. a. 'Duchess of Albany' mit kleinen, tulpenförmigen Blüten; 'Hagley Hybrid' mit großen rosa-hellila Blüten. Beide H 2,4 m, Br 90 cm, Z5

***Dianthus* 'Doris', Nelke**
Immergrüne Staude, bringt laufend gut duftende Blüten hervor. Lachsrosa mit dunkelrosa Rand. Offene, sonnige Lagen, leicht alkalischer Boden. H 30 cm, Br 40 cm, Z4

Diascia
Empfindliche Staude, benötigt Sonne. *D. fetcaniensis* hat rankende Stiele mit kleinen, runden Blättern und lockeren Blütenrispen. H 40 cm, Br 45 cm, Z8. *D. rigescens* ist kompakter und hat steifere Stiele mit silbrig-rosa Blüten. H 40 cm, Br 30 cm, Z8 (Bild S. 131)

***Erigeron karvinskianus,* Feinstrahlaster**
Hübsche, aber unordentliche Staude, die mit kleinen, asternartigen Blüten den ganzen Sommer lang blüht. Sät sich auf sonnigen Terrassen, Mauern und Stufen selbst aus. H 20 cm, Br 30 cm, Z8

***Geranium,* Storchschnabel**
Staude, wichtige Beetpflanze. *G. x oxoianum* 'Wargrave Pink' hat kleine Blüten über hübschen, gelappten Blättern. H 45 cm, Br 60 cm, Z4 (Bild S. 180). *G. macrorrhizum* bildet bodenbedeckende Horste mit aromatischem Laub. H 38 cm, Br 60 cm, Z4. *G. traversii* var. *elegans* hat silbriges Laub und klare, rosa Blüten. H 10 cm, Br 25 cm, Z8 (Bild S. 178)

***Hemerocallis* 'Catherine Woodbery', Taglilie**
Halb-immergrüne Staude mit blaß-pfirsichfarbenen Blüten, purpur überhaucht. Duftend. Sonne. Feuchter Boden. H 70 cm, Br 75 cm, Z4 (Bild S. 57)

***Kolkwitzia amabilis,* Kolkwitzie**
Anmutiger Strauch mit gebogenen Zweigen, an denen Unmengen glockenförmiger Blüten im Frühsommer erscheinen. Sonne. H und Br 3 m, Z5

***Lavatera* 'Barnsley', Strauchmalve**
Strauch mit sanft-grau-grünem Laub und einer Fülle blaßrosa Blüten mit roter Mitte. Sonne. H und Br 1,8 m, Z8 (Bild S. 176)

***Lonicera periclymenum* 'Belgica', Geißblatt**
Kletterpflanze mit röhrenförmigen Blüten, außen cremefarben, innen dunkelrosa. Duftet abends stark. Sonne oder Schatten. H und Br 3 m, Z5 (Bild S. 56)

***Monarda* 'Beauty of Cobham', Indianernessel**
Staude mit aromatischen, dunkelroten Blättern und blaßrosa Blütenbüscheln. H 90 cm, Br 45 cm, Z4 (Bild S. 57)

***Papaver orientale,* Türkischer Mohn**
Staude, die im Sommer einzieht, deshalb den Platz markieren. Blütenblätter entfalten sich wie Seidenpapier aus haarigen Knospen. H und Br 90 cm, Z4. Schöne Sorten, u. a. 'Cedric Moris' mit großen, blaßrosa Blüten, die schwarz gefleckt sind; und die lachsrosa *P. o.* 'Mrs Perry' (Bild S. 180)

***Penstemon* 'Apple Blossom', Bartfaden**
Strauchige, halb-immergrüne Staude, die röhrenförmige, blaßrosa Blüten hervorbringt. Sonne. H und Br 45 cm Z9 (Bild S. 176)

***Rosa,* Rose**
Schöne Kletterrosen, u. a. 'Albertine', deren kupferrosa Knospen sich zu blaß-lachsrosa Blüten öffnen, H 5 m, Br 3 m, Z6 (Bild S. 56), 'Blairii Number Two', muschelrosa, mehltaugefährdet, H 3,5 m, Br 1,8 m, Z6; 'Francis E. Lester' mit zartrosa Blütenbüscheln, duftend, einfach, verträgt Schatten und wächst in Bäume, H 4,5 m, Br 3 m, Z7 (Bild S. 183); 'New Dawn' mit blaßrosa, eleganten Blüten, verträgt Schatten, H und Br 5 m, Z6 (Bilder S. 1, 176 und 178); und 'Paul's Himalayan Musk' mit kleinen, gefüllten, süß duftenden Blüten, H und Br 10 m, Z5. Schöne Strauchrosen, u. a. 'Céleste' mit flachen, muschelrosa Blüten, gute Heckenrose, H 1,5 m, Br 1,2 m, Z4; 'Fantin-Latour', bäuerliche, süß duftende alte Rose, Blütenblätter in Wirbeln angeordnet, H 1,5 m, Br 1,2 m, Z5; 'Königin von Dänemark' mit schön geformten Blüten, H 1,5 m, Br 1,2 m, Z4

***Verbena* 'Silver Anne', Eisenkraut**
Empfindliche Staude, rankend mit kleinen, duftenden Blütenköpfchen. Sonne. H 20 cm, Br 45 cm, Z9 (Bild S. 121)

Herbst

Amaryllis belladonna
Empfindliche Knollenpflanze mit süß duftenden, rosa Blüten, die nachdunkeln. Sonniger, geschützter Platz. H 50 cm, Br 30 cm, Z8 (Bild S. 121)

***Anemone x hybrida,* Japan-Anemone**
Staude, bildet Horste mit dunkelgrünem, gelapptem Laub und hohen, aufrechten Stielen mit rosaroten Blüten im Herbst. Halbschatten und humoser Boden. H 1,5 m, Br 60 cm, Z5 (Bilder S. 53 und 107)

***Dendranthema,* Chrysantheme**
Staude mit asternartigen Blüten von Sommer bis Spätherbst. Viele Sorten in verschiedenen Farben von Weinrot, Rostrot bis Rosa, Weiß und Gelb. H von 30 cm bis 1,5 m, Z5–9 (Bild S. 53)

Früchte

***Sorbus vilmorinii,* Eberesche**
Kleiner Baum mit elegantem, gefiedertem Laub mit schöner Herbstfärbung. Die hängenden, rötlichen Beerendolden verblassen zu Rosa-Weiß. Sonne und Halbschatten, feuchter Boden. H und Br 6 m, Z5

Winter

***Prunus x subhirtella* 'Autumnalis Rosea', Rosenkirsche**
Baum mit halbgefüllten, rosaroten Blüten im Spätwinter. H 9 m, Br 6 m, Z5

***Viburnum x bodnantense* 'Dawn', Winterschneeball**
Aufrechter Strauch mit bogigen Zweigen, an denen vom Spätwinter an duftende Blütenbüschel in Rosa blühen. Sonne und Halbschatten, nicht zu trocken. H 3 m, Br 1,8 m, Z7 (Bild S. 171)

Erigeron karvinskianus

Hemerocallis 'Catherine Woodbery'

Rosa 'Paul's Himalayan Musk'

Rosa 'Königin von Dänemark'

Viburnum x bodnantense 'Dawn'

Violett

Violett ist eine sehr üppige, satte Farbe. In manchen Kulturen waren Violett und Purpur Merkmale für Macht, Position und Reichtum. Violett ist aber auch eine Farbe der Trauer. Dunkellila kann eine besinnliche Stimmung im Garten hervorrufen, und durch eine gewisse Melancholie dämpft es den Übermut heller Farben. Reines Violett sehen wir am Ende der Farbskala des Regenbogens; eigentlich reicht es darüber hinaus bis hin zu Ultraviolett, das für das menschliche Auge nicht wahrnehmbar ist. Bienen und andere Insekten können dies aber erkennen, deshalb sind Violett und verwandte Farben, die Ultraviolett reflektieren, so attraktiv für sie.

Violett ist eine kalte Farbe, fast so wie Blau, und es scheint zurückzuweichen und eine nachgeordnete Rolle einzunehmen. So wie das Veilchen am Wegesrand ist Violett unauffällig und bescheiden. Es ist auch eine flüchtige Farbe, d. h. jede hinzugefügte Farbnuance wird die Führung übernehmen. Mit Rot wird Violett zu Purpur, und ein Hauch Blau macht es sofort mehr blau als violett. Wie zum Beweis dieser Flüchtigkeit werden violette und blaue Blumen auf Fotos immer rötlicher, als das Auge sie wahrgenommen hat.

Weil es so zurückhaltend ist, kann Violett in einer gemischten Pflanzung leicht durch andere Farben übertönt werden. Es muß ein bißchen für sich und in größeren Mengen auftreten, um zu wirken. Unübertroffen ist eine Kombination von dunkelsten Veilchen und Stiefmütterchen. Violette Clematis als senkrechte Betonung an einer Rankhilfe oder als Hintergrund an einer Mauer ist ebenfalls wirkungsvoll.

Für gleichmäßige Harmonien kombinieren Sie violette, lila und blaue mit blau-rosa Blumen. Hornveilchen sehen z. B. wunderbar unter alten rosa Rosen aus. Die einjährige Bauerngartenblume *Salvia viridis* wird in violetten, rosa und cremefarbenen Saatmischungen angeboten, und alle passen gut zueinander, ebenso zu blauem Lerchensporn und Kornblumen. Für ein üppigeres Farbenspiel mischt man dunkelviolette Blumen mit klarem Rot und Orange. Versuchen Sie lila Stiefmütterchen mit knallroten Tulpen, z. B. *Tulipa praestans*.

Violett ist die dunkelste Farbe des Farbrads und deshalb nahe an Schwarz. Seine Komplementärfarbe ist Gelb, die hellste im Farbrad. Aber wenn Sie dies umsetzen wollen und z. B. dunkelviolette Heliotrop mit hellgelben Primeln mischen, dann ist der Hell-Dunkel-Kontrast auffälliger als die Farben selbst. Für eine ausgewogenere Pflanzung sollten Sie ungesättigte Töne dieser Farben wählen: blaßviolette Glockenblumen und pudergelbe Wiesenraute.

Zwei Clematis – 'Etoile Violette' mit kleinen Blüten in rötlichem Violett und die großblumige 'Perle d'Azur', deren Farbe sich eher der Wicke (*Lathyrus odoratus* 'Noel Sutton') annähert – bedecken einen Rankobelisken in Dunkelgrün, der im Laub verschwindet.

oben links: Augenscheinlich waren die Bartiris und das Blaukissen (*Aubrieta* 'Doctor Mules') von dem gleichen Violett, auf dem Foto sieht man das Blaukissen aber in Purpur.

oben rechts: Veilchen und Stiefmütterchen zusammen mit zwei unterschiedlichen Platterbsen *(Lathyrus vernus)* ergeben diese dichte Beeteinfassung. Violett ist die Grundfarbe sowohl der Platterbse als auch der meisten Veilchen. Die Farben können aber sehr unterschiedlich sein.

rechts: Auf einer Mauer liegt eine Clematis 'Jackmanii Superba' und verbindet sich farblich mit dem Rittersporn und der dahinter stehenden *Verbena bonariensis*. Üblicherweise wächst Clematis in die Höhe, man kann sie aber auch durch eine Rabatte führen, damit ihre Farbe dichter neben den anderen steht.

Hell-Violett

unten links: Eine alte Mauer bietet einem Blauregen *(Wisteria sinensis)* und einer Schönmalve *(Abutilon vitifolium)* mit gleichfarbigen Blüten Halt und Schutz.

unten rechts: Eine Clematis 'Lasurstern' rankt hier an einem *Solanum crispum* 'Glasnevin' empor, der wiederum seinen Halt an dem Draht findet, der vor die Mauer gespannt ist.

Die blasseren, ungesättigten Violettöne sind Flieder und Lavendel; eine ungesättigte Form von Purpur ist Mauve. Diese Farben verändern sich mit dem Alter mancher Blumen – violette Blüten verblassen zu Mauve bis hin zu Flieder. Die Lichtverhältnisse spielen auch eine Rolle. In kühlem Licht, wenn die Sonne verschwunden ist, oder im Schatten kann Violett fast blau aussehen; in warmem Licht, bei Sonnenauf- und -untergang, erscheint es rötlich.

Violett ist eine zurückhaltende Farbe, und die sanfteren, blassen Versionen werden noch eher übersehen. Deshalb pflanzen Sie sie mit verwandten Tönen zusammen, die sich nicht gegenseitig Konkurrenz machen, aber dafür üppiger. Schön ist ein Kräutergarten mit Schnittlauch, Ysop, Thymian, Salbei und Lavendel.

Hell-Violett ist eine gute Farbe, um harte Strukturen zu mildern. Eine Mauer mit Blauregen wird leicht und durchscheinend, wenn die Kletterpflanze blüht, und eine gerade Terrassenkante verschwindet unter dem blaßvioletten Dunst einer Lavendelhecke.

Hier liegt ein Kräutergarten zwischen Apfelbäumen und einer Mauer, an der die Rose 'Mme Grégoire Staechelin' emporrankt. Zur gleichen Zeit blühen hier mehrere fliederfarbene Kräuter und andere Pflanzen. Schnittlauch *(Allium schoenoprasum)*, Zierlauch *(Allium aflatunense)*, schmalblättriger Salbei *(Salvia lavandulifolia)* und die blütenbesäten Ranken von Sommerflieder *(Buddleja alternifolia)*.

Dunkel-Violettrot

Die kleinste Beigabe Rot verändert Violett in Purpur oder Magenta. Man kann die Vielfalt von Violett ausnutzen, indem man Blumen ähnlicher, aber nicht gleicher Farbtöne mischt und den Schimmer satter Farben, wie von verschossener Seide, erzielt. Großblumige Clematis eignen sich für diesen Effekt hervorragend, weil es so viele Sorten mit ähnlichen Blüten und feinen Farbunterschieden gibt. Iris sind ähnlich ergiebig in dieser Beziehung. Pflanzen Sie Iris verwandter Farbtöne zusammen und nutzen Sie die Vielfarbigkeit der einzelnen Blüten oder mischen Sie Iris mit gleichfarbigen Pflanzen in abweichenden Formen, wie z. B. lila Zierlauch.

Farben, die einen schönen Gegensatz zu dunklem Violettrot bilden, sind gemischte Gelbtöne, z. B. das grünliche Gelb einiger Wolfsmilchgewächse, gelbe Nachtkerzen oder Königskerzen 'Gainsborough'.

oben: Die violette Clematis 'The President' bildet eine üppige Kombination mit der magentafarbenen Clematis 'Niobe'. Man braucht nur kleine Abweichungen zwischen dunklen, satten Farben zu verwenden, um einen brillanten Effekt zu erzielen, schöner als jede Farbe für sich allein. Man pflanzt die Clematis einen Meter auseinander, damit sie sich im Wurzelbereich nicht stören.

unten: Violette Bartiris mit Zierlauch *Allium aflatunense* 'Purple Sensation' ergeben eine schöne Mischung dunkler Farben mit unterschiedlichen Strukturen. Die Alliumbulben kann man zwischen die Irisrhizome setzen, beide lieben Sommerhitze nach der Blüte.

Kräftiges und dunkles Violett

Frühling

***Aquilegia vulgaris,* Akelei**
Staude mit anmutigen, glockenförmigen, gespornten Blüten. Farben veränderlich von Violett, Blau bis Rosa und Creme, da sie sich untereinander kreuzen. Sonne oder Halbschatten. H 90 cm, Br 50 cm, Z5 (Bilder S. 73 und 183)

***Aubrieta* 'Doctor Mules', Blaukissen**
Immergrüne Staude, bildet kompakte Kissen, auch in Steinritzen. Rahmt Stufen oder Terrassen ein. Volle Sonne. H 15 cm, Br 45 cm, Z5 (Bild S. 63)

***Crocus tommasinianus* 'Whitewell Purple'**
Die Blüten dieser Zwiebelpflanze öffnen sich bei Sonne und zeigen ihre orangen Staubgefäße. Ungestört vermehrt sie sich. H 10 cm, Br 8 cm, Z5

***Lathyrus vernus,* Platterbse**
Staude, die Horste bildet. Verschiedene Farben, Violett, aber auch in Creme und Blaßrosa. Nährstoffreicher Boden, Sonne. Schlecht zu verpflanzen. H und Br 30 cm, Z5 (Bild S. 63)

***Tulipa* 'Negrita', Tulpe**
Zwiebelpflanze mit hohen, kräftigen Stielen. Spätblühend. H 50 cm, Br 23 cm, Z5 (Bild S. 112)

***Viola,* Veilchen**
Am schönsten sind die wilden. Gute immergrüne Züchtungen, u. a. *V. riviana* mit dunkelrotem Laub, H 10 cm, Br 20 cm, Z2; *V. odorata*, H 7 cm, Br 25 cm, Z8 (Bild S. 136). Alle vertragen Sonne oder Schatten.

Sommer

***Allium,* Zierlauch**
Zwiebelpflanze, liebt offene, sonnige Lagen. Die auffallenden Blumenbälle bestehen aus unzähligen kleinen Einzelblüten. Schöne Sorten, u. a. *A. aflatunense* (Bilder S. 65 und 139) und eine dunkelviolette *A. a.* 'Purple Sensation' (Bilder S. 11, 66 und 108). Beide H 75 cm, Br 20 cm, Z4

***Brachyscome iberidifolia,* Kurzschopf**
Üppig blühende Einjährige, schöne Kübelpflanze. Benötigt sonnige, geschützte Lagen. H und Br 45 cm

***Buddleja davidii,* Sommerflieder**
Die länglichen Blütenbüschel ziehen im Spätsommer Schmetterlinge an. Ausputzen, damit der Strauch nicht struppig wird. Volle Sonne. H und Br 5 m, Z6

***Campanula,* Glockenblume**
Schöne Staude u. a. *C. lactiflora*, bildet dichte Horste, bedeckt mit vielen offenen Blütenglocken, H 1,2 m, Br 60 cm, Z4; *C. persicifolia*, hat hohe Blütenähren und samt sich aus, H 90 cm, Br 30 cm, Z4 (Bild S. 174). Beide vertragen Sonne oder Halbschatten; sollten regelmäßig geteilt werden.

Clematis
Die meisten Sommerblüher mögen Sonne, aber schattige Wurzelbereiche. 'Etoile Violette' ist bedeckt mit kleinen samtartigen Blüten im Spätsommer, H und Br 4 m, Z6 (Bilder S. 62 und 183); 'Jackmanii Superba' hat große Blüten, die zart purpur gestreift sind, Br 3 m, Z5 (Bild S. 63); 'The President' hat große Blüten mit spitzen Petalen, H und Br 3 m, Z5 (Bild S. 66); 'Venosa Violacea', H und Br 3 m, Z6; die spätblühende *C. viticella* hat Unmengen kleiner glockenförmiger Blüten, H und Br 3 m, Z6 (Bild S. 150)

***Delphinium,* Rittersporn**
Staude, trägt ihre Blüten an hohen Rispen. Farben variieren alle Blautöne, u. a. 'Honey Bee' und 'Purple Triumph'. Offene, sonnige Lagen. H 1,8 m, Br 60 cm, Z3

***Erigeron* 'Dunkelste Aller', Feinstrahlaster**
Staude mit Unmengen asternartiger Blüten mit gelber Mitte. Sie benötigt Sonne und feuchten Boden. Keine Winternässe. H 80 cm, Br 60 cm, Z3

***Erysimum* 'Bowles' Mauve', Schöterich**
Bildet runde Horste blau-grüner Blätter, aus denen die Blütenähren in großen Mengen emporwachsen. Kurzlebig, Vermehrung durch Stecklinge. Sonne. H 75 cm, Br 1,2 m, Z8 (Bilder S. 109, 116 und 132)

***Galega orientalis,* Geißraute**
Staude aus der Erbsenfamilie, entsprechende Blüten über dichtem Laub, braucht etwas Stütze. Nach der Blüte zurückschneiden, damit sich neues Laub bildet. Offene, sonnige Lagen. H 1,2 m, Br 60 cm, Z5 (Bild S. 181)

***Geranium,* Storchschnabel**
Unverzichtbare Beetstaude, einfach zu halten, krankheitsresistent, dichte halbrunde Blatthorste. *G. x magnificum* benötigt Sonne, verträgt keine Staunässe. H 60 cm, Br 90 cm, Z4 (Bilder S. 11 und 184). *G. clarkei* 'Kashmir Purple' hat rotgeäderte, dunkellila Blüten und tiefeingeschnittene Blätter. H und Br 60 cm, Z4. *G. pratense* 'Plenum Violaceum' hat gefüllte Blütenbüschel. H 75 cm, Br 60 cm, Z4 (Bild S. 183). *G. sylvaticum* 'Mayflower' hat leuchtende Blüten mit weißer Mitte, bevorzugt Schatten. H und Br 60 cm, Z4

***Hebe* 'Autumn Glory', Strauchveronika**
Immergrüner Strauch, zuverlässiger, aber nicht spektakulärer, violetter Farbspender im Spätsommer. Gut in Küstennähe. Sonne. H 60 cm, Br 75 cm, Z8

***Heliotropium arborescens,* Heliotrop**
Empfindlicher immergrüner Strauch; man vermehrt ihn durch Stecklinge oder zieht ihn als Einjährige aus Samen. Süß duftend, als Sommerflor oder in Töpfen. Im Wintergarten dauerhaft. Sonne. Schöne Sorte u. a. *H.* 'Princess Marina', H und Br 60 cm, Z10 (Bild S. 182)

Iris
Staude, bildet Rhizome. Viele hohe Bartiris sind so tief violett, daß sie fast schwarz wirken, u. a. 'Dusky Challenger', deren Rhizome Sommerhitze mögen, blüht nur kurz, aber die blau-grünen Blatt-Fächer bleiben. H 90 cm, Br 45 cm, Z4 (Bild S. 136). Die folgenden Iris lieben Halbschatten und Wasser bzw. sumpfigen Boden: *I. ensata* 'Royal Purple', H 90 cm, Br 50 cm, Z5 und *I. laevigata*, H 90 cm, Br 50 cm, Z5

Crocus tommasinianus 'Whitewell Purple'

Brachyscome iberidifolia

Clematis 'Jackmanii Superba'

Geranium pratense 'Plenum Violaceum'

Iris ensata 'Royal Purple'

***Lathyrus odoratus,* Wicke**
Samenfirmen bieten eine Fülle violetter, purpurner und blau-roter Sorten an. Blumentöpfe in einer Farbe bepflanzt, mit Stöcken gestützt, können in der Rabatte umgestellt werden, um Farbkompositionen zu unterstützen. Sonne, nährstoffreicher Boden. H u. Br 3 m (Bilder S. 62 und 175)

***Lavandula,* Lavendel**
Pflanzen Sie diesen aromatischen, grau-laubigen Strauch zusammen mit anderen Mittelmeer-Kräutern für eine sommerliche Duftmischung. Empfindliche Sorten in Töpfe pflanzen, im Winter ins Haus nehmen. Sonne, magerer Boden. Schöne Sorte u. a. *L. stoechas* subsp. *pendunculata*, deren Blüten kleine Knoten bilden. H und Br 45 cm, Z8 (Bilder S. 108 und 109). *L. angustifolia* 'Hidcote' hat dichte Ähren mit duftenden violett-blauen Blüten. H und Br 60 cm, Z6

***Linaria purpurea,* Leinkraut**
Schlanke violette Blütenähren bilden gute senkrechte Akzente. Staude, sät sich selbst aus. Leichter Boden, Sonne oder lichter Schatten. H 90 cm, Br 60 cm, Z5

***Lunaria annua,* Silberblatt**
Zweijährige mit doppelten Vorzügen: im Sommer violett-rosa Blüten und später, bis in den Winter, auffallende, hauchdünne, silbrige Samenstände. Lichter Schatten. H 75 cm, Br 30 cm (Bild S. 167)

***Papaver somniferum,* Schlafmohn**
Einjährige. In verschiedenen Farben von fast schwarzem Purpur über Mauve bis Hellrosa, gefüllt und einfach. Die gekrönten Samenkapseln sind ebenfalls reizvoll. Sonne oder Halbschatten, feuchter Boden, H 75 cm, Br 30 cm

***Penstemon,* Bartfaden**
Empfindliche Staude. Hübsche fingerhutähnliche Blütenrispen. Sonne. Schöne Sorten, u. a. *P. fructicosus* 'Purple Haze' für Steingärten, H und Br 30 cm, Z4; dunkel-violette 'Blackbird', 'Midnight' und 'Raven', H 60 cm, Br 40 cm, Z9

***Rosa,* Rose**
Schöne Kletterrosen, u. a. 'Veilchenblau' besonders für Rosenbögen, paßt gut zu Violett oder Blau. H 3,7 m, Br 2,1 m, Z6. Eine schöne Strauchrose ist 'Reine des Violettes', H 1,8 m, Br 1,5 m, Z6

***Salvia,* Salbei**
Schöne Stauden, u. a. *S. lavandulifolia*, H und Br 60 cm, Z8 (Bild S. 65); *S. nemorosa* 'Ostfriesland', die man am besten in Gruppen pflanzt, H 75 cm, Br 45 cm, Z5 (Bild S. 119); *S. pratensis*, H 90 cm, Br 45 cm, Z6 (Bilder S. 175 und 183); *S. x superba*, H 90 cm, Br 45 cm, Z5 (Bild S. 183). *S. officinalis purpurascens* wird wegen seiner samtigen blau-roten Blätter gepflanzt. H 60 cm, Br 90 cm, Z6 (Bilder S. 147, 149 und 182). Alle mögen Sonne.

***Solanum crispum* 'Glasnevin', Nachtschatten**
Halb-immergrüne Kletterpflanze, deren kartoffelähnliche Blüten eine gelbe Mitte haben. Volle Sonne. H 6 m, Br 3 m, Z8 (Bild S. 64)

***Verbascum phoeniceum,* Königskerze**
Einjährige mit Ähren kleiner Blüten in verschiedenen Farben. Am schönsten in Purpurrot. Offene, sonnige Lagen, verträgt aber auch Schatten. H 90 cm, Br 45 cm, Z5

***Verbena,* Eisenkraut**
Schöne Sorten dieser sonnenliebenden Staude, u. a. *V. bonariensis*, „durchsichtig", da die kleinen violetten Blütenköpfe sich im Wind bewegen und man die hauchdünnen Stiele kaum sieht. Sät sich an sonnigen Wegen und Terrassen selbst aus. H 1,5 m, Br 50 cm, Z9 (Bild S. 146). *V. rigida*, meist als Einjährige gezogen, ist ähnlich, hat kürzere Stiele und ist eher rosa. H 60 cm, Br 30 cm, Z8 (Bilder S. 19, 63 und 139)

***Viola,* Veilchen/Stiefmütterchen**
Schöne immergrüne Stauden, u. a. 'Huntercombe Purple', 'Maggie Mott' (Bild S. 133) und 'Vita', H 25 cm, Br 40 cm, Z4; 'Prince Henry' ist tief-violett, fast schwarz und kleiner, H 15 cm, Br 25 cm, Z4. Schöne Einjährige u. a. 'Universal Purple', ein Stiefmütterchen, das in milden Zonen den ganzen Winter über blüht, H und Br 25 cm, Z4. Alle vertragen Sonne oder Schatten, aber bevorzugen kühles Klima.

Herbst

***Callicarpa bodinieri* var. *giraldi* 'Profusion', Schönfrucht**
Strauch mit vielen kleinen, violetten Beeren, die schön zu dem gelben Herbstlaub aussehen. Sonne. H 1,8 m, Br 1,6 m, Z6

Liriope muscari
Immergrüne, rhizombildende Staude mit kleinen, beerenförmigen Blüten an Ähren über grasartigem Laub. Schöne Beeteinfassung. Sonne. H und Br 45 cm, Z6

Hell-Violett

Frühling

***Anemone blanda,* Windröschen**
Knollenstaude, breitet sich zu einem zart-lila Teppich am Gehölzrand aus. Liebt humosen Boden und verträgt Sonne oder Halbschatten. H 10 cm, Br 15 cm, Z5 (Bild S. 136)

Clematis
Schöne Frühlingsblüher, u. a. *C. alpina*, hat einfache, nickende Blütenlaternen mit weißer Mitte. H 3 m, Br 1,5 m, Z5; *C. macropetala* hat ähnliche, aber halbgefüllte Blüten, H 3 m, Br 90 cm, Z5. Halbschatten, kein Rückschnitt.

Crocus tommasinianus
Erster Frühlingsbote. Leuchtend orange Samenfäden beleben die zarten Blüten, wenn sie sich in der Sonne öffnen. Sonne. H 10 cm, Br 8 cm, Z5 (Bilder S. 27 und 113)

***Hepatica nobilis,* Leberblümchen**
Halb-immergrüne Staude mit gelappten Blättern. Altes Laub abschneiden, damit die kleinen, eleganten, tassenförmigen Blüten sichtbar werden. Verschiedene Farben. Halbschatten, humoser Boden. H 15 cm, Br 25 cm, Z5

***Tulipa,* Tulpe**
Diese Zwiebelpflanze liebt sonnige, offene Lagen und Sommerhitze. Schöne Sorten, u. a. 'Blue Parrot', nicht blau, sondern lila, trotz ihres Namens, H 60 cm, Br 23 cm, Z3; und 'Lilac Perfection', H 45 cm, Br 23 cm, Z3

Lavandula angustifolia 'Hidcote'

Salvia pratensis Haematodes Gruppe

Verbena bonariensis

Liriope muscari

Hepatica nobilis

Sommer

***Abutilon vitifolium,* Schönmalve**
Versuchen Sie, diese stattliche, schnellwachsende Staude vor einer geschützten Wand zu ziehen, wo sie mit einem Blauregen harmonieren kann. Sonne oder Halbschatten. H 4 m, Br 2,4 m, Z9 (Bild S. 64)

***Allium,* Zierlauch**
Zwiebelpflanzen mit kugelrunden Blütenköpfen. Lieben offene, sonnige Lagen. *A. christophii* hat ballonförmige Blütenköpfe in Zart-Llila. H 40 cm, Br 20 cm, Z4 (Bilder S. 175 und 182). *A. rosenbachianum* hat höhere Stiele und lockere Blütenköpfe. H 90 cm, Br 30 cm, Z4 (Bild S. 10).

***A. schoenoprasum,* Schnittlauch**
Nicht nur für den Kräutergarten, sondern auch als Beeteinfassung. H 25 cm, Br 10 cm, Z3 (Bild S. 65). *A. schubertii* braucht einen geschützten Platz, um seine enormen Blütenbälle von bis zu 45 cm Durchmesser zu entwickeln. H 60 cm, Br 30 cm, Z4

***Buddleja,* Sommerflieder**
Schöne Sorten dieses Strauchs, u. a. die frühblühende *B. alternifolia*, hat lange, bogige Triebe. H und Br 4 m, Z6 (Bild S. 65). *B. davidii* var. *nanhoensis* hat zart blaß violette Blüten. H und Br 3 m, Z6. Der empfindliche *B. davidii* 'Glasnevin' hat filzige, grau-grüne Blätter. H und Br 1,8 m, Z6 (Bild S. 139). Alle benötigen Sonne und radikalen Rückschnitt im Frühjahr.

***Campanula lactiflora* 'Loddon Anna', Riesendoldenglockenblume**
Staude, die Wolken milchiger lilarosa Blüten hervorbringt. Sonne und Schatten. H 1,2 m, Br 60 cm, Z4 (Bild S. 181)

***Erigeron alpinus,* Alpen-Feinstrahlaster**
Staude, die gut auf eine Mauer oder ein Hochbeet paßt. Verträgt keine Winternässe, aber darf im Sommer nicht austrocknen. H 25 cm, Br 20 cm, Z5

***Galega officinalis,* Geißraute**
Vielseitige Staude mit lila Blüten, ist oft zweifarbig mit Weiß. Sonnige, offene Lagen. H 1,5 m, Br 60 cm, Z4

***Hesperis matronalis,* Nachtviole**
Staude, sät sich selbst aus. Hat süß duftende Blütenköpfe. Sollte ausgedünnt werden, um Schwachwuchs zu vermeiden. Anspruchslos, aber liebt Sonne. H 75 cm, Br 60 cm, Z4 (Bild S. 109)

***Hydrangea aspera* Villosa Gruppe, Hortensie**
Strauch mit Dolden aus vielen kleinen, fruchtbaren, rosigen Blüten, die von größeren, sterilen blaßlila Blüten umgeben sind. Dieser Strauch benötigt feuchten Boden, Sonne oder Halbschatten. H 3 m, Br 2,7 m, Z8

***Lantana montevidensis,* Wandelröschen**
Die Blüten dieser immergrünen Staude haben eine glänzende gelbe Mitte. In vielen Regionen Gewächshauspflanze. Benötigt viel Licht. H 1 m, Br 1,5 m, Z10

***Limonium latifolium,* Meerlavendel**
Staude, die einen Wolkenschleier winziger lila Blüten hervorbringt. Sonne. H 30 cm, Br 45 cm, Z4 (Bilder S. 134 und 151)

***Penstemon,* Bartfaden**
Beliebt wegen der langen Blühdauer, die durch Ausputzen verlängert werden kann. Schöne immergrüne Stauden, u. a. 'Alice Hindley', hat lila Blüten mit weißem Schlund, H 1 m, Br 60 cm, Z9; 'Stapleford Gem' ist dunkler, H 50 cm, Br 30 cm, Z8 (Bilder S. 119, 175 und 181); 'Sour Grapes', H 40 cm, Br 30 cm, Z8; *P. virens*, H 40 cm, Br 30 cm, Z4. Alle lieben Sonne.

***Prostanthera ovalifolia,* Minzbusch**
Immergrüner Strauch, blüht im Gewächshaus lange Zeit. Sonne oder Halbschatten. H 1,8 m, Br 2,1 m, Z9

***Salvia,* Salbei**
S. sclarca var. *turkestanica*: Zweijährige, als Einjährige gezogen, bringt viele Ähren mit Blütenhäubchen in Lila, Rosa und Weiß hervor. Bildet lockere Farbwolken. Trocken, sonnig. H 75 cm, Br 30 cm, Z5 (Bild S. 181). *S. leucantha*, ein immergrüner Strauch mit weißen Blüten und violetten Kronblättern. Sonne. H und Br 60 cm, Z10

***Syringa,* Flieder**
Schöne Sorten kleinerer Bäume oder großer Sträucher, u. a. *S. vulgaris*, davon verschiedene Züchtungen, wie 'Katherine Havemeyer' und 'Pocahontas', H 3,5 m, Br 3 m, Z4; *S. x persica* hat zierlichere Blütenrispen, aber den typischen Fliederduft, H und Br 1,8 m, Z3. Alle benötigen Sonne und eher leicht alkalischen Boden.

***Thalictrum,* Wiesenraute**
Staude mit üppigen Rispen winziger Blüten an hohen, schlanken Stielen und feingeschnittenem Laub. Bildet zarte Farbschleier. Sonne oder lichter Schatten. Schöne Sorten, u. a. *T. aquilegifolium*, H 1,2 m, Br 45 cm, Z5; *T. delavayi*, H 1,8 m, Br 60 cm, Z5; *T. rochebruneanum*, H 2,1 m, Br 75 cm, Z5

Tulbaghia violacea
Zwiebelpflanze mit ballförmigen Blütenköpfen. Wird leicht wegen auffälligerer Nachbarpflanzen übersehen, aber schön in Töpfen. Sonne. H 60 cm, Br 30 cm, Z7

***Verbena tenuisecta,* Eisenkraut**
Schöne Staude für ein Hochbeet oder in einer Kübelpflanzung, wo sie nach unten ranken kann. Sonne. H 40 cm, Br 75 cm, Z9 (Bilder S. 109 und 181)

***Viola cornuta,* Hornveilchen**
Üppig blühende Staude, schöne Unterpflanzung für Rosen. Nach der Blüte zurückschneiden, dann blüht sie ein zweites Mal. Sonne oder Halbschatten. H 40 cm, Br 60 cm, Z4 (Bilder S. 114, 176 und 184)

***Wisteria,* Blauregen**
Langsam wachsende Kletterpflanze. Blüht erst im 10. Jahr. Sonne. *W. floribunda*, H und Br 9 m, Z5, und *W. sinensis*, H und Br 30 m, Z5 (Bild S. 64), haben duftende, lila bis violettblaue Blütentrauben, im Spätsommer samtige Schoten.

Winter

***Iris unguicularis,* Iris**
Immergrüne, rhizombildende Staude. Schöner in Gruppen gepflanzt. Sonne und geschützte Lage. Anspruchslos. H 40 cm, Br 75 cm, Z8

Allium schoenoprasum

Hesperis matronalis

Penstemon 'Sour Grapes'

Syringa 'Pocahontas'

Iris unguicularis (syn. *Iris stylosa*)

Ein Teppich von Frühlingsblumen aus niedrigen Zwiebelpflanzen. Die hellsten sind *Puschkinia scilloides* var. *libanotica*, die blaue Streifen auf den fast weißen Blütenblättern haben. Die nach oben schauenden Sternchenblüten gehören *Chionodoxa luciliae,* und die dunkelblaue Gruppe sind Traubenhyazinthen *(Muscari armeniacum)*. Diese und andere, wie z. B. *Scilla siberica*, eignen sich zur Unterpflanzung von Büschen. Im zeitigen Frühjahr sind die Zweige kahl und lassen die Sonne hindurch, während das Laub im Sommer den nötigen Schatten für die Ruhezeit der Zwiebeln bietet und sie durch das Feuchtigkeit aufnehmende Wurzelwerk der Sträucher trocken bleiben.

Blau

Blau ist die kälteste aller Farben. Schon der Anblick glitzernden blauen Wassers läßt die Sommerhitze leichter ertragen. Blau vermittelt Weite und Ferne, wie der sich ins Unendliche wölbende Himmel und entfernte Bergketten. Im Garten ruft Blau ähnliche Wirkungen hervor, es schafft Kühle, Raum und Distanz. Blaue Blumen sind wie ein Rahmen für das Gartenbild, indem sie Nachbarpflanzen optisch nach vorne rücken und sich selbst zurücknehmen. Eine Reihe blauen Rittersporns als Hintergrund Ihrer Rabatte läßt viel mehr Raum dahinter vermuten.

Zusammen mit Grün ist Blau die angenehmste Farbe im Garten. Und es paßt gut zu allen anderen Farben; mit verwandten, kühlen Farben wie Blau-Grün oder Violett bildet es sanfte Harmonien, und es ist ein ruhiger Partner für Kontrastfarben, sogar für Orange, die Komplementärfarbe, oder für Hellgelb – beide gewinnen neben Blau an Leuchtkraft.

Im Gegensatz zu Rot verliert Blau durch Aufhellen mit Weiß nicht seinen Charakter. Eine blaßblaue Blume ist immer noch blau, und es bleibt eine kalte Farbe. Blau mit einem Rotstich ist etwas wärmer; je mehr Rot, desto eher kippt die Farbe nach Violett oder Blau-Rosa; aber grundsätzlich bleibt sie kalt.

Blau findet man auch im Blattwerk, aber dabei handelt es sich meistens um Blau-Grün, und es ist sehr viel gedämpfter als bei Blüten. Um blasses Laub hervorzuheben, kombinieren Sie es mit gelb-grünem Blattwerk oder cremefarbenen Blüten. Blau-grüne Hosta wirken z. B. noch blauer, wenn sie neben gelbblättrigen stehen.

Im Schatten wirkt Blau noch intensiver und kühler. Nutzen Sie das aus und erzeugen Sie die Illusion eines blauen Teichs unter Bäumen mit blaublütigen Zwiebelpflanzen und Stauden, die Sie dort verwildern lassen. Wie in der Natur die Hasenglöckchen durch lichte Wälder „fließen", so können Sie das in Ihrem Garten mit lila-blauen *Anemone blanda*, Scilla und Lerchensporn nachahmen. Im Sommer erzielen Sie diesen Effekt mit *Campanula latiloba.* Sonne läßt Blau dagegen etwas wärmer und rosiger aussehen. Deshalb kombinieren Sie einmal in einem sonnigen Beet blaue und rosa Blumen, um diese kühle Partnerschaft wärmer wirken zu lassen.

Ebenso wie Weiß bleibt Blau in der Dämmerung länger sichtbar als alle anderen Farben. Weil die Augen im Zwielicht empfindlicher auf Blau reagieren und weil das Licht nach Sonnenuntergang bläulich ist und von blauen Gegenständen reflektiert wird. Deshalb sollten Sie blaue und weiße Blumen dort pflanzen, wo Sie an Sommerabenden sitzen möchten.

oben: *Camassia cusickii* ist eine Zwiebelpflanze, die Blütenspeere mit kleinen Blumensternchen emporschießt. Die Staude *Amsonia tabernaemontana* hat ähnliche, aber blassere Blüten und kompaktere Köpfe. Zusammen bilden sie einen blaßblauen Blütenschleier im Frühsommer.

darunter: Ein blaues Veilchen vermischt sich reizvoll mit einem Günsel *(Ajuga reptans)*. Beide lieben Halbschatten. Der Günsel breitet sich mit Ausläufern aus und das Veilchen durch Selbstaussaat. Korrigieren Sie den Wettstreit durch Entfernen von Trieben des dominanteren Partners.

oben: Eine blau-grüne Partnerschaft im Spätfrühling. Die Staude *Omphalodes cappdocica* 'Cherry Ingram' durchwebt drei Hostagruppen (*Hosta* 'Halcyon'), blaues Gras *(Festuca glauca)* und ein silbriges Heiligenkraut rechts unten auf dem Bild. Einzelne cremefarbene Blütenrispen von *Tellima grandiflora* sorgen für einen zarten Farbkontrast, der das Blau der Hosta unterstreicht. Diese Pflanzung ist attraktiv, aber schwierig. Denn die Hostas, Omphalodes und Tellima lieben feuchten Schatten, während das Gras und das Heiligenkraut Trockenheit und Sonne bevorzugen.

Der Blaue Garten

Ein Meer von Hasenglöckchen, das sich durch Wälder ergießt, ist ein wunderschöner Anblick. Obwohl man dies in seinem Garten nicht genauso nachpflanzen kann, können Sie größere Mengen derselben Zwiebelpflanze – Chionodoxa oder Scilla – setzen und sich dort ausbreiten lassen, wo sie ungestört bleiben.

Formalere Pflanzungen nur in Blau sind schwieriger, und eine ausschließlich blaue Rabatte kann zu ernst wirken. Blau ist eine flüchtige Farbe, die schwer zu fassen ist. In kleinerem Rahmen können Gruppen mit blauen Blumen, wie Veilchen, Ehrenpreis, Rittersporn und Eisenhut, sehr effektvoll sein, besonders, um im Sommer Kühle zu vermitteln. Aber für größere Flächen kann der Wunsch nach Abwechslung aufkommen, entweder durch einen erfrischenden Kontrast mit Gelb oder Creme oder durch gefällige Harmonien mit Rosa und Violett.

Ein guter Ansatz ist es, Blau als Grundfarbe für eine Anlage zu verwenden, die ansonsten ihre Farbe im Jahreslauf verändert. Zum Beispiel ein blauer Hintergrund aus Sträuchern und Kletterpflanzen, im Frühjahr Ceanothus und Clematis, danach Sommerflieder, Hortensie und Bartblume. Dazwischen passen blaue Stauden, die mit andersfarbigen Pflanzen durchmischt werden. Gelbe Narzissen im Frühling, rosa und magentafarbene Storchschnabel, weiße und zart-lila Nachtviolen im Hochsommer.

Centaurea montana (Kornblume) und *Polemonium caeruleum* (Jakobsleiter) füllen das vordere Buchsbeet; dahinter steht eine schöne Gruppe *Meconopsis betonicifolia* (Scheinmohn).

rechts: Das Rückgrat dieser naturnahen Pflanzung bilden ein dunkelblauer *Ceanothus* 'Puget Blue' links vom Weg, ein hellila Flieder 'Firmament' und ein weißer Schneeball 'Xanthocarpum' rechts. Im Vordergrund sieht man eine Jakobsleiter, die bei Selbstaussaat ihre Farbe behält im Gegensatz zur Akelei, die sich gleichfalls reichlich aussät, aber blau, rosa oder purpurfarben werden kann. Weiter hinten, hinter dem Laub von Taglilien und Farnen, blühen ein fast schwarzer Storchschnabel *(Geranium phaeum)* und *Tellima grandiflora*.

unten: Dieser Teil einer blauen Rabatte hat seine gelb-blaue Phase hinter sich, wie man an dem Laub der verblühten Narzissen sehen kann. Ein blaßblaues Veilchen fängt an zu blühen, nachdem die Vergißmeinnicht verblüht sind. Die Kornblume *(Centaurea montana)* blüht den ganzen Sommer lang, wenn man sie regelmäßig ausputzt.

Blau

Frühling

***Ajuga reptans*, Günsel**
Halb-immergrüne Staude, bildet glänzend grüne Matten mit gedrungenen Ähren matt-blauer Blüten. Schöner Bodendecker für Sonne und Schatten. H 10 cm, Br 40 cm, Z4 (Bilder S. 71 und 151). *A. r.* 'Atropurpurea' hat dunkelrotes Laub. H 15 cm, Br 40 cm, Z4 (Bild S. 133)

***Brunnera macrophylla*, Kaukasus-vergißmeinnicht**
Staude mit Blüten wie Vergißmeinnicht und attraktiven, herzförmigen Blättern. Lichter Schatten. H 45 cm, Br 60 cm, Z4

***Ceanothus*, Säckelblume**
Schönster blaublütiger Strauch. Immergrün. *C. arboreus* bildet eine ununterbrochene Fülle von Blau, wenn er ungestört bleibt. Wird wegen Frostschutz an Mauern gezogen und um ihm eine Form zu geben. Halbschatten und leichter Boden. H und Br 4 m, Z9. *C.* 'Puget Blue', H 6 m, Br 8 m, Z8 (Bild S. 73). *C.* 'Cascade' ist immergrün, hat blaßblaue Blüten und kleine, ovale Blätter. Die bogigen Zweige lassen sich gut trainieren. H und Br 6 m, Z8 (Bild S. 132)

***Chionodoxa luciliae*, Schneeglanz**
Frühblühende Zwiebelpflanze, deren blaue Blüten mit weißer Mitte sich zur Sonne öffnen. Sät sich selbst aus. H 10 cm, Br 6 cm, Z4 (Bilder S. 5 und 70)

Clematis alpina
Kleine Kletterpflanze, die in Kübeln gezogen werden kann, oder zwischen Spaliersträuchern an Mauern. Braucht keinen Rückschnitt, liebt Halbschatten. Schöne Sorten, u. a. 'Frances Rivis' mit länglichen, krallenartigen Kronenblättern; und 'Pamela Jackman', deren laternenförmige Blüten eine weiße Mitte haben. Beide H und Br 2,5 m, Z5

***Gentiana verna* subsp. *balcanica*, Enzian**
Immergrüne Staude mit unvergleichlich brillant-blauen Blüten. Sonne und durchlässiger, humoser Boden. H und Br 5 cm, Z5

***Hyacinthoides hispanica*, Glockenhyazinthe**
Ungestört vermehrt sich diese Zwiebelpflanze, um schließlich blaue Teppiche zu bilden. Kann im Beet zur Plage werden. Schwerer Boden und feuchter Halbschatten. H 40 cm, Br 10 cm, Z4

Iris
Schöne Sorten dieser frühblühenden Knollenpflanze, u. a. *I. histrioides* 'Major' mit dunkelblauen Blüten, H 10 cm, Br 7 cm, Z5; *I.* 'Cantab' mit hellen, klarblauen Blüten, H 10 cm, Br 6 cm, Z5

***Lithodora diffusa*, Steinsame**
Strauchige Staude, bildet niedrige Teppiche kräftig blauer Blüten. Wurzelbereich darf nicht gestört werden, liebt Sonne und leicht sauren Boden. Schöne Sorten, u. a. 'Heavenly Blue' und die blaßblaue 'Cambridge Blue'. H 60 cm, Br 90 cm, Z6

***Muscari*, Traubenhyazinthe**
Diese kleine Zwiebelpflanze mit ihren dichten Blütentrauben benötigt Sonne. Schöne Sorten, u. a. *M. armeniacum* mit dunkelblauen Blüten, H 15 cm, Br 8 cm, Z6 (Bilder S. 5 und 70); und *M. latifolium* mit blauen Blüten und violetten Knospen, H 15 cm, Br 8 cm, Z6

***Myosotis alpestris*, Vergißmeinnicht**
Zweijährige, sät sich selbst aus, die Farbe verblaßt allerdings über die Jahre. Neu gekaufte Saat hat das schönste Blau. Bevorzugt Sonne, verträgt aber auch Halbschatten. H 15 cm, Br 30 cm, Z6 (Bilder S. 10, 73 und 141)

***Omphalodes cappadocica*, Gedenkemein**
Staude mit wundervollen blauen Blüten, bildet Ausläufer. Schöner Farbgeber in lichtem Schatten. H 20 cm, Br 25 cm, Z6 (Bild S. 71)

Phlox stolonifera
Kurzlebige Staude, blaßblaue Blüten mit rosa Mitte, bildet schöne Horste, aber breitet sich nicht aus. *P. s.* 'Blue Ridge' bildet mit Ausläufern schöne blaßblaue Teppiche unter Bäumen. Feuchter, leicht saurer Boden. H 15 cm, Br 30 cm, Z4

***Pulmonaria*, Lungenkraut**
Frühblühende Staude, liebt Schatten und feuchten Boden. Schöne Sorten, u. a. *P. angustifolia* und die spp. *azurea*, wie auch *P. a.* 'Munstead Blue' haben intensiv blaue Blüten und ungezeichnetes, mittelgrünes Laub. H 23 cm, Br 30 cm, Z4. *P. longifolia* 'Bertram Anderson' hat weißgepunktete, dunkelgrüne Blätter. H 30 cm, Br 45 cm, Z4

***Puschkinia scilloides* var. *libanotica*, Puschkinie**
Frühblühende Zwiebelpflanze, liebt Sonne. Am schönsten in großen Mengen. Die zarten Blüten sind fast weiß. Durch eine blaue Mittellinie ist der Gesamteindruck blaßblau. H 15 cm, Br 5 cm, Z4 (Bild S. 70)

***Rosmarinus officinalis* 'Benenden Blue', Rosmarin**
Immergrüner Strauch, benötigt Sonne. Meistens wegen des aromatischen Laubs gehalten, diese Sorte hat aber schöne, blaue Blüten. Kann als kleine Hecke gezogen werden, wenn die neuen Triebe nach der Blüte beschnitten werden. H und Br 1,5 m, Z9

Scilla
Frühblühende Zwiebelpflanze für offene Lagen in Sonne oder Halbschatten. *S. siberica* hat mittelblaue Blütenglocken. H 15 cm, Br 5 cm, Z3. *S. mischtschenkoana* hat die hellsten blauen Blüten. H 10 cm, Br 5 cm, Z6

Sommer

***Aconitum napellus*, Eisenhut**
Staude mit knollenartigen Wurzeln und aufrechten Ähren mit helmartigen Blüten in Dunkelblau. Tief eingeschnittenes Laub. Sonne, verträgt aber auch Halbschatten. H 1,5 m, Br 30 cm, Z5 (Bild S. 181)

***Agapanthus*, Schmucklilie**
Empfindliche Staude mit blauen Blütenköpfen an hohen Stielen und schmalblättrigem Laub. Liebt Sommerhitze, deshalb an den Beetrand, vor eine sonnige Mauer oder in einen Kübel pflanzen. Schöne Sorten, u. a. *A. campanulatus* mit schmalen Blättern und schönen blauen Blüten, H 90 cm, Br 50 cm, Z8 (Bild S. 116); 'Headbourne'-Hybriden haben etwas größere Blüten in verschiedenen Blauschattierungen, H und Br 90 cm, Z7 (Bild S. 181)

Amsonia tabernaemontana
Staude mit grazilen blaßblauen Blütenköpfen. Die Pflanze fällt weniger durch ihre Farbe als durch das üppige lanzettlartige Laub auf. Kann ungestört über Jahre an ihrem Platz bleiben. Halbschatten. H 60 cm, Br 30 cm, Z4 (Bild S. 71)

Brunnera macrophylla

Gentiana verna subsp. *balcanica*

Lithodora diffusa

Pulmonaria angustifolia

Aconitum napellus

***Anchusa azurea* 'Loddon Royalist', Ochsenzunge**
Eine der beliebtesten blauen Blumen mit üppigen Blütenrispen in kräftigem Blau. Kurzlebige Staude, die durch Wurzelteilung vermehrt wird. Sonne, keine Winternässe! (Bilder S. 116 und 184). *A. a.* 'Opal' hat ein helleres Blau. H 1,2 m, Br 60 cm, Z4

***Aquilegia* 'Hensol Harebell', Akelei**
Die schönste blaue Akelei. Sonne. H 75 cm, Br 50 cm, Z4 (Bild S.183)

***Aster x frikartii* 'Mönch', Herbstaster**
Eine der schönsten spätsommerlichen Stauden mit lavendelblauen Blüten (gelbe Mitte), die lange blühen. Sonne oder Halbschatten. H 70 cm, Br 40 cm, Z5

***Baptisia australis,* Falscher Indigo**
Staude mit lupinenähnlichen Blüten und Blättern, aber weniger kompakt. Muß aufgebunden werden. Sonne und tiefgründiger, leicht saurer Boden. mag keine Störungen. H 75 cm, Br 60 cm, Z3

***Borago officinalis,* Borretsch**
Einjähriges Kraut, für dekorative und kulinarische Zwecke in jedem Kräutergarten unerläßlich. Hat tiefblaue, sternchenförmige Blüten und samtige, grau-grüne Blätter. Sät sich selbst aus, kann zur Plage werden. Sonne. H 90 cm, Br 30 cm

***Buddleja* 'Lochinch', Sommerflieder**
Nur ein Hauch Violett trennt diesen Sommerflieder davon, blau zu sein. Das Laub ist behaart und verleiht dem Strauch ein silbriges Aussehen. Sonne. Im Frühjahr scharf zurückschneiden. H und Br 3 m, Z7 (Bild S. 181)

***Camassia cusickii,* Präriekerze**
Trauben sternförmiger, mittelblauer Blüten an aufrechten Stielen über länglichem Laub. Die Knollen können sich in geeigneter Umgebung vermehren, z. B. in feuchten Wiesen. Schatten oder Halbschatten, Lehmboden. H 80 cm, Br 30 cm, Z3 (Bild S. 71)

***Campanula,* Glockenblume**
Ausdauernde Stauden, u. a. *C. latiloba*. Bildet unter Bäumen guten Bodendecker, der lichte Schatten intensiviert das Blau. H 1,2 m, Br 60 cm, Z3 (Bild S. 180). *C. portenschlagiana* bildet Matten, H 15 cm, Br 45 cm, Z4 (Bild S. 116). *C. poscharskyana* ist ähnlich, hat blassere, nicht so flache Blüten und eine leichte Neigung zu klettern, H 15 cm, Br 45 cm, Z3 (Bild S. 133). Alle vertragen Sonne oder Halbschatten.

***Catananche caerulea,* Rasselblume**
Staude mit kornblumenähnlichen Blüten und weißen, papierartigen Kronenblättern. Müssen aufgebunden werden. Sonne und leichter Boden. H 90 cm, Br 45 cm, Z4

***Centaurea,* Flockenblume**
Schöne Sorten, u. a. die einjährige *C. cyanus* mit tiefblauen Blüten, die es aber auch in Weiß, Rosa oder Dunkelpupur gibt. Verblühtes abschneiden, damit sich neue Knospen bilden. H 90 cm, Br 30 cm (Bild S. 164). *C. montana* ist eine ausdauernde Staude, die sich leicht verbreitet und zur Plage werden kann. Hat aber wunderschöne blaue Blüten, größer als die der Einjährigen, und reizvolles grau-grünes Laub. H 50 cm, Br 60 cm, Z3 (Bild S. 184). Beide lieben Sonne.

Clematis
Schöne Kletterer, die sowohl Sonne als auch Schatten vertragen, u. a. 'Lasurstern' mit großen Blüten im Hochsommer, H 3 m, Br 90 cm, Z5 (Bilder S. 64 und 114); 'Perle d'Azur' ist wüchsig mit großen, blaßblauen Blüten, H 4,6 m, Br 90 cm, Z5 (Bilder S. 11, 62 und 164); 'Prince Charles' hat kleinere Blüten und ist schwachwüchsiger, H 2,4 m, Br 90 cm, Z5 (Bild S. 151). Schöne krautige Sorten, u. a. *C. heracleifolia* var. *davidiana*, H 90 cm, Br 75 cm, Z3; *C. x durandii*, H 1,8 m, Br 90 cm, Z4. Beide können durch andere Sträucher hindurchwachsen. Alle Clematis lieben einen schattigen Wurzelbereich.

***Consolida ambigua,* Einjähriger Rittersporn**
Ähnlich wie sein ausdauernder Namensvetter. Schön, wenn der Samen auf Freiflächen zwischen Stauden ausgesät wird. Sonne. H 60 cm, Br 30 cm

***Convolvulus,* Ackerwinde**
C. sabatius, eine immergrüne Staude, für Kübelpflanzungen geeignet. Keine Kletterpflanze, aber hängt elegant über die Seiten mit einer Fülle kleiner, trichterförmiger, blau-violetter Blüten. H 20 cm, Br 30 cm, Z9. *C. tricolor* hat tellerförmige Blüten mit gelber Mitte. H 30 cm, Br 20 cm. Beide lieben volle Sonne.

***Corydalis flexuosa,* Lerchensporn**
Staude mit zierlichen himmelblauen Blüten und farnartigem Laub. Verwildert unter lichten Bäumen, wo sie bei üppiger Pflanzung wie ein blauer See wirkt. Benötigt lockere Lauberde im Schatten oder Halbschatten. H 30 cm, Br 40 cm, Z5

***Cynoglossum amabile,* Hundszunge**
Sonnenhungrige Zweijährige mit türkis-blauen Blüten über graugrünem Laub. H 60 cm, Br 40 cm, Z7

***Delphinium,* Rittersporn**
Superstar im Reigen der blauen Blumen. Diese Staude bildet das Rückgrat einer blauen Pflanzung im Sommer. Es gibt sie in allen Blauschattierungen; ebenfalls in Weiß, Cremefarben und Lila (Bilder S. 8, 180 und 182). Schöne blaue Sorten, u. a. aus der Black-Knight-Gruppe H 1,8 m, Br 40 cm, Z3 (Bilder S. 63 und 143); 'Chelsea Star', H 1,8 m, Br 75 cm, Z3; *D. grandiflorum* 'Blue Butterfly' wird gewöhnlich als Einjährige gezogen, H 45 cm, Br 30 cm, Z3; Pazifik-Hybriden, H 1,8 m, Br 40 cm, Z3 (Bilder S. 176 und 183); und die Summer-Skies-Gruppe, H 1,8 m, Br 40 cm, Z3. Alle benötigen Sonne.

***Echinops ritro,* Kugeldistel**
Zuverlässige Staude mit stacheligen, kompakten Blütenköpfen, die aus kleinen blauen Einzelblüten bestehen. Große Horste aus behaartem, scharf gezacktem Laub. Sonne, magerer Boden. H 1,2 m, Br 40 cm, Z3 (Bild S. 11)

***Echium* 'Blue Bedder', Natternkopf**
Einjährige, bringt eine Fülle mittelblauer Blüten hervor. Wird schnell unansehnlich. Nach dem Rückschnitt keine gute Nachblüte, deshalb entfernt man sie danach am besten ganz. Benötigt Sonne. H 30 cm, Br 20 cm

Baptisia australis

Campanula poscharskyana

Catananche caerulea

Corydalis flexuosa

Echinops ritro

***Eryngium,* Distel**
Schöne Sorten dieser Staude, u. a. *E. alpinum* mit Blütenköpfen wie Nadelkissen und einer stacheligen Halskrause aus blauen Hüllblättern, H 1 m, Br 60 cm, Z5 (Bilder S. 25 und 157); *E. x oliverianum* hat weniger ausgeprägte Hüllblätter, H 90 cm, Br 60 cm, Z5; *E. x tripartitum* hat mehr, aber kleinere Blüten in Dolden von insgesamt bläulicher Erscheinung, H 1,2 m, Br 50 cm, Z5 (Bild S. 108). Alle bevorzugen Sonne.

***Felicia amelloides* 'Santa Anita', Blaue Margerite**
Da dieser immergrüne Strauch empfindlich ist, sollte man ihn als Sommerflor oder im Kübel anpflanzen. Sonne. H und Br 30 cm, Z10

***Geranium,* Storchschnabel**
Unverzichtbare, zuverlässige Staude, die Sonne oder Halbschatten verträgt. 'Johnson's Blue' bildet blaue Blütenhügel über hübsch geschnittenem Laub. H 30 cm, Br 60 cm, Z4 (Bilder S. 11 und 151). *G. pratense* 'Mrs Kendall Clark' hat blasse blau-graue Blüten mit rosa Staubgefäßen. H und Br 60 cm, Z4 (Bild S. 175)

***Hibiscus syriacus* 'Oiseau Bleu', Eibisch**
Die blauen Blüten dieses Strauches haben eine magentafarbene Kehle und schließen sich bei trübem Wetter. Können in einer Reihe gepflanzt und wie eine Hecke beschnitten werden. Sonne. H 3 m, Br 2 m, Z6

***Hydrangea macrophylla* 'Mariesli Perfection'** *(syn. H. m. 'Blue Wave'),* **Hortensie**
Dieser Strauch gedeiht am besten in feuchter, halbschattiger Lage, und die Erde sollte sauer sein, damit die eleganten „Spitzenhäubchen"-Blüten blau bleiben. In neutralem bzw. alkalischem Boden werden sie rosa. H 2 m, Br 2,4 m, Z6

***Ipomea tricolor* 'Heavenly Blue', Prunkwinde**
Schnellwüchsige, einjährige Kletterpflanze mit tiefblauen, trichterförmigen Blüten. Funkelnde Erscheinung durch ihre Kurzlebigkeit: kaum aufgeblüht zum Frühstück, nach dem Mittag schon vergangen. Benötigt volle Sonne. H und Br 3 m

Iris
Die folgenden Sorten dieser rhizombildenden Staude mögen sonnige Lagen und feuchten Boden: *I. cristata* ist eine Zwergform, mattenbildend im Steingarten, H 10 cm, Br 30 cm, Z3; *I. ensata* 'Favourite' gedeiht am Wasser oder in sumpfigen Gebieten, H 1 m, Br 40 cm, Z5; *I. pallida* ist immergrün mit bläulichen, schwertförmigen Blättern, H 1,2 m, Br 45 cm, Z4. *I. missouriensis* verträgt Sonne oder Halbschatten und möchte nicht versetzt werden, H 75 cm, Br 40 cm, Z3. *I sibirica* bildet Horste grasartiger Blätter und hohe Stiele mit verhältnismäßig kleinen, tiefblauen Blüten, H 1,2 m, Br 45 cm, Z4 (Bild S. 11)

***Linum perenne,* Flachs**
Staude mit Büscheln aus schmalen, grasartigen Blättern. Darüber die kleinen, tellerförmigen Blüten in ausdrucksvollem Blau. Blüht den ganzen Sommer hindurch. Sonne. H 60 cm, Br 15 cm, Z4

***Lobelia erinus,* Männertreu**
Unentwegte Einjährige für die Beeteinfassung oder für Blumenkästen und Kübel, wo die winzigen blauen Blüten am besten zur Wirkung kommen. Feuchter Boden, Sonne oder Halbschatten. Schöne Sorten, u. a. die rankende *L. e.* 'Blue Cascade', H 20 cm, Br 15 cm und *L. e.* 'Cambridge Blue', die kompakter ist.

***Meconopsis,* Scheinmohn**
Beliebte Staude, die in bezug auf ihren Standort sehr wählerisch ist. Eine Minderheit glücklicher Gärtner wird mit beneidenswerten blauen Mohngruppen in feuchtem, saurem Boden und lichtem Schatten belohnt. *M. betonicifolia*, H 1,2 m, Br 45 cm, Z5 (Bild S. 72); *M. grandis*, H 1,5 m, Br 30 cm, Z5

***Nemophila menziesii,* Hainblume**
Die kleinen, gezackten Blüten dieser Einjährigen haben eine weiße Mitte und verleihen dem blauen Beet eine angenehme Leichtigkeit. Sonne oder Halbschatten. H 20 cm, Br 15 cm

***Nepeta,* Katzenminze**
Katzen finden das aromatische Laub dieser Staude unwiderstehlich. Gärtner, die geheimnisvolle, lavendelblaue Effekte lieben, können nicht auf sie verzichten. Schöne Sorten, u. a. *N. x faassenii*, H und Br 45 cm, Z4 (Bilder S. 119 und 175); *N. nervosa*, H 60 cm, Br 40 cm, Z5 (Bild S. 21); *N. sibirica*, H und Br 90 cm, Z4; und, die beliebteste von allen, *N. sibirica* 'Souvenir d'André Chaudron' mit größeren Blüten und niedrigerem Wuchs (Bild S. 183). 'Six Hills Giant' gehört zu den wüchsigeren Stauden mit lockerem Wuchs, gut für Wegkanten. Sofort nach der Blüte völlig zurückschneiden, dann erneuert sie sich erstaunlich schnell. H 75 cm, Br 1,2 m, Z4 (Bilder S. 106 und 141). Alle bevorzugen Sonne und feuchten Boden.

***Nigella damascena,* Jungfer-im-Grünen**
Die halbgefüllten Blüten dieser Einjährigen haben eine reizvolle Form mit gedrehten Hüllblättern. Die Samenkapseln sind ebenfalls dekorativ und hübsch in Trockensträußen. Aber einige sollten an Ort und Stelle bleiben, damit sich die Samen im Garten verteilen. Sonne. H 60 cm, Br 20 cm. Schöne Sorten, u. a. *N. d.* 'Miss Jekyll', H 45 cm, Br 20 cm (Bild S. 143)

***Parahebe perfoliata,* Ehrenpreis**
Die verzweigten Stiele mit kleinen, blauen Blüten werden von immergrünen, ovalen, blau-grünen Blättern umhüllt. Ein Halbstrauch, der Sonne benötigt und sandigen oder torfhaltigen Boden. Neigt dazu auseinanderzufallen und braucht deshalb eine Stütze. H 45–60 cm, Br 45 cm, Z8

***Penstemon heterophyllus,* Bartfaden**
Die schönsten blauen Sorten dieser Staude sind *P. h.* 'Blue Gem' und *P. h.* 'Heavenly Blue' mit Rispen röhrenförmiger Blüten, die wiederholt blühen, wenn sie rechtzeitig nach der Blüte zurückgeschnitten werden. H 40 cm, Br 30 cm, Z8 (Bilder S. 11 und 114)

***Perovskia* 'Blue Spire', Russischer Salbei**
Die Rispen der kleinen, blauen Blüten und das schmale, gefiederte, silberne Laub bilden einen lichten Farbschleier im Spätsommer. Dieser Halbstrauch benötigt Sonne und sehr durchlässigen Boden. H 90 cm, Br 80 cm, Z6

***Phacelia campanularia,* Bienenweide**
Dunkelblaue, glockenförmige Blüten an rötlichen Stielen und ovale, gezackte Blätter. Diese Einjährige braucht Sonne. H 20 cm, Br 15 cm

Geranium pratense 'Mrs Kendall Clark'

Ipomea tricolor 'Heavenly Blue'

Iris sibirica

Nemophila menzeisii

Phacelia campanularia

***Phlox,* Phlox**
P. divaricata subsp. *laphamii* 'Chattahoochee' ist eine kurzlebige Staude, die Gruppen lavendelblauer Blüten mit karminroter Mitte bildet. Sonne. H 40 cm, Br 30 cm, Z3; *P. drummondii* 'Blue Beauty' ist eine Einjährige mit rundlichen Blütenköpfen in klarem Lavendelblau. Sonne. H 15 cm, Br 10 cm

***Platycodon grandiflorus,* Ballonblume**
Diese Staude aus der Campanulafamilie hat auffallende, ballonförmige Knospen, die sich zu flachen Blütenglocken öffnen. Sonne und leichter, sandiger Boden. H und Br 45 cm, Z4

***Polemonium caeruleum,* Jakobsleiter**
Bildet Gruppen mit hübsch geteiltem Laub und Büschel mit klaren blauen Blüten mit gelben Staubgefäßen. Diese Staude verbreitet sich durch Selbstaussaat. Sonne. H und Br 60 cm, Z4 (Bild S. 73)

***Plumbago auriculata* (syn. *P. capensis),* Bleiwurz**
Immergrüne Kletterpflanze, die in gemäßigten Regionen nur im Gewächshaus oder in Kübeln gehalten werden kann. Bildet Wolken von erlesenen, blaßblauen Blüten den ganzen Sommer lang. Sonne. H und Br 6 m, Z9

***Salvia,* Salbei**
Die besten blaublütigen Salbeisorten sind Stauden oder Einjährige. *S. farinacea* 'Victoria' hat Rispen mit dunkelblauen Blüten, ähnlich wie Lavendel. Staude, die einjährig gezogen wird und Sonne benötigt. H 45 cm, Br 30 cm, Z9; *S. guaranitica*, eine Staude, die leicht struppig wird, mit dunkelgrünem Laub und krallenförmigen Blüten in intensivem Blau. H 1,5 m, Br 60 cm, Z9; *S. viridis* 'Blue Beard' (syn. *S. horminum* 'B. B.') ist eine Einjährige, die wegen ihrer blau-violetten Kronblätter interessant ist, die Blüten sind unscheinbar. Sonne. H 45 cm, Br 20 cm (Bild S. 132); *S. patens* ist eine Staude mit leuchtend blauen Blüten. Sonne. H und Br 45 cm, Z9. Eine hellblaue Sorte ist *S. p.* 'Cambridge Blue'. H 45 cm, Br 60 cm, Z9

***Scabiosa caucasica* 'Clive Greaves', Witwenblume**
Staude, deren runde Blütenköpfchen mit samtigen Petalen und pelziger Mitte sich auf hohen Stielen im Wind wiegen. Sonne und leicht alkalischer Boden. H und Br 45 cm, Z4

***Stokesia leavis* 'Blue Danube', Kornblumenaster**
Immergrüne Staude, verträgt Sonne oder Halbschatten. Kornblumenartige Blüten an kurzen Stielen über schmalen, mittelgrünen Blättern. H und Br 45 cm, Z5

***Syringa vulgaris* 'Firmament', Flieder**
Der blaueste Flieder mit schönem Duft. Sonne oder Halbschatten. Sollte durch Rückschnitt in Form gehalten werden. H und Br 7 m, Z4 (Bild S. 73)

***Teucrium fruticans,* Gamander**
Die zweilippigen blaßblauen Blüten heben sich schön vom graugrünen Laub dieses Strauches ab. Immergrün und leicht aromatisch. Eine beliebte Sorte mit dunkelblauen Blüten ist *T. f.* 'Azureum'. Beide benötigen Sonne. H 2 m, Br 4 m, Z9

***Veronica,* Ehrenpreis**
Schöne Sorten dieser Staude, u. a. *V. austriaca* 'Crater Lake Blue', eine perfekte Beeteinfassung mit Bergen von kleinen Blütenrispen in kräftigem Blau mit winzigem, weißem Auge. H und Br 50 cm, Z5 (Bild S. 133). *V. gentianoides* hat die hellsten blaßblauen Blüten. H und Br 45 cm, Z5 (Bild S. 141). *V. peduncularis* 'Georgia Blue' ist eine Neuheit mit kräftig blauen Blüten und kompaktem Wuchs. H 25 cm, Br 45 cm, Z6. Alle lieben Sonne.

***Viola,* Veilchen/Stiefmütterchen**
Schöne Sorten, die sowohl Sonne als auch Schatten vertragen, u. a. die Staude 'Boughton Blue', die den ganzen Sommer über blüht. Zurückschneiden, wenn die Blüte nachläßt, dann wächst und blüht sie erneut. Dabei düngen und wässern. H 40 cm, Br 60 cm, Z5

Herbst

***Aconitum carmichaelii,* Eisenhut**
Die helmförmigen dunkelblauen Blüten dieser Staude sind ein unerwarteter Farbfleck im Herbstgarten und deshalb wirkungsvoller, als sie es im Sommer wären. Sonne, aber verträgt auch etwas Schatten. H 1,5 m, Br 90 cm, Z3

***Caryopteris x clandonensis,* Bartblume**
Kleiner reizvoller Sommerstrauch mit blau-grünen lanzettlichen Blättern und spitzen Rispen mit blauen Blüten im Spätsommer. Schöne Sorten, u. a. *C. c.* 'Heavenly Blue' mit dunkelblauen Blüten und *C. c.* 'Kew Blue' mit blasseren Blüten. Alle lieben Sonne. H und Br 90 cm, Z7

***Ceratostigma,* Bleiwurz**
Die tiefblauen Blüten bilden eine wunderbare Kombination mit dem orange-roten Herbstlaub dieses kleinen Strauches. Sonne und geschützter Standort. Schöne Sorten, u. a. *C. plumbaginoides*; ist niedrig und rankend, ein guter Bodendecker. H 45 cm, Br 75 cm, Z5. *C. willmottianum* ist eher buschförmig. H und Br 1 m, Z5

***Crocus speciosus,* Herbstkrokus**
Die blau-violetten Blüten mit leuchtend orangen Staubgefäßen erscheinen vor dem Laub. Die schönste blaue Sorte dieser sonnenhungrigen Knollenpflanze ist *C. s.* 'Oxonian'. H 10 cm, Br 8 cm, Z4

***Gentiana sino-ornata,* Enzian**
Kriechende, immergrüne Staude mit großen, intensiv-blauen trompetenförmigen Blüten für Steingartentröge oder am Gehölzrand. Vorausgesetzt, die Erde ist kalkfrei und feucht und der Wurzelbereich kühl. H 5 cm, Br 30 cm, Z6

***Geranium wallichianum* 'Buxton's Variety', Storchschnabel**
Kriechende Staude mit blauen Blüten, die eine rosa Äderung und eine leuchtend weiße Mitte haben. Sonne oder Schatten, aber keine Staunässe. H 30 cm, Br 90 cm, Z7

***Salvia uliginosa,* Sumpfsalbei**
Hübsche, transparente Staude für den Spätherbst. Die leuchtend blaßblauen Blütenköpfchen wiegen sich auf kaum sichtbaren Stielen im Wind. Sonne. H 2 m, Br 45 cm, Z9

Winter

***Viola* 'Universal Blue', Stiefmütterchen**
Einjährige, die schon in milden Wintern blüht. Sonne oder Schatten. Es lohnt sich immer, einige in Töpfen oder am Rabattenrand zu ziehen, um etwas Blühendes im Winter zu haben. H und Br 20 cm, Z4

Plumbago auriculata

Salvia patens

Veronica peduncularis 'Georgia Blue'

Caryopteris x clandonensis 'Kew Blue'

Crocus speciosus

Wie ein grüner Gobelin wirkt diese Pflanzung aus Kräutern und Gräsern in Terrakottatöpfen. Goldgelbes Gras (*Millium effusum* 'Aureum') steht zusammen mit jungem Fenchel vor dem gelbblättrigen Geißblatt *Lonicera nitida* 'Baggesen's Gold'. Buchs-Miniaturhochstämme sind mit gelbem Thymian *(Thymus x citriodorus)* und, auf der anderen Seite, mit Gamander *(Teucrium x lucidrys)* unterpflanzt. Unter dem bunten Ilex (*Ilex aquifolium* 'Silver Queen') wächst ein silbriger Rainfarn (*Tanacetum densum* subsp. *amani*)

Grün

Grün steht hinter allen anderen Farben im Garten. Aber es ist kein unselbständiger Hintergrund, wie es eine mittelgraue Leinwand wäre. Es spielt eine aktive Rolle bei Farbkombinationen und wirkt sich auf Nachbarfarben aus; kontrastreich mit seiner Komplementärfarbe Rot und in enger Harmonie mit seinen Nebentönen auf dem Farbrad – Gelb und Blau. Wir assoziieren Grün mit Natur und Frieden, deshalb wirkt es für uns beruhigend auf andere Farben. Migränepatienten sollen sogar durch langes Betrachten von grünem Gras und Laub Besserung verspürt haben.

Manchmal entschuldigen sich Gärtner, daß gerade nicht viel Farbe in ihrem Garten sei und vergessen, daß Grün selbst eine wunderbare Farbe ist. Mehr brauchen wir nicht, um eine friedliche, besinnliche Stimmung zu erzeugen. Blattwerk hat gegenüber Blüten noch einen praktischen Vorteil, es hält länger und braucht nicht soviel Pflege: Unkraut rupfen und einen gelegentlichen Schnitt. Mit immergrünen Pflanzen können Sie über das ganze Jahr Effekte erzielen.

Mittelgrün ist in bezug auf seine Tönung und „Temperatur" eine neutrale Farbe. Es liegt zwischen warmen und kalten Farben und in der Mitte der Hell-Dunkel-Skala. Deshalb fungiert Grün gut als Vermittler und mindert den Kontrast zwischen Farben, die nebeneinander streng wirken würden. Manches Blattgrün ist ziemlich dunkel und verleiht dadurch hellen Blumen mehr Leuchtkraft, dagegen vermischen sich dunklere Farben wie Violett, Purpur und Dunkelblau mit dem ähnlichen Ton dieses Blattwerks.

Grün bietet dem Gärtner die größte Vielfalt innerhalb der Farbfamilien. Es reicht von frischem Drops-Grün aufspringender Knospen im Frühling bis zum fast schwarzen Immergrün der Eibe, von den hell-gelbgrünen Blättern des Goldenen Liguster bis zum blau-grünen Laub der *Hosta* 'Halcyon'. Außerdem kann man aus einer Fülle verschiedener Formen, Größen und Texturen wählen. Blattwerk kann dünn und flüchtig wie Gras (*Miscanthus sinensis* 'Gracillimus') sein, dick und breitlappig wie bei *Bergenia cordifolia* und filigran wie Farnkraut. Die Texturen variieren vom samtigen Pelz der Königskerze bis zu den stacheligen, glänzenden und harten Ilexblättern.

Panaschiertes Laub fügt dem noch eine weitere Dimension hinzu. Möglich sind Gräser und Iris mit weiß-gestreiften Blättern, gepunktetes Lungenkraut, gefleckter Hartriegel, marmorierter Aronstab und weiß- oder gelbgeränderte Hosta. Diese Variationen bewirken Farbveränderungen und Auflockerungen in den Strukturen. Schaut man auf ein weißgrün gestreiftes Blatt, sieht man eher mehrere übereinander als ein einzelnes. Helle Punkte und Flecken auf Blättern wirken wie Sonne, die durch das Laub flimmert. Nutzen Sie dies und zaubern Sie Lichtspiele in schattigen Bereichen, indem Sie panaschierte Pflanzen setzen, z. B. Hosta.

Buntes Laub macht auch sehr feine Farbkompositionen möglich. Sie könnten eine weiß-randige *Hosta* 'Albomarginata' mit der grün-weiß gestreiften Tulpe 'Spring Green' zusammenstellen; oder einen gelb-grünen Efeu, wie *Hedera helix* 'Oro di Bogliasco', zusammen an einem Rankgitter mit *Clematis tangutica*, deren nickende, herzförmige Blüten das Gelb im Efeu wiederholen.

Vergessen Sie nicht, daß die Sorten mit panaschiertem Laub weniger wüchsig sind als ihre einfarbigen Arten. Und da manche Verfärbungen durch Viren ausgelöst worden sind, kann buntes Laub auch krankhaft aussehen. Verwenden Sie es zurückhaltend. Außerdem brauchen diese Pflanzen mehr Sonne als die einfarbigen, weil das Laub weniger grünes Pigment, Chlorophyll, enthält, das zur Photosynthese gebraucht wird.

Man vergißt über dieser Fülle des Blattgrüns, daß es auch einige besondere Pflanzen mit grünen Blüten gibt. Sie werden von Garten-Anfängern oft übersehen. Aber mit zunehmender Gartenleidenschaft wird der Charme der grünen Blumen entdeckt. Wie auch das Laub, sind sie nützliche Vermittler zwischen verschiedenen Farben in einer Pflanzung.

Grüne Christrosen erscheinen als erste im zeitigen Frühjahr. Manchmal zusammen mit Schneeglöckchen, deren Blüten kleine grüne Wiederholungen aufweisen. Auf die grünen Kätzchen von *Garrya elliptica* folgen lindgrüne Wolfsmilchgewächse. Zwei Monate später durchwirkt der gelb-grüne Blütenschleier von *Alchemilla mollis* (Frauenmantel) die anderen Farben im Garten. Von den Einjährigen haben die Muschelblume *(Moluccella laevis)* und die Tabakpflanzen *Nicotiana langdorffii* und *N.* x *sanderae* 'Lime Green' fast die gleiche Farbe wie ihre Blätter und bilden hübsche Partner zu dem lindgrünen Laub von *Helichrysum petiolare* 'Limelight' (Strohblume).

Vom gewöhnlichen Efeu *(Hedera helix)* gibt es unendlich viele Sorten. Hier bilden der gelbblättrige *Hedera helix* 'Buttercup' und der grau-bunte *Hedera helix* 'Glacier' einen gemusterten Vorhang über einer niedrigen Mauer. An dieser Stelle muß man den Efeu regelmäßig beschneiden, um das Ausbreiten in das benachbarte Beet zu verhindern. Er wächst in fast allen Lagen, auch in sandigem Boden und im Schatten, aber die bunten und gelbblättrigen Sorten verlangen wegen ihres verminderten Chlorophyllgehalts etwas Sonne.

Im Frühsommer zeigt hier eine geschickt zusammengestellte Pflanzung von teils immergrünen Stauden die ganze Farbpalette, die Grün bietet. Die gelb-grüne *Euphorbia polychroma* (Wolfsmilch) und das gelbe Gras (*Milium effusum* 'Aureum') dominieren und schmeicheln der silbernen Artemisia. Viele dieser Pflanzen gedeihen im Halbschatten und bilden kräftige Farbflecken; einige sind gute Bodendecker. (Genaues Pflanzschema auf Seite 173.)

Laubvariationen

Man braucht keine Blumen, um den Garten farbig zu gestalten. Eine Vielfalt grüner Blätter kann schon ausreichen, natürlich nur auf kleinem Raum. Nutzen Sie das unendliche Repertoire, indem Sie Gelb-Grün mit Blau-Grün, Rot-Grün mit Silber und gepunktetes mit gestreiftem Grün mischen. Für interessante Unterschiede in Form und Textur mischen Sie Pflanzen mit ausdrucksvollen Erscheinungen – gezackte und weiche, schwertförmige und puschelige, glänzende und samtige. Im allgemeinen haben Blattpflanzen eine längere Lebensdauer als Blumenarrangements, und die Farbeffekte kommen und gehen mit den Jahreszeiten.

ganz links oben: Dunkelrote Wedel der Keulenlilie (*Cordyline australis* 'Purpurea') und einzelne Triebe der purpurblättrigen Lobelie 'Queen Victoria' wachsen durch glänzende Schildblatt-Büschel *(Darmera peltata)* und die kleinen, samtigen Blätter des *Ballota pseudodictamnus*. Das Dunkelrot wird von dem Purpurglöckchen *(Heuchera micrantha* var. *diversifolia* 'Palace Purple') im Vordergrund aufgenommen.

ganz links unten: Rote Melde (*Atriplex hortensis* var. *rubra*) und die gefiederte Jungfer-im-Grünen *(Nigella damascena)* wachsen durch grün-goldenen Hopfen (*Humulus lupulus* 'Aureus') und bunte *Euonymus fortunei* 'Silver Queen'.

links oben: Eine panaschierte Iris (*Iris pallida* 'Argentea Variegata') wächst durch das gefiederte junge Laub von *Nigella damascena* (Jungfer-im-Grünen).

links unten: Die cremefarbene Äderung des Zierkohls wird von den blassen Blüten der Tabakpflanze (*Nicotiana x sanderae* 'Domino Lime'), dem Fuchsschwanzgras *(Hordeum jubatum)* und den Blättern des grüngelben Salbei (*Salvia officinalis* 'Icterina') wiederholt. Das Laub der Malve (*Lavatera trimestris* 'Mont Blanc') und des Federmohns (*Macleaya microcarpa* 'Kelway's Coral Plume') fügen einen dunkleren Ton hinzu.

oben: Das glänzende, siebenfingrige bunte Laub der *Fatsia japonica* 'Variegata' hebt sich gut von dem blau-grünen Blatt des Federmohns (*Macleaya microcarpa* 'Kelway's Coral Plume') und dem samtigen Laub der Hortensie (*Hydrangea aspera* subsp. *sargentina*) ab. Die Verfärbung der Fatsia erhält sich in der Sonne.

darunter: Zierrhabarber (*Rheum palmatum* 'Atrosanguineum'), Engelwurz *(Angelica archangelica)*, *Tanacetum parthenium* 'Aureum', Federmohn (*Macleaya microcarpa* 'Kelway's Coral Plume'), Kreuzkraut *(Ligularia przewalskii)* und das Rohrglanzgras (*Phalaris arundinacea* var. *Picta* 'Picta') bilden einen grünen Teppich. Aber Vorsicht: Der Rhabarber braucht Platz, das Gras wuchert leicht, und Engelwurz stirbt ab, wenn die Samenstände nicht entfernt werden!

oben: Im Frühsommer verbindet der grüne Fenchel *(Foeniculum vulgare)* die blauen Hosta (*Hosta* 'Blue Diamond', *H.* 'Halcyon' und *H.* 'Krossa') mit der creme-randigen *Hosta fortunei* var. *aureomarginata*. Cremefarben sind auch die Blütenähren der *Tellima grandiflora*.

darunter: Im feuchten Schatten verschmelzen im Frühsommer ein gelblicher Farn *(Dryopteris erythrosora)* mit dem filzigen, jungen Laub eines Rhododendron *(Rhododendron yakushimanum)*, den spitzen Blättern von *Persicaria campanulata*, den grünen und dunkelroten der Silberkerzen (*Cimicifuga racemosa* und *Cimicifuga simplex* Atropurpurea-Gruppe) und einigen Blättern der dekorativen *Hosta tokudama* f. *flavocircinalis* im Vordergrund.

Der Grüne Garten

Dieser Garten, dessen strenge Geometrie durch die silbernen Zweige einer Trauerbirne gemildert wird, behält seine Struktur durch das Jahr ohne großen Aufwand. Die Buchskugeln, -kegel und -hecken müssen zweimal im Jahr geschnitten werden, ebenso der Efeu, damit das Muster des Gitters nicht zuwächst.

Es gibt keine Farbe, die mehr beruhigt als Grün, und wenn Sie ihren Garten – oder einen Teil davon – auf grüne Pflanzen beschränken, können Sie Orte gestalten, die absolute Ruhe ausstrahlen, gleichgültig, ob formal strukturiert oder naturnah.

Das Formale des Gartens (*unten*) beruht auf der geometrischen Anlage. Seine Symmetrie schafft das Gefühl geordneter Ausgewogenheit. Der niedrige Irrgarten ist aus geschnittenem Buchs. Ein efeuberanktes Gitter und Baumkegel betonen die Senkrechte; die Bank lädt zu einer besinnlichen Pause ein. Hier wurden nur wenige Farbtöne verwandt, man

könnte die Palette erweitern, indem man das Buchsparterre mit anderen Immergrünen ausfüllt, wie z. B. buntem Efeu, Ysander oder graublättrigem Heiligenkraut und dunkelgrünen Eibenkegeln statt mit leicht panaschiertem Buchs. Für weitere Farbe kann man Töpfe mit blassen Blumen hinzufügen, die man entfernt, wenn sie verblüht sind.

In dem naturnahen Garten (*unten*) hat man Farne, Hosta und andere schattenliebende Pflanzen zusammengestellt. Es gibt kein Blau-Grün, und das Gelb-Grün wird durch das Sonnenlicht auf dem jungen Laub hervorgerufen. Obwohl alles so natürlich wirkt, braucht man viel Erfahrung und Mühe, um den zwanglosen Eindruck zu erhalten, weil man die schwächeren Pflanzen vor ihren wuchernden Nachbarn schützen muß.

Im Spätsommer werden die Blätter des Riesenrhabarber *(Gunnera manicata)* die überhängenden Blätter des Zierahorns *(Acer palmatum)* und der indischen Roßkastanie *(Aesculus indica)* erreicht haben. Dann muß man sich wegen des Schattens um den Bodenbewuchs kümmern, denn die Hostas, Farne und das Tafelblatt *(Astilboides tabularis)* kämpfen um das verbleibende Licht.

Dunkelgrün

Immergrüne

***Camellia japonica,* Kamelie**
Hübscher Strauch mit glänzenden Blättern und Blüten in Rein-Weiß und in allen Rosatönen bis Dunkelrot. Neutraler bis saurer Boden und kühler Wurzelbereich. H 4,6 m, Br 3,7 m, Z8

***Ilex aquifolium* 'J. C. van Tol', Stechpalme**
Frostharter Strauch mit glänzenden, fast rippenlosen Blättern und vielen roten Beeren. Kann als Hecke beschnitten werden. Sonne oder Schatten. H 3,7 m, Br 3 m, Z6

***Laurus nobilis,* Lorbeerbaum**
Küchenpflanze mit aromatischem Laub. In strengen Wintern kann er völlig zurückfrieren, treibt aber wieder aus. Beschnittene Sorten brauchen Winterschutz. *L. n. f. angustifolia,* die schmalblättrige Form, ist etwas unempfindlicher und eleganter. Sonne oder Halbschatten. H 6 m, Br 4,6 m, Z8

***Mahonia japonica,* Mahonie**
Ein imposanter Strauch mit dunkelgrünen, stechpalmenartigen Blättern und langen, lockeren Blütenrispen in Zitronengelb. Duftend. Blüht von Herbst bis Frühjahr. Sonne oder Halbschatten. H und Br 2,4 m, Z8

***Osmanthus x burkwoodii,* Duftblüte**
Strauch mit geordnetem, dunkel glänzendem Laub, bildet schöne Hecken. Blüht in sonnigen Lagen. *O. delavayi* hat noch süßer duftende Blüten. Beide H und Br 3 m, Z7

***Phillyrea latifolia,* Steinlinde**
Eleganter kleiner Baum mit dichtem, glänzendem Laub. *P. angustifolia* hat längere, schmale Blätter und kann zu einer dichten Hecke oder einem Zierkegel beschnitten werden. Benötigt volle Sonne. H und Br 8 m, Z8

***Prunus lusitanica,* Lorbeerkirsche**
Als Solitär ein hübscher Baum, glänzende Blätter, die in den ersten Jahren heller sind. Kann in Form geschnitten werden. Sonne oder Schatten, aber keine Staunässe. H und Br 6 m, Z8

***Taxus baccata,* Eibe**
Als Heckenpflanze unverzichtbar. Dunkel und dicht; das Rückgrat vieler berühmter Gärten. Verträgt starken Schnitt. Sonne oder Schatten und jede Art Boden. H und Br bis 9 m, Z7 (Bilder S. 178 und 184)

***Teucrium x lucidrys,* Gamander**
Halbstrauch, dicht besetzt mit kleinen, gesägten Blättern und vielen kleinen, dunkelrosa Blüten im Spätsommer. Kann zu einer niedrigen Hecke beschnitten werden. Sonne. H 30 cm, Br 60 cm, Z6 (Bild S. 78)

***Viburnum davidii,* Schneeball**
Buschiger Strauch, mit einer Fülle glänzenden, dunkelgrünen Laubs. Pflanzen Sie mindestens ein männliches Exemplar zwischen weibliche Pflanzen, damit im Winter viele der leuchtend blauen Beeren erscheinen. Sonne oder Halbschatten. H 1,2 m, Br 1,5 m, Z8

Frühling und Sommer

***Cotoneaster horizontalis,* Zwergmispel**
Strauch mit fächerartigem Wuchs. Läßt seine Zweige wie große Gräten an Mauern emporwachsen. Das zierliche Laub verfärbt sich prächtig im Herbst und hält sich lange, die Beeren ebenfalls. Im Sommer ist er voller Bienen und Wespen. Sonne oder Halbschatten. H 50 cm, Br 1,5 m, Z5

***Hydrangea aspera* subsp. *sargentiana,* Hortensie**
Die riesigen, samtigen Blätter dieses Strauchs sind ein feiner Rahmen für die weißen Blütenköpfe im Sommer. Sonne oder Halbschatten. H 2,4 m, Br 2 m, Z8 (Bild S. 81)

Mittelgrün

Immergrüne

***Asplenium scolopendrium,* Hirschzungenfarn**
Staudenfarn. Feuchter Boden, Halbschatten. H 60 cm, Br 45 cm, Z5

***Bergenia cordifolia,* Bergenie**
Staude mit dicken, runden Blättern, die im Winter rot werden. Bodendecker im Schatten. Kolben mit rosa Blüten im Frühjahr. Sonne oder Schatten und magerer Boden. H 45 cm, Br 60 cm, Z3 (Bilder S. 96 und 170)

***Buxus sempervirens,* Gewöhnlicher Buchs**
Langsam wachsender Strauch oder kleiner Baum mit kleinen, glänzenden Blättern. Verträgt Formschnitte. Perfekte Pflanze für eine kompakte Hecke. Sonne oder Halbschatten, keine Staunässe. H und Br 5 m, Z6 (Bilder S. 39, 82, 176 und 183)

***Choisya ternata,* Orangenblume**
Strauch mit glänzenden, dreifingrigen Blättern, die duften. Weiße Blüten im späten Frühjahr. Sonne oder Halbschatten. H und Br 3 m, Z8

***Epimedium pinnatum* subsp. *colchicum,* Elfenblume**
Staude mit herzförmigen Blättern, die sich im Herbst und Winter verfärben. Schneiden Sie das Laub im Spätwinter zurück, damit man die zarten gelben Blüten sehen kann. Halbschatten und humoser Boden. H und Br 30 cm, Z5

***Fatsia japonica,* Aralie**
Strauch mit glänzendem Laub. Weiße Blüten im Herbst, gefolgt von schwarzen Früchten. Gut für Wintergärten. Sonne oder Schatten. H und Br 3 m, Z8 (Bild S. 81)

Griselinia littoralis
Strauch mit auffälligem, apfelgrünem Laub. Sonne. Nicht frosthart. H 6 m, Br 4,6 m, Z9

***Hedera helix,* Efeu**
Hervorragende Kletterpflanze. Verträgt Schatten und armen Boden. *H. h.* 'Sagittifolia', H 3 m, Z5; *H. h.* 'Gracilis', H 5 m, Z5

***Ligustrum ovalifolium,* Liguster**
Üblicherweise als Hecke gepflanzt. Bildet aber in jedem Boden hübsche Büsche mit viel Grün, verträgt Sonne oder Halbschatten. Blüht in der Sonne. H 3,7 m, Br 3 m, Z6

***Lonicera pileata,* Geißblatt**
Verzweigter Strauch. Gut als Bodendecker oder statt Buchs für niedrige Hecken. Sonne oder Schatten. H 1,2 m, Br 90 cm, Z6

***Prunus laurocerasus,* Kirschlorbeer**
Großblättriger Strauch oder kleiner Baum, gut für Hecken und als Sichtschutz. Verträgt Formschnitte. Weiße Blütenähren im Frühjahr. Sonne oder Schatten. H 6 m, Br 9 m, Z7

Tellima grandiflora
Halb-immergrüne Staude mit

Mahonia japonica

Phillyrea latifolia

Asplenium scolopendrium

Epimedium pinnatum subsp. *colchicum*

Hedera helix

behaarten, gelappten Blättern. Breitet sich in Gruppen aus. Hübscher Bodendecker. Die hohen Stiele mit den cremefarbenen Blüten duften nach Honig. Sät sich selbst aus. Kühle Lage im Halbschatten bevorzugt. H und Br 60 cm, Z4 (Bilder S. 81 und 139)

***Vinca major,* Immergrün**
Überhängender, kriechender Halbstrauch für jeden Standort mit glänzend grünen Blättern und hellblauen Blüten im Frühling und Sommer. Sonne oder Schatten, aber nicht zu trocken. H 45 cm, Br 90 cm, Z7

Frühling und Sommer

***Acanthus spinosus,* Bärenklau**
Staude mit hohen, silbrig-weißen und dunkelroten Blütenähren über großem, gebogenem Laub mit tief eingeschnittenen Blättern. Am schönsten in der Sonne, verträgt auch lichten Schatten. H 1,2 m, Br 1,5 m, Z6

***Angelica archangelica,* Engelwurz**
Hohe Zweijährige, die im zweiten Jahr auf kräftigen Stielen hellgrüne, runde Blütendolden hervorbringt. Samenstände abschneiden, sonst sät sie sich überall aus. Sonne oder Schatten. H 2,1 m, Br 90 cm, Z4 (Bild S. 157)

***Astilboides tabularis,* Tafelblatt**
(syn. *Rodgersia tabularis*) Staude mit creme-weißen Blütenrispen an hohen Stielen über großen, runden Blättern, die bis 90 cm Durchmesser haben können. Sonne oder Halbschatten in feuchtem Boden. H 1,5 m, Br 1,8 m, Z5 (Bild S. 83)

***Carpinus betulus,* Hainbuche**
Kann als Baum oder Hecke gezogen werden. Hat fein gerippte, ovale Blätter. Sonne oder Halbschatten. H 25 m, Br 20 m, Z5

***Darmera peltata** (Peltiphyllum peltatum),* **Schildblatt**
Staude für sumpfige Gebiete und Teichränder mit schirmförmigen Blättern. Die rosa Blüten erscheinen im Frühjahr vor dem Laub. Sonne oder Schatten. H 1 m, Br 60 cm, Z5 (Bild S. 180)

***Dryopteris,* Wurmfarn**
Staudenfarn, der Schatten und Feuchtigkeit benötigt. Schöne Sorten, u. a. *D. erythrosora.* Laubabwerfender Farn, H 45 cm, Br 30 cm, Z8 (Bilder S. 81 und 178); *D. filix-mas,* halb-immergrün, H 1,2 m, Br 90 cm, Z2 (Bild S. 178)

***Epimedium x versicolor,* Elfenblume**
Staude mit herzförmigen Blättern, im Frühling rötlich. Schöner Bodendecker für Schatten oder Halbschatten. Feuchter Boden. H und Br 30 cm, Z5

***Ferula communis,* Riesenfenchel**
Dieser nicht duftende Fenchel bildet riesige Blattmassen feingeschnittenen Laubs. Die Stiele mit den gelben Blütendolden können bis zu 3,7 m hoch werden. Sonne. H 2 m, Br 1,2 m, Z7

***Foeniculum vulgare,* Fenchel**
Staude mit fiedrigen, aromatischen Blattbüscheln. Offene, sonnige Lage. H 2 m, Br 45 cm, Z5 (Bilder S. 81 und 172)

***Gunnera manicata,* Gunnera**
Sumpf- und Uferstaude mit gigantischen Blättern und interessanten grünen Blütenrispen. Sonne und Feuchtigkeit. Verträgt keine scharfen Winde, die Krone muß im Winter geschützt werden. H 2 m, Br 2,4 m, Z8 (Bild S. 83)

***Hosta,* Funkie**
Stauden; die meisten mögen Schatten und feuchten, humosen Boden. Schneckenfraß! (Bild S. 83). *H. lancifolia* ist mit dunkelgrünem, spitzem, glänzendem Laub ein guter Bodendecker. Viele hellila Blüten im Sommer. H 45 cm, Br 75 cm, Z3. *H. plantaginea* liebt, untypisch, Sonne und hat glänzende, blaßgrüne Blätter mit duftenden, weißen Blüten im Spätsommer. H 60 cm, Br 1,2 m, Z3. *H. ventricosa* hat herzförmige, gerippte Blätter in glänzendem Dunkelgrün und kräftig violette Blüten, die schön über dem Laub stehen. H 70 cm, Br 90 cm, Z3

***Kirengeshoma palmata,* Wachsglocke**
Staude für lichten Schatten mit hellgrünen Blättern an dunkelroten Stielen. Wachsartige, grüngelbe Blüten erscheinen im Herbst. Feuchter, kalkfreier Boden. H 90 cm, Br 60 cm, Z5

***Matteuccia struthiopteris,* Trichterfarn**
Das gebogene, fiedrige Laub sprießt aus der Pflanze wie Federn aus einem Federball. Die duftigen braunen, befruchteten Wedel wachsen in der Mitte wie Straußenfedern. Braucht etwas Schutz und feuchte, fast nasse Umgebung. H 60 cm, Br 45 cm, Z2 (Bild S. 9)

***Miscanthus sinensis,* Gestreiftes Chinaschilf**
Langsam wachsendes Staudengras mit schmalen Blättern, die eine hellere Mittelrippe haben. Federbüschel an hohen Stielen, die bis in den Winter halten. H 1,2 m, Br 45 cm, Z5

***Myrrhis odorata,* Süßdolde**
Staude, deren Blätter beim Zerdrücken nach Anis duften. Duftende, weiße Blüten im Frühsommer. Sonne oder Schatten. H 90 cm, Br 60 cm, Z4

***Osmunda regalis,* Königsfarn**
Hohe, elegante Staude für Halbschatten, verträgt auch Sonne. Feuchter, kalkfreier Boden. H 1,8 m, Br 90 cm, Z3 (Bilder S. 31 und 172)

***Polypodium vulgare,* Tüpfelfarn**
Staude mit mittelgrünen, eingeschnittenen Blättern; guter Bodendecker. Halbschatten und lockerer, durchlässiger Boden. H und Br 30 cm, Z3

***Polystichum setiferum,* Schildfarn**
Ungewöhnlich robuster Farn, frisch, üppig, sogar in trockeneren Lagen. H und Br 90 cm, Z5

***Rheum palmatum,* Zierrhabarber**
Staude mit großen, eingeschnittenen, dekorativen Blättern. Hohe Büschel mit mattroten Blüten im Sommer. Sonne oder Halbschatten in tiefgründigem, humosem Boden. H und Br 2 m, Z6 (Bilder S. 81 und 177)

***Rodgerisa pinnata,* Tafelblatt**
Staude mit stark gerippten, geteilten Blättern, bronze-schimmernd. Im Sommer erscheinen cremefarbene oder rosa Blütenrispen. Sonne oder Halbschatten in geschützter Lage. Feuchter Boden. H 1,2 m, Br 75 cm, Z6 (Bild S. 38)

Selinum tenuifolium
Hohe, verzweigte, elegante „Architektur"-Staude mit fiedrigem Laub und flachen, weißen Blütenköpfen im Sommer. Sonne und jeder durchlässige Boden. H 1,5 m, Br 60 cm, Z6

***Vitis,* Weinrebe**
Unterschiedliche Sorten sind wegen ihres dekorativen Charakters gezüchtet worden: 'Brant' verfärbt sich schön im Herbst; *V. vinifera* 'Ciotat' hat schön geteiltes Laub; *V. v.* 'Purpurea' hat weinrote Blätter im Herbst (Bild S. 20). Alle benötigen nahrhaften, kalkreichen Boden in Sonne oder Halbschatten. H und Br 7 m, Z6

Angelica archangelica

Darmera peltata

Gunnera manicata

Miscanthus sinensis

Vitis vinifera

Gelb-Grün

Immergrüne

***Carex elata* 'Aurea', Segge**
Staude, bildet helle Blatthorste im Frühling, im Sommer etwas dunkler. Sonne, feuchter Boden. H 1 m, Br 1,2 m, Z5 (Bild S. 172)

***Choisya ternata* 'Sundance', Orangenblume**
In gutem Licht ist das Laub hellgelb, aber es verbrennt in heißer Sonne. Lichter Schatten ist am besten. H und Br 1,8 m, Z8

***Hedera helix* 'Buttercup', Efeu**
Kletterpflanze mit unterschiedlichen, herzförmigen Blättern. Gelb in der Sonne, grün im Schatten. Zurückschneiden, um das Verholzen zu vermeiden. Triebe zum Schnitt geeignet. Sonne oder Schatten, leicht alkalischer Boden. H 2 m, Br 2,4 m, Z5 (Bilder S. 79 und 184)

***Ligustrum ovalifolium* 'Aureum', Liguster**
Strauch, verträgt Schatten, hat seine schönste Farbe aber in der Sonne. H 3,7 m, Br 3 m, Z6 (Bilder S. 18 und 147)

***Lonicera nitida* 'Baggensen's Gold', Geißblatt**
Strauch, für kleine Hecken oder einfachen Formschnitt geeignet. Gelbes Laub im Sommer, grün im Winter. Sonne oder Halbschatten. H und Br 1,5 m, Z7 (Bilder S. 32, 78, 167 und 172)

***Phormium cookianum* 'Cream Delight', Bergflachs**
Staude mit langen, lockeren, glänzenden Blättern und hohen gelb-braunen Blütenrispen. Schöner Gegensatz zu runden Formen. Sonne. H 1,8 m, Br 30 cm, Z9 (Bild S. 143)

Rhododendron yakushimanum
Kompakter Strauch mit ledrigen Blättern, oben dunkel, unten rostfarben. Glockenförmige Blütenbüschel in Blaßrosa im Frühsommer. Halbschatten und neutrale bis leicht saure Erde. H 90 cm, Br 1,5 m, Z5 (Bild S. 81)

***Taxus baccata* 'Aurea', Eibe**
Konifere mit nadelartigem Laub. Verträgt scharfen Rückschnitt und Schatten. H und Br 4,6 m, Z5 (Bilder S. 139 und 181)

Frühling und Sommer

***Acer shirasawanum* 'Aureum'** (syn. *A. japonicum*), **Zierahorn**
Strauch oder kleiner Baum mit fächerförmigem Laub in hellem Goldgrün. Halbschatten. H und Br 6 m, Z5 (Bild S. 143)

***Berberis thunbergii* 'Aurea', Berberitze**
Kompakter Strauch mit leuchtend gelben Blättern im Frühjahr, später etwas dunkler. Hellgelbe Blüten im Frühsommer. Sonne oder Halbschatten. Keine Staunässe. H und Br 1,5 m, Z5

***Cornus alba* 'Aurea', Hartriegel**
Strauch mit spitzen gelben Blättern und rötlichem Holz an jungen Trieben. Im Frühjahr ganz zurückschneiden, um größere Blätter und farbigeres Holz zu erzielen. Sonne oder Halbschatten. H und Br 3 m, Z3 (Bilder S. 122 und 184)

***Gleditsia triacanthos* 'Sunburst', Christusdorn**
Baum mit elegantem Laub, die jungen Blätter sind leuchtend gelb. Liebt Sonne. H 13 m, Br 7,5 m, Z4 (Bild S. 178)

***Helichrysum petiolare* 'Limelight', Strohblume**
Empfindlicher Halbstrauch mit weißen, filzigen Stielen und gelb-grünen, filzigen Blättern. Ausladende Zweige. Für einen senkrechten Effekt kann er an einer Rankhilfe gezüchtet werden. Sonne. H und Br 1,5 m, Z9

***Hosta* 'Gold Standard', Funkie**
Staude mit stark geäderten Blättern, die einen schmalen grünen Rand haben. Halbschatten und feuchter, neutraler Boden. H und Br 75 cm, Z3

***Humulus lupulus* 'Aureus', Hopfen**
Kletterpflanze mit geteilten Blättern. Wuchert. Sonne oder Halbschatten. H 6 m, Z5 (Bilder S. 80, 143 und 184)

***Milium effusum* 'Aureum', Flattergras**
Grasstaude, feines Laub und schlanke, gelbe Blütenköpfe im Sommer. H und Br 3 m, Z5 (Bilder S. 11, 78, 79, 167 und 173)

***Origanum vulgare* 'Aureum', Wilder Majoran**
Kräuterstaude. Niedrige Kissen mit aromatischen, spitzen Blättern und unscheinbaren Blüten im Sommer. Nützlich als Farbgeber im Sommer. Sonne und leicht alkalischer Boden. H 25 cm, Br 60 cm, Z4 (Bild S. 147)

***Philadelphus coronarius* 'Aureus', Falscher Jasmin**
Ein kräftiger Strauch mit hübschen, frischen, gelben Blättern im Frühling und duftenden, cremefarbenen Blüten im Frühsommer. Vor zu starker Sonne schützen. H 2,4 m, Br 1,5 m, Z5 (Bilder S. 10 und 184)

***Physocarpus opulifolius* 'Dart's Gold', Blasenspiere**
Einer der besten gelb-grünen Sträucher. Gelappte Blätter. Grün-weiße Blütenbüschel im Frühsommer. Sonne, saurer Boden. H 4 m, Br 3 m, Z3

***Robinia pseudocacia* 'Frisia', Scheinakazie**
Schönster gelbblättriger Baum, wird später nicht grün. Elegantes, gefiedertes Laub. Sonne. Verträgt trockenen, armen Boden. H 11 m, Br 6 m, Z3 (Bilder S. 11, 169 und 184)

***Sambucus racemosa* 'Plumosa Aurea', Traubenholunder**
Strauch mit tief eingeschnittenem, goldenem Laub und gezackten Einzelblättchen. Am üppigsten, wenn man älteres Holz im Frühling bis auf den Boden zurückschneidet und dann düngt. Liebt Sonne. H und Br 3 m, Z4

***Spirea japonica* 'Goldflame', Spierstrauch**
Strauch mit spektakulärem orange-goldenem Laub im Frühjahr und etwas unpassenden dunkelrosa Blütenköpfen im Spätsommer. Sonne und feuchter Boden bevorzugt. H und Br 90 cm, Z5 (Bild S. 10)

***Tanacetum parthenium* 'Aureum'**
Halb-immergrüne Staude mit gelb-grünen, feingeschnittenen, aromatischen Blättern und Büscheln gänseblümchenartiger Blüten. Sät sich selbst aus. Sonne. H und Br 30 cm, Z5 (Bilder S. 81, 172 und 179)

***Valeriana phu* 'Aurea', Baldrian**
Staude mit Laubrosetten in Gelb-Grün im Frühling, später grün. Sonne. H 40 cm, Br 30 cm, Z6

Blau-Grün

Immergrüne

***Arctostaphylos patula*, Bärentraube**
Dieser mittelgroße Busch hat geordnetes Laub und rosig weiße Blüten im Frühjahr. Benötigt volle Sonne und sauren Boden. H und Br 1,8 m, Z6

***Eucalyptus gunnii*, Eukalyptus**
Eigentlich ein großer Baum mit hübschen salbei-grünen Blättern. Wenn er ungestört wachsen

Hedera helix 'Buttercup'

Berberis thunbergii 'Aurea'

Milium effusum 'Aureum'

Physocarpus opulifolius 'Dart's Gold'

Valeriana phu 'Aurea'

kann, läßt er sich durch Kappung in Strauchform halten und bildet silber-blaues junges Laub. Schön zum Schnitt. H 25 m, Br 8 m, oder H und Br 2,1 m, Z8

***Euphorbia characias,* Wolfsmilch**
Die starren Stiele sind bedeckt von blau-grünen Blättern, und im Spätwinter richten sich die nickenden Köpfe auf und öffnen gelb-grüne Blüten, die ihre Schönheit bis zum Sommer behalten. Schneiden Sie die Blütenstiele bis auf den Grund zurück, um neue Blütentriebe zu erzielen. Sonne oder Halbschatten. H 1,2 m, Br 90 cm, Z8

***Festuca glauca,* Blauschwingelgras**
Staudenkissen aus stahlblauem Gras. H und Br 20 cm, Z4 (Bilder S. 71, 90 und 91)

***Picea pungens* 'Koster', Stechfichte**
Nadelbaum in intensivem Silberblau. Sonne oder Schatten in jedem Boden, außer Kreide oder Kalk. H 6 m, Br 3 m, Z3

***Ruta graveolens* 'Jackman's Blue', Weinraute**
Strauch mit geteiltem Laub in Blau-Grün und hellgelben Blüten im Sommer. Hart zurückschneiden im späten Frühling, um den Wuchs buschig zu halten und die Blüte zu reduzieren. (Wegen Allergiegefahr lieber Handschuhe tragen). Sonne. H 50 cm, Br 75 cm, Z5 (Bild S. 181)

Frühling und Sommer

***Acaena* 'Blue Haze', Stachelnüßchen**
Bildet einen beinahe immergrünen Teppich aus feingeschnittenen, bläulichen Blättern an rötlichen Stielen. Als Blüten kleine, braune stachelige Knöpfchen im Sommer. Sonne oder Halbschatten. H 20 cm, Br 75 cm, Z6

***Hosta,* Funkie**
Stauden, die Halbschatten und feuchten, nährstoffreichen Boden lieben. Blaublättrige Sorte u. a. *H.* 'Halcyon', herzförmige Blätter und lila-graue Blütenrispen im Sommer, H 20 cm, Br 30 cm, Z3 (Bilder S. 71 und 81); *H. sieboldiana* var. *elegans*, runzlige Blätter, fast weiße Blüten im Sommer. H 90 cm, Br 1,5 m, Z3 (Bilder S. 94 und 139)

***Macleaya microcarpa* 'Kelway's Coral Plume', Federmohn**
Eindrucksvolle Staude, bildet Wurzelausläufer. Gelappte Blätter, Oberseite grau-grün, Unterseite weiß. Korallenrote Blütenbüschel im Sommer. Sonne. H 2,5 m, Br 1,2 m, Z4 (Bilder S. 80 und 81)

Melianthus major
Staude mit üppig gewellten, eingeschnittenen Blättern in Blau-Grün. Kann in strengen Wintern bis auf den Boden zurückgeschnitten werden, treibt immer neu aus. Sonne. H und Br 1,2 m, Z9 (Bild S. 182)

Mertensia simplicissima (syn. *M. mertensia subsp. asiatica),* **Blauglöckchen**
Staude mit tiefblauen Blättern und trichterförmigen, blauen Blüten im Frühsommer. Sonne oder Schatten in tiefgründigem Boden. H und Br 30 cm, Z6 (Bild S. 175)

Grüne Blumen

***Alchemilla mollis,* Frauenmantel**
Staude mit runden, pelzigen Blättern und gelb-grünen Blütendolden im Sommer. Gute Weg- und Rabattenbegrenzung. Nach der Blüte zurückschneiden, um neues Laub zu erzielen. Sonne oder Schatten, keine Staunässe. H und Br 50 cm, Z4 (Bilder S. 167 und 172)

Astrantia major, Sterndolde
Staude mit Rosetten aus geteilten Blättern und aufragenden Stielen mit nadelkissenähnlichen Blüten in Grün-Weiß mit einem Hauch Rosa. Sonne oder Halbschatten. H 60 cm, Br 45 cm, Z4

Bupleurum fruticosum
Immergrüner Strauch mit glänzendem, dunkelgrünem Laub und gelb-grünen Blütenbüscheln im Sommer, Sonne. H 1,8 m, Br 2,5 m, Z7

***Eucomis bicolor,* Schopflilie**
Im Spätsommer bringen diese Bulben dichte Ähren mit blaßgrünen Blütensternen hervor, die dunkelrot gerandet sind. Ein schöner Kontrast zu den breiten, dunkelgrünen Blättern. Volle Sonne. H und Br 45 cm, Z8

***Euphorbia,* Wolfsmilchgewächse**
Euphorbien mit grünen Blüten, u. a. *E. amygdaloides* var. *robbiae* mit dunkelgrünen Blattrosetten, wuchert, ist aber gut für Schatten, sogar auf mageren Böden, H 45 cm, Br 60 cm, Z7; *E. characias* subsp. *wulfenii* hat große Blütenköpfe und immergrüne, schöne blau-grüne Blätter, H und Br 90 cm, Z7 (Bilder S. 142, 172 und 184); *E. palustris* benötigt tiefgründigen Boden und belohnt mit brillant gelb-grünen Blütenköpfen im Sommer und schöner Herbstfärbung, H und Br 90 cm, Z5; *E. polychroma* bildet adrette Büsche aus leuchtendem Gelb-Grün im zeitigen Frühjahr, hält sich lange, H und Br 50 cm, Z4 (Bilder S. 79 und 184); *E. schillingii* ist eine kräftige Pflanze, die ihre eindrucksvollen gelblichen Blütenköpfe später im Sommer hervorbringt, H und Br 90 cm, Z7

Garrya elliptica
Strauch mit ledrigen, immergrünen Blättern und langen graugrünen Kätzchen im Spätwinter. Die schöne männliche Form *G. e.* 'James Roof' hat die längsten Kätzchen, die rötlich gefärbt sind. Zufrieden an einer schattigen Mauer, verträgt mageren Boden. H 5 m, Br 3 m, Z8

***Helleborus,* Christrose**
Immergrüne Stauden. *H. argutifolius* (syn. *H. corsicus*) buschige Staude mit kräftigen Stielen und hübschen, dreifingrigen hellgrünen Blättern. Die großen apfelgrünen Blütenbecher erscheinen im Spätwinter. H 90 cm, Br 50 cm, Z7. *H. foetidus* hat stark gefiederte, dunkelgrüne Blätter und blaßgrüne Blütenglocken mit rötlichem Rand. *H. f.* Wester-Fisk-Gruppe hat rötliche Stiele und größere Blüten. H und Br 45 cm, Z6. Alle mögen Halbschatten und feuchten Boden.

***Itea ilicifolie,* Rosmarinweide**
Immergrüner Strauch mit mittelgrünen, stechpalmenartigen Blättern und langen Blütenrispen im Spätsommer, die nach Honig duften. Sonne oder Halbschatten. H und Br 3 m, Z8

***Kniphofia* 'Green Jade', Fackellilie**
Immergrüne Staude, bildet lockere Horste langer, dünner Blätter und trägt im Spätsommer an hohen Stielen jadegrüne Blütenfackeln mit einem Hauch Creme. Sonne und feuchter Boden. H 1,2 m, Br 75 cm, Z5

***Moluccella leavis,* Muschelblume**
Einjährige mit hohen Stielen, an denen die tassenförmigen, smaragdgrünen Blüten aufgereiht sind. Gute Schnittblume. Benötigt Sonne und humosen Boden. H 60 cm, Br 20 cm

Ruta graveolens 'Jackman's Blue'

Melianthus major

Eucomis bicolor

Garrya elliptica

Helleborus argutifolius

***Nicotiana*, Tabakpflanze**
Stauden, die als Einjährige gezogen werden, benötigen Sonne und humosen Boden. *N x sanderae* 'Lime Green' hat leuchtend gelb-grüne Blüten in großer Fülle über einen langen Zeitraum. H 60 cm, Br 20 cm, (Bilder S. 44, 180 und 182). *N. langsdorffii* ist eine hohe Pflanze mit offenem Wuchs und kleinen Büscheln hängender, grüner Blütenglocken; sät sich selbst aus, aber nicht zu stark. H 1 m, Br 30 cm

***Veratrum viride*, Germer**
Staude mit wunderbar plissierten, frischen grünen Blättern und hohen Rispen, dicht mit grünen, sternchenförmigen Blüten bepackt. Halbschatten und nährstoffreicher Boden. H 1,2 m, Br 60 cm, Z3

Weiß oder Creme panaschiertes Laub

Immergrüne

***Euonymus fortunei*, Spindelstrauch**
Diese Pflanzen sind eigentlich halb-niederliegend, aber mit Rankhilfen klettern sie auch. Am schönsten in der Sonne. *E. f.* 'Emerald Gaiety' hat runde Blätter und die hellste Färbung, H 90 cm, Br 1,5 m, Z5. *E. f.* 'Silver Queen' ist ein eleganter, kompakter Strauch mit gelber Färbung, die später cremeweiß wird. H 2,4 m, Br 1,5 m, Z5 (Bilder S. 80 und 143)

***Hedera helix* 'Glacier', Efeu**
Immergrüne Kletterpflanze. Schöner Hintergrund mit seinem klar-gezeichneten grau-weißen Laub. H und Br 3 m, Z6 (Bild S. 79)

***Lamium galeobdolon* 'Florentinum', Taubnessel**
Staude mit dunkelgrünen Blättern, die weiß marmoriert sind. Bildet Ausläufer. Hat gelbe Blüten. Kann wuchern, aber ist leicht im Zaum zu halten. Sonne. H 25 cm, Br 45 cm, Z5

Frühling und Sommer

***Arum italicum* subsp. *italicum* 'Marmoratum', Aronstab**
Knollenstaude mit glänzenden, dunkelgrünen, pfeilförmigen Blättern, die weiß geädert und ein schöner Winterschmuck sind. Kolben mit orange-roten Beeren erscheinen im Spätsommer. Sonne. H 25 cm, Br 30 cm, Z6 (Bild S. 146)

***Brunnera macrophylla* 'Dawson's White', Kaukasusvergißmeinnicht**
Gute Bodendeckerstaude; die großen, herzförmigen Blätter sind kräftig creme-weiß panaschiert. Lange blaue Blütenrispen im Frühjahr. Halbschatten und feuchter Boden. H 45 cm, Br 60 cm, Z4

***Cornus alba* 'Elegantissima', Hartriegel**
Strauch, dessen blaßgrüne Blätter einen cremeweißen Rand haben. Im zeitigen Frühjahr auf die Hälfte zurückschneiden, um im Winter rote Zweige zu haben. Sonne. H und Br 3 m, Z2

Glyceria maxima* var. *variegata (syn. *G. aquatica* 'Variegata'), **Wasserschwaden**
Gras, das sich ausbreitet, für Teichränder oder Sumpfgelände. Breite, spitze Blätter mit weißen und cremefarbenen Streifen. Sonne, aber verträgt auch Halbschatten. H 80 cm, Br 60 cm, Z5 (Bild S. 32)

***Holcus mollis* 'Albovariegatus', Honiggras**
Die frischen Triebe im Frühjahr und Herbst wirken wie ein weißer Teppich, weil die zarten Blätter nur einen schmalen grünen Mittelstreifen haben. Die kriechenden Rhizome lassen sich leicht entfernen. Halbschatten. H 25 cm, Br 45 cm, Z5 (Bild S. 149)

***Hosta*, Funkie**
Stauden für den Schattenbereich. *H. crispula* hat wellenförmige Blattränder in kräftigem Weiß, H 75 cm, Br 90 cm, Z3 (Bild S. 18). *H. fortunei* 'Marginata Alba' hat salbei-grüne Blätter mit weißem Rand. H und Br 60 cm, Z3. *H. undulata* var. *albomarginata* (syn. *H.* 'Thomas Hoff') ist eine robuste Pflanze, deren weiche, junge Blätter einen cremefarbenen Rand haben. Hohe lila Blüten im Sommer. H 75 cm, Br 90 cm, Z3

***Iris pallida* 'Argentea Variegata', Dalmatinische Iris**
Rhizombildende Staude mit schönen, schwertförmigen Blättern, kräftig blau-grün/weiß gestreift. Hohe blaue Blütenstiele im Sommer. Sonne. H 60 cm, Br 30 cm, Z5 (Bild S. 80)

***Lunaria annua* 'Alba Variegata', Silberblatt**
Zweijährige mit lockeren Blütenrispen weißer Blumen im Frühling. Die Blätter sind unregelmäßig cremeweiß gemustert. Samen treiben auch panaschiert wieder aus. Halbschatten. H 90 cm, Br 30 cm, Z6 (Bilder S. 111, 183 und 184)

***Miscanthus sinensis* 'Variegatus', Silbergras**
Staude, die Horste aus bandartigen Blättern bildet, hübsch weiß/grün gestreift. H 1,5 m, Br 90 cm, Z6 (Bild S. 176)

***Phalaris arundinacea* var. *picta* 'Picta', Rohrglanzgras**
Dichtes Gras, mit weißgestreiften Blättern. Bildet Ausläufer. Kann im Sommer stark zurückgeschnitten werden, um neues Laub im Herbst zu erzielen. Halbschatten und feuchter Boden. H und Br 90 cm, Z4 (Bilder S. 32, 81, 172 und 181)

***Phlox paniculata* 'Nora Leigh', Phlox**
Staude, die hohe Stiele mit cremefarben panaschiertem Laub und blaßvioletten Blüten im Spätsommer hervorbringt. Sonne und feuchter Boden. H 1 m, Br 60 cm, Z4

***Pulmonaria*, Lungenkraut**
Frühjahrsblühende Staude. *P. longifolia* hat schmale, dunkelgrüne Blätter mit weißen Flecken und dunkelblaue Blüten. *P. officinalis* hat herzförmige, gepunktete Blätter und rosa Blüten, die blaßblau vergehen. *P. o.* 'Sissinghurst White' hat weiße Blüten. Alle sind gute Bodendecker in Böden, die Feuchtigkeit halten. Alle H 30 cm, Br 45 cm, Z4

***Scrophularia auriculata* 'Variegata'** (syn. *S. aquatica*), **Braunwurz**
Staude, die immergrüne Horste mit besonders schönem, cremefarben gemustertem Laub bildet. Blütenähren abschneiden, um Samenbildung zu verhindern. Halbschatten und feuchter Boden. H 75 cm, Br 30 cm, Z5 (Bild S. 131)

***Silybum marianum*, Mariendistel**
Zweijährige mit sehr stacheligen Distelblättern, die dunkelgrün mit weißen Flecken sind. Sät sich verläßlich selbst aus. Sonne. H 1,2 m, Br 60 cm, Z7

Nicotiana langsdorffii

Cornus alba 'Elegantissima'

Hosta undulata var. *albomarginata*

Pulmonaria longifolia

Silybum marianum

Gelb panaschiertes Laub

Immergrüne

Agave americana **'Variegata', Amerikanische Aloe**
Sukkulente Staude. Bildet Rosetten aus spitzen, gestreiften graugrünen und gelben Blättern. Nur in sehr mildem Klima winterhart. Sonne. H und Br 2 m, Z9

Carex hachijoensis **'Evergold'** (syn. *C. oshimensis*), **Segge**
Staudengras mit dichten Horsten grasartiger Blätter in Hellgelb mit schmalen, grünen Rändern. Sonne. H und Br 30 cm, Z7

Cortaderia selloana **'Aureolineata'** (syn. *C. s.* 'Gold Band'), **Pampasgras**
Staude mit großen, eleganten Laubhorsten. Gelbgestreifte Blätter und aufrechte, cremefarbene Blütenpuschel im Spätsommer. Sonne. H 1,8 m, Br 1,2 m, Z8

Elaeagnus pungens **'Maculata', Ölweide**
Strauch, der am schönsten im winterlichen Sonnenlicht aussieht. Treibt bräunlich aus, wird später dunkelgrün, hat lederartige Blätter mit hellgelber Mitte. Sonne. H 3 m, Br 3,7 m, Z7

Euonymus fortunei **'Emerald'n'-Gold', Spindelstrauch**
Strauchiger Bodendecker mit leuchtender Panaschierung. Mit Stützen klettert er auch. Sonne. H 60 cm, Br 90 cm, Z5 (Bild S. 178)

Hedera, **Efeu**
Kletterpflanze, die überall gedeiht. Sie wächst sowohl als Bodendecker als auch in die Höhe. *H. cholchica* 'Dentata Variegata' hat große, ovale Blätter in Dunkelgrün mit einem cremegelben Rand, Z6. *H. c.* 'Sulphur Heart' (syn. *H. c.* 'Paddy's Pride') hat dunkelgrüne Ränder und eine dunkel- bis hellgelbe Mitte, Z6 (Bild S. 170). *H. helix* 'Oro di Bogliasco' (syn. *H. h.* 'Goldheart') hat ebenmäßige, dunkelgrüne Blätter mit einem gelben Fleck in der Mitte, Z5 (Bild S. 150). Alle H und Br 3 m

Ilex aquifolium **'Aurea Marginata', Stechpalme**
Strauch oder Baum mit stacheligen Blättern und cremegelbem Rand. Rote Beeren. Läßt sich beschneiden. Sonne und Halbschatten. H 6 m, Br 5 m, Z6 (Bild S. 181)

Pleioblastus auricomus (syn. *P. viridistriatus*), **Bambus**
Mit hellgelbem Laub, das grün gestreift ist. Wuchert, läßt sich beherrschen. Sonne. H 1,2 m, Br unendlich, Z7

Salvia officinalis **'Icterina', Salbei**
Strauch mit rundlichen Blättern, die leicht gelb panaschieren, sehr aromatisch. Sonne. H 60 cm, Br 90 cm, Z7 (Bild S. 80)

Vinca major **'Variegata', Immergrün**
Teppichbildender Strauch mit glänzenden Blättern, die gelbgefleckt sind. Bildet Wurzelausläufer. Lavendelblaue Blüten im Frühjahr. Halbschatten und feuchter Boden. H 40 cm, Br 1,5 m, Z7

Frühling und Sommer

Cornus alba **'Spaethii', Hartriegel**
Strauch, leuchtend gelb panaschiertes Laub und dunkelrote Rinde im Winter. Sonne. H 2,3 m, Br 1,8 m, Z3

Hakonechloa macra **'Alboaurea', Gras**
Staude mit langsam wachsenden Horsten. Gelb und cremefarben panaschiert, im Herbst gelblichrostrot. H und Br 45 cm, Z5

Hosta, **Funkie**
Staude, die Sonne oder Halbschatten in feuchter Lage benötigt. *H. fortunei* var. *aureomarginata* (syn. *H.* 'Yellow Edge') hat spitze, salbei-grüne Blätter mit gelbem Rand, lavendelfarbene Blütenrispen im Hochsommer. H 30 cm, Br 45 cm, Z3 (Bild S. 81). *H. sieboldiana* 'Frances Williams' hat runzelige, duffe Blätter mit breitem, gelbem Rand und blaß-lilarote Blütenrispen im Sommer. H 60 cm, Br 90 cm, Z3

Iris
Rhizombildende Staude. *I. pallida* 'Variegata', Dalmatinische Iris. Sonne. Schwertförmige Blätter, blau-grün/gelb gestreift, und hohe, blaue Blüten im Frühsommer. H 60 cm, Br 30 cm, Z4 (Bilder S. 136 und 157). *I. pseudacorus* 'Variegata' mag feuchte Standorte. Laub hat breite, gelbe Streifen im Frühling, später grün. Gelbe Blüten im Frühsommer. H 1,2 m, Br 30 cm, Z5 (Bild S. 32)

Mentha suaveolens **'Variegata', Apfelminze**
Wuchert leicht, wie alle Minzen, aber ist ein frischer Bodendecker mit cremeweißer Panaschierung. Sonne. H 45 cm, Br 60 cm, Z5

Symphoricarpos orbiculatus **'Follis Variegatis'**
Zierlicher Strauch mit kleinen Blättern, die unregelmäßig gelb gerandet sind, am schönsten in voller Sonne. H 90 cm, Br 1,5 m, Z3 (Bild S. 167)

Rot und rosa panaschiertes Laub

Immergrüne

Berberis thunbergii **'Rose Glow', Berberitze**
Die Blätter dieses Strauchs öffnen sich in Dunkelrot, im Laufe des Jahres mehr und mehr rosa panaschiert. Schöne Herbstfärbung. Sonne, Halbschatten. H und Br 1,2 m, Z5 (Bild S. 130)

Brassica oleracea Acephala, **Gruppe 'Red Peacock', Zierkohl**
Dieser einjährige Kohl wird wegen seiner Herbstfärbung angebaut, die nach niedrigen Nachttemperaturen einsetzt. Der strenge Frost vernichtet ihn allerdings. Sonne mit nährstoff- und kalkhaltigem Boden. H und Br 45 cm, Z7 (Bild S. 109)

Trifolium repens **'Purpurascens', Klee**
Halb-immergrüne Staude, guter Bodendecker mit dunkelgrünen Blättern, die schokoladenfarbige Flecken haben. Sonne. H 12 cm, Br 30 cm, Z4 (Bild S. 131)

Frühling und Sommer

Acer negundo **'Flamingo', Eschenahorn**
Der Baum hat dreigeteilte Blätter in rötlichem Grün, die weiß werden. Sonne. H 15 m, Br 8 m, Z2

Actinidia kolomikta, **Strahlengriffel**
Drahtige Kletterpflanze mit unterschiedlich rosa, weiß und grün gefleckten Blättern. Im Laufe des Sommers werden sie grün. Sonne. H und Br 5 m, Z5

Houttuynia cordata **'Chameleon', Wasserpflanze**
Staude mit herzförmigen Blättern in verschiedenen grün-, rot-, gelb- und bronzefarbenen Schattierungen. Im Sommer weiße Blüten. Wuchert in feuchten Lagen. H und Br 30 cm, Z5

Carex hachijoensis 'Evergold'

Pleioblastus auricomus

Hosta fortunei var. *aureomarginata*

Mentha suaveolens 'Variegata'

Actinidia kolomikta

Silbergrau

Silber wird oft als Einfassung für funkelnde Edelsteine benutzt, weil es sie auf schmeichelhafte Weise reflektiert. Die Farbe Silber wirkt aufhellend, da ihr Hauptmerkmal der Glanz ist. Ohne diesen Glanz wäre sie grau. Sie ist eine fast neutrale Farbe, beinahe so unwirksam wie Weiß, aber nicht so hell und hervorstechend.

Im Garten kann man silbriges Laub wie ein Juwelier einsetzen, als Einfassung für andere Farben. Einige silbergraue Pflanzen wie Heiligenkraut und Beifuß haben feingeschnittenes Laub, das im Licht zu schimmern scheint. Andere hellgraue Pflanzen haben weiche, fast staubige Blätter, wie das pelzige Laub der Königskerzen. Weil es heller im Ton ist und neutraler als andere grüne Blätter, reagiert Silbergrau weniger auf andere Farben. Deshalb sind silbrige Pflanzen gute „Beruhigungspillen“. Langlebiger als weiße Blumen, können sie beißende Farben wie Rosa und Gelb in der Rabatte auseinanderhalten und sind ein noch besserer Vermittler als Grün. Sich wiederholende Gruppen silberner Pflanzen in einem Beet verbinden unterschiedliche Farben durch ein neutrales Band miteinander.

Silber eignet sich besonders als Umhüllung für magentafarbene Blumen, wie *Geranium psilostemon* oder Lichtnelke *(Lychnis coronaria)*, die beide wegen ihrer intensiven Farbe nicht gerne gepflanzt werden. Für eine ausdauernde Pflanzung in diesem Farbkontrast verwenden Sie silbernes Laub zusammen mit dem dunkelsten Laub, wie dem der pflaumenroten und rotbraunen Züchtungen von Berberitze, Buche, Pflaume, Hasel und Perückenstrauch.

Silberblättrige Pflanzen sind ein gutes Beiwerk zu blassen Farbharmonien in Creme, Blau und Rosa, weil durch sie die Pastelltöne leuchtender werden. So wie weiß-buntes Laub ist es wichtig für den weißen Garten. Der helle Ton verstärkt den lichten Gesamteindruck der weißen

links: Der Rankobelisk ist silbergrau gestrichen worden, um eine Verbindung zu dem Laub der Astelia *(Astelia chathamica)* zu schaffen, die in einem schwarz gestrichenen Terrakottatopf steht. Der hellgrüne, spiralförmig geschnittene Buchs unterstreicht den strengen Aufbau dieser Szene.

rechts: Die mächtigen gezackten Blätter der Artischocke *(Cynara cardunculus)* beugen sich über Blauschwingelgras *(Festuca glauca)* und Wollziest *(Stachys byzantina)*, dahinter steht ein silberblättriger Strauch *Elaeagnus* 'Quicksilver'. Die Gruppe Phlox rechts vorn wird weiß blühen. Alle diese Pflanzen lieben Sonne, und man wird die Artischocke so setzen, daß sie kleineren nicht das Licht nimmt, oder die unteren Blätter müssen abgeschnitten werden.

Blumen. Tatsächlich liegt dieser Ton zwischen Weiß und Grün und schwächt deshalb den manchmal etwas scharfen Gegensatz zwischen den weißen Blumen und ihren grünen Blättern ab.

Eine rein silberne Pflanzung kann in kleinerem Rahmen reizvoll sein, muß jedoch interessante Gegensätze in der Form und Textur haben, da die Farbgebung selbst langweilig ist und die Nuancen gering sind. Eine mächtige Artischocke mit ihren tief eingeschnittenen Blättern könnte der Mittelpunkt solch einer Kombination sein, mit den flatternden Blättchen einer Ölweide und den filzigen Blättern des Wollziests *(Stachys byzantina)*.

Schöner wäre diese Pflanzung aber, wenn Sie weniger puristisch vorgehen würden. Nehmen Sie ein paar blaue oder dunkelrote Blumen, etwas blau-grünes Laub, wie Wiesenraute oder blau-grüne Hosta, und Ihr silberner Garten bekommt eine kühle, harmonische Note mit größerer Farbwirkung. Sie können ein aufspringendes Blauschwingelgras neben ein *Helichrysum italicum* setzen, um das Silbergrau zu betonen. Weiße oder mittelgrüne Pflanzen erhellen und betonen ein graues Beet, ohne starke Farben hinzuzufügen. Weiße Tulpen, die durch silbrigen Beifuß wachsen, wirken wie Perlen in einem silbernen Halsband.

Denken Sie daran, daß silberblättrige Pflanzen aus Dürrezonen stammen und sie deshalb trockene, sonnige Standorte bevorzugen. Der Silberschimmer kommt von den unzähligen winzigen weißen Härchen auf der Blattoberfläche, welche vor Austrocknung im Sommer schützen sollen. Und vergessen Sie ebenfalls nicht, daß dieser Glanz am schönsten im Sommersonnenlicht ist. Beifuß und Wollziest, die in der Sonne wie Silber schimmern, verwandeln sich in anderem Licht zu Metallgrau. Sie wirken bleiern im Schatten und bei Nässe, außerdem lieben sie diesen Zustand nicht. Und im spärlichen Winterlicht können sie fade wirken.

links: Die Strauchveronika *(Hebe rakaiensis)* bildet ein weißblütiges Polster, umgeben von zwei Sorten Beifuß, der filigranen *Artemisia* 'Powis Castle' und *A. lucoviciana,* mit lanzettlichen Blättern. Das filzige Laub und die violetten Blütenähren des Wollziests *(Stachys byzantina)* fügen Farbe und Textur hinzu.

rechts: Das Blauschwingelgras *(Festuca glauca)* mischt sich mit *Helichrysum italicum* an einer Beeteinfassung aus losen Steinen – eine ideale Wahl, da beide einen trockenen Standort und durchlässigen Boden lieben.

Silber und Grau

Immergrüne

***Anthemis punctata* subsp. *cupaniana*, Hundskamille**
Staude, die niedrige Kissen mit feingeschnittenem, silbernem Laub bildet. Die weißen Blümchen nach der Blüte zurückschneiden. Sonne. H 30 cm, Br 60 cm, Z7 (Bild S.80)

***Artemisia*, Beifuß**
Stauden und Halbsträucher, die sonnige Lagen bevorzugen. *A. absinthium* 'Lambrook Silver', Wermut, hat geteilte, seidiggraue Blätter und hohe Blütendolden in Schmutziggelb im Sommer. H und Br 75 cm, Z4. *A. arborescens* hat silbernes, filigranes Laub. An warmer Wand und in trockenem Boden klettert er bis zu 1,8 m, sonst H 90 cm Br 60 cm, Z9 (Bild S. 176). 'Powis Castle' hat silbernes Laub und blüht eigentlich nicht. H 75 cm, Br 90 cm, Z6 (Bilder S. 91, 114 und 176). *A. stelleriana* 'Mori', ausgestreckte, teppichbildende Staude mit silbergrauen Blättern. H 30 cm, Br 90 cm, Z5

***Ballota pseudodictamnus*, Gottvergeß**
Halbstrauch mit verholzender Basis und vielen langen Trieben mit wolligen, grau-grünen Blättern. Entlang der Stiele öffnen sich im Hochsommer rundliche Blüten. Volle Sonne und gut durchlässiger Boden. H 60 cm, Br 90 cm, Z8 (Bild S. 80)

***Brachyglottis* 'Sunshine'** (syn. *Senecio* 'Sunshine'), **Kreuzkraut**
Kriechender Strauch mit grauem Laub, das scharf zurückgeschnitten werden kann; entweder im Frühling, um die messingfarbene Blüte zu verhindern, oder im Sommer, um das Verblühte zu beseitigen. Volle Sonne. H 90 cm, Br 1,5 m, Z8 (Bild S. 172)

***Convolvulus cneorum*, Ackerwinde**
Strauch mit schlanken, silbernen Blättern. Die weißen Trompetenblüten blühen im Sommer lange. Sonne. H und Br 75 cm, Z9

***Cortaderia selloana* 'Pumila', Pampasgras**
Staude, die Horste mit zugespitzten Blättern und silbernen Federbüscheln im Herbst bildet. Sonne. H und Br 1,5 m, Z5 (Bild S. 130)

***Dianthus*, Nelke**
Nelken bilden immergrüne Teppiche mit grauem Laub und süß duftenden Blüten in rosa, roten und weißen Schattierungen. Bekannte Sorten u. a. 'Bridal Veil' mit gefüllten, weißen Blüten, 'Brympton Red' mit dunkel-karminroten Blüten, die rosa gefleckt sind, 'Green Eye' mit weißen Blüten, die eine grüne Mitte haben, 'Mrs Sinkins' mit gefüllten, stark duftenden Blüten, 'Old Pink Clove' mit gefüllten, dunkelrosa und 'Sops in Wine' mit altrosa Blüten, die weiß gemustert sind. Alle benötigen volle Sonne. H und Br 30 cm, Z4

Echeveria
Diese Sukkulenten sind nicht frostfest, aber bilden große Ansammlungen mit Einzelrosetten in allen Grau- und Grünschattierungen; glänzend, matt oder filzig. Blütenspeere in Orange-Rot im Sommer. Benötigen Sonne. H 15 cm, Br 30 cm, Z10

***Hebe pinguifolia* 'Pagei', Strauchveronika**
Kriechender Strauch mit bleigrauen Blättern und kleinen, weißen Blütenköpfchen im Frühsommer. Sonne. H 15 cm, Br 60 cm, Z8

***Helichrysum*, Strohblume**
Einjährige Stauden und Sträucher, am schönsten in Sonne. *H. italicum*, Halbstrauch, der im Frühling beschnitten werden sollte, um längliche Blütenstiele zu verhindern. H 60 cm, Br 90 cm, Z8 (Bilder S. 91 und 176). *H. petiolare*, Strauch, der meistens als Einjähriger gezogen wird. Mit rundlichen, grauen Blättern und gespreiztem Wuchs. Man kann den starken Wuchs in die Höhe leiten. H 45 cm, Br 1,5 m, Z9 (Bilder S. 121 und 175)

Helictotrichon sempervirens (syn. *Avena candida*), **Blaustrahlgras**
Staude mit blau-grünem Laub. Graue Federbüschel im Sommer. Sonne. H 90 cm, Br 60 cm, Z4 (Bild S. 178)

***Lavandula*, Lavendel**
Strauch mit grauem Laub und stark duftenden Blütenähren im Sommer. Gedeiht am besten in der Sonne und in durchlässigem Boden. (Bilder S. 95 und 173). Eine schöne rosa Sorte ist *L. angustifolia* 'Loddon Pink'; blaue und violette Sorten, u. a. *L. a.* 'Hidcote' und *L. a.* 'Munstead', H und Br 75 cm, Z6. *L. stoechas*, Schopflavendel, hat kleine lila Blütenköpfe und auffällige Brakteen; *L. s. f. leucantha* hat weiße Blüten, H und Br 75 cm, Z4

***Phlomis fruticosa*, Brandkraut**
Mittelmeerstrauch mit grau-grünem, wolligem Erscheinungsbild; die Samenkapseln der dunkelgelben Blüten halten lange. Sonne. H und Br 1,2 m, Z8 (Bilder S. 162 und 169)

***Santolina chaemaecyparissus*, Heiligenkraut**
Diesen Strauch im Frühjahr scharf zurückschneiden, um einen gefälligen Busch zu bekommen. Graues Laub mit schönem Duft. Die gelben Blüten werden meistens entfernt. Sonne. H 75 cm, Br 90 cm, Z7 (Bilder S. 71 und 151)

***Sedum spathulifolium*, Mauerpfeffer**
Immergrüne Staude, bildet Teppiche grau-grüner Rosetten, oft rötlich überhaucht. Gelbe Blütendolden erscheinen im Spätsommer. Verträgt Schatten. H 10 cm, Br 30 cm, Z5

***Senecio viravira*, Kreuzkraut**
Halbstrauch, oft einjährig gezogen. Filziges, graues Laub, aber nicht frostunempfindlich. Sonne. H und Br 90 cm, Z9

Stachys byzantina (syn. *S. lanata*), **Wollziest**
Verholzende Staude, bildet Matten mit samtigen Blättern, die den Boden bedecken. Die dunkelrosa Blütenähren verschwinden fast in dem grauen Pelz. Am besten in mageren Böden. H 30 m, Br 60 cm, Z5 (Bilder S. 90, 91, 98, 178 und 183). *S. b.* 'Silver Carpet' ist ähnlich, blüht aber nicht.

Tanacetum argenteum (syn. *Achillea argentea*), **Silbergarbe**
Staude, bildet Matten aus silbernem, filigranem Laub mit kleinen, rein-weißen, asternartigen Blüten. Sonne. H 23 cm, Br 20 cm, Z5

***Teucrium fruticans*, Gamander**
Schnellwachsender, offener Strauch mit weichem, grauweißem Erscheinungsbild. Die blaßblauen Blüten halten den ganzen Sommer lang. Benötigt volle Sonne. H 1,8 m, Br 4 m, Z9

***Thymus x citriodorus* 'Argenteus', Thymian**
Immergrüner, mattenbildender Strauch mit winzigen, silbrigen Blättern, die nach Zitrone duften. Sonne. H 20 cm, Br 40 cm, Z6

Artemisia 'Powis Castle'

Dianthus 'Mrs Sinkins'

Echeveria

Lavandula stoechas f. leucantha

Tanacetum argenteum

Frühling und Sommer

***Argyranthemum*, Margerite**
Staude mit feingeschnittenem, grau-grünem Laub und langer Blütezeit. H und Br 75 cm, Z9 (Bilder S. 172, 182 und 183)

***Artemisia*, Beifuß**
Stauden und Sträucher, die nicht immergrün sind, u. a. *A. alba* 'Canescens' mit sehr filigranem Laub, sternförmiger Gesamteindruck, H 45 cm, Br 30 cm, Z6 (Bild S. 178); *A. ludoviciana* 'Silver Queen' hat lanzettliche, silberne Blätter an ausladenden Zweigen, H 75 cm, Br 90 cm, Z6 (Bilder S. 91 und 130); *A. schmidtiana* hat kriechende Triebe, die Kissen aus matt-graugrünem Laub bilden. Nickende weiße Blütenköpfchen im Frühherbst, H 15 cm, Br 45 cm, Z6 (Bild S. 182)

Astelia chathamica
Staude mit silbergrauen, schwertförmigen Blättern und rötlichen, duftenden Blüten an kurzen Ähren im Sommer. Sonne oder Halbschatten, nährstoffreicher Boden, der nicht austrocknen darf. H 1,2 m, Br 90 cm, Z9

***Athyrium niponicum* var. *pictum*, Frauenfarn**
Laubabwerfender Strauch, mattgrüne Blättchen an purpurfarbenen Stielen. Schatten, humoser Boden. H 60 cm, Br 45 cm, Z7

***Centaurea cineraria*, Flockenblume**
Staude mit lockeren Rosetten aus hübschen, grauen, eingeschnittenen Blättern. Die lila, distelartigen Blüten entfernt man besser. Sonne, verträgt mageren Boden. H 75 cm, Br 90 cm, Z7

***Cerastium tomentosum*, Hornkraut**
Halb-immergrüne Staude, die Teppiche aus grauem Laub und weißen Blüten im späten Frühling bildet. Wuchert. Sonne. H 8 cm, Br 45 cm, Z4 (Bild S.109)

***Cynara cardunculus*, Artischocke**
Staude mit spitzen, tief eingeschnittenen Blättern, die bis zu 1,2 m lang werden können. Im Sommer tragen die kräftigen Stiele stachelige, distelartige lila Blüten. Sonne. H 2 m, Br 90 cm, Z7 (Bilder S. 90, 149, 174 und 181)

***Elaeagnus angustifolia*, Ölweide**
Großer Strauch, der gut beschnitten werden kann, um einen kleinen Hochstamm zu bilden. Matt-graugrünes Laub, Blütenrispen. Die Sorte 'Quicksilver' ist besonders silbrig (Bild S. 90). Volle Sonne und nährstoffreicher Boden. H und Br 6m, Z4

***Eryngium giganteum*, Distel**
Zweijährige, bildet Rosetten aus feingeäderten, grünen Blättern, aus denen stachelige, silberne Blütenköpfe emporschießen. Leicht aus Samen zu ziehen. Sonne. H 90 cm, Br 30 cm, Z6 (Bild S. 172)

***Hippophaë rhamnoïdes*, Sanddorn**
Silberner Strauch mit offenem Wuchs. Sollte in Gruppen mit mindestens einer männlichen Pflanze gepflanzt werden. Dann bringen die weiblichen Exemplare Massen von durchscheinenden, orange-gelben Beeren hervor. Benötigt Sonne, verträgt magere Böden. H und Br 6 m, Z4

***Iris pallida*, Dalmatinische Iris**
Rhizombildende Staude. Die Blattschwerter bleiben den ganzen Sommer mattblau, im Frühsommer erscheinen die zahlreichen hohen Stiele mit blauen Blüten. Volle Sonne und humoser, leicht alkalischer Boden. H 1,2 m, Br 45 cm, Z4

***Lamium maculatum* 'Beacon Silver', Taubnessel**
Staude mit silbrig-gemustertem Laub, dunkelbraune Blüten. *L. m.* 'White Nancy' hat weiße Blüten. Verträgt Schatten, mag feuchten Boden. H 20 cm, Br 90 cm, Z3

Lotus hirsutus (syn. *Dorycnium hirsutum*), **Hornklee**
Halbstrauch mit kleinen, silbernen Blättern. Am schönsten im Spätsommer, wenn sich die weißen, erbsenähnlichen Blüten in Büschel schokoladenbrauner Samenkapseln verwandelt haben. Im Frühjahr beschneiden, um den buschigen Wuchs zu erhalten. Sonne, trockener Boden. H und Br 60 cm, Z8

***Lychnis coronaria*, Lichtnelke**
Zweijährige Staude, Rosetten aus grauen Blättern und verzweigten Stielen, die einfache Blüten in Folge tragen. Kräftig magentafarben oder weiß (Alba Gruppe). Sonne. H 50 cm, Br 30 cm, Z4 (Bilder S. 98 und 175)

***Onopordum acanthium*, Schottische Distel**
Zweijährige mit stacheligen Blättern, die von silberweißen Härchen bedeckt sind. Im zweiten Jahr kommen die Ähren mit den lila Distelblüten. Sonne oder Halbschatten, nährstoffreicher Boden. H 1,8 m, Br 90 cm, Z6. *O. nervosum* 2,4 m (Bild S. 176)

***Ornithogalum nutans*, Nickender Milchstern**
Zwiebelpflanze, im zeitigen Frühling Ähren mattglänzender, weiß-grüner Blüten, Sonne, Halbschatten. H und Br 20 cm, Z6

***Pyrus salicifolia* 'Pendula', Trauerbirne**
Graziler, silbergrauer Baum, braucht manchmal eine Stütze, damit der Hauptstamm eine gewisse Höhe erreicht. Volle Sonne. H 5 m, Br 3,7 m, Z5 (Bilder S. 82 und 130)

Rosa glauca (syn. *R. rubrifolia*), **Rose**
Vielfältig verwendbare Rose, rötliche Triebe und grau-grünes Laub. Rosa Blüten und ovale Hagebutten. Sät sich oft selbst aus. Offene, sonnige Lagen. H 1,8 m, Br 1,5 m, Z2 (Bilder S. 120, 176)

Salix alba* var. *sericea (syns. *S. a. argentea, S. a.* 'Splendens'), **Silberweide**
Obwohl diese Weide mit ihrem intensiven Silberschimmer ein Baum ist, verträgt sie ständigen Rückschnitt und kann wie ein Strauch in einer Höhe von ca. 2,4 m gehalten werden. Volle Sonne und jeder nicht zu trockene Boden. H 15 m, Br 8 m, Z2

***Salvia argentea*, Salbei**
Zweijährige, die im Frühjahr große, flache Rosetten aus silbrigen, filzigen Blättern bildet. Später Stiele mit weißen Blüten. Sonne. H 75 cm Br 45 cm, Z5

Tanacetum ptarmiciflorum (syn. *Pyrethrum p.*), **Silberblatt**
Staude mit fiedrigen, blaßgrauen Blättern, wird meist als Einjährige für den Sommerflor gezogen, besonders die Sorte 'Silver Feather'. Sonne. H und Br 50 cm, Z9

***Verbascum*, Königskerze, *V. bombyciferum* 'Polarsommer'** (syn. *V.* 'Arctic Summer')
Hat Rosetten aus großen, wolligen Blättern, die einen schönen Kontrast zu feingeschnitteneren, silbernen Pflanzen bilden. Obwohl zweijährig, kann man sie einige Jahre halten, wenn man die Blüte verhindert. H 1,8 m, Br 60 cm, Z6 (Bild S. 142). *V. olympicum* hat große, graufilzige Blätter und stattliche Blütenstiele, die wie ein mehrarmiger Kerzenleuchter verzweigt und lange mit leuchtend gelben Blüten bedeckt sind. H 1,8 m, Br 75 cm, Z6. Beide vertragen Schatten, bevorzugen offene, sonnige Lagen.

Athyrium niponicum var. *pictum*

Eryngium giganteum

Lamium maculatum 'White Nancy'

Rosa glauca

Verbascum olympicum

Weiß

Weiß ist eine geheimnisvolle Farbe – wenn es überhaupt eine Farbe ist. Es scheint farblos, aber der Zusammenschluß aller Farben des Spektrums erzeugt weißes Licht. Man kann es im Garten mit jeder Farbe kombinieren, aber es wirkt auch für sich allein. Weiß bezeichnet man als eine passive Farbe, da es andere nicht in ihrer Farbwirkung beeinflußt. Deshalb ist Weiß ein Puffer zwischen Farben, die sich sonst „beißen“ würden.

Alles Licht, das auf Weiß trifft, wird reflektiert. Diese Wirkung bringt Helligkeit in den Garten und macht ihn freundlicher. Das kann man ausnutzen, indem man weiße Blumen für schattige Bereiche aussucht, wie z. B. Fingerhut, oder Sträucher mit weißen Blüten, wie z. B. Schneeball, die dann dunklere Situationen unter Bäumen ausleuchten.

Die Leuchtkraft von Weiß bewirkt, daß in einer gemischten Rabatte die Formen und Muster von weißen Blumen stärker zur Geltung kommen als diejenigen von bunten Pflanzen. Und weil sie das Licht reflektieren, heben sich weiße Blumen mit hohem Wuchs, wie Lilien oder Phlox, noch mehr von anderen, dunkleren ab. Pflanzen mit verzweigten Rispen winziger, weißer Blüten, wie Schleierkraut, erzeugen eine dunstige, transparente Wirkung: leuchtend, aber nicht aufdringlich. Farben, die man durch diesen Schleier sieht, verlieren ihre Kompaktheit und scheinen zu schimmern.

Beachten Sie die feinen Unterschiede der vielen Weißtöne – es ist erstaunlich, wie wenige Blumen wirklich rein-weiß sind. Die Palette umfaßt das Cremeweiß der Narzissen 'White Lion', das rosige Weiß einiger Rosen und das bläuliche Weiß der Glockenblumen. Und dann gibt es noch unzählige Arten, in denen die Natur weiße Pflanzen aus-

Im Zwielicht eines Gehölzes scheint hier der weiße Fingerhut aus den blau-grünen Blättern einer Funkie (*Hosta sieboldiana* var. *elegans*) herauszuwachsen. Weiße Blüten nutzt man, um dunklere Bereiche im Garten aufzuhellen. Im Schatten wirken die Blätter der Hosta am blauesten.

Zusammen blühen hier im Frühsommer am Gehölzrand ein Schneeball, *Viburnum opulus* 'Roseum', und sein Verwandter, *Viburnum plicatum* 'Mariesii'. Ein schönes Beispiel für Farb- und Formnuancen. Für eine ähnliche Wirkung später im Jahr kann man Hortensien, z. B. *Hydrangea arborescens* 'Grandiflora' und *Hydrangea quercifolia,* zusammen pflanzen. Mit spätblühenden weißen Clematis wie *Clematis* 'Alba Luxurians' kann man die Saison noch verlängern. Sie können durch den Schneeball wachsen, der dann verblüht ist.

schmückt. Weiße Lilien können dunkelrote Pünktchen oder Flecken haben. Die Petalen von weißem Storchschnabel sind manchmal blau oder rot geädert. Weiße Margeriten haben eine knallgelbe Mitte. Kombinieren Sie diese Details mit Pflanzen der jeweiligen Farbe. Die bläulichen oder purpurnen Äderchen des Storchschnabels bilden ein kleines Echo mit blauen und rotblauen Blumen, während die Margeriten ein Beet in Gelb-Orange verfeinern.

Grüne Blätter sind ein schöner Rahmen, vor dem weiße Blumen besonders gut aussehen. Silbergrau ist noch schöner. Silber und Weiß sind beide neutrale, passive Farben und deshalb enger verwandt miteinander. Silberblättrige Hundskamille und Beifuß sind elegantes Beiwerk für die kräftigen Silhouetten von weißen Tulpen oder Löwenmaul. Ebenso eignet sich panaschiertes Laub als Partner weißer Blumen. Versuchen Sie das weiß gemusterte Gras *Holcus mollis* 'Albovariegatus' oder den niedrigen Bambus *Pleioblastus variegatus*, mit weißen Rosen oder Malven, und lassen Sie weiße Clematis durch panaschierte Sträucher, wie den Hartriegel *Cornus alba* 'Elegantissima', wachsen.

Weiß ist eine beliebte Farbe für Gartenmöbel, aber seien Sie vorsichtig. Seine Helligkeit kann blenden, und es übertönt manche Farben in seiner Nähe. Am schönsten sieht es mit weißen und silbernen Pflanzen aus, aber auch das kann zuviel werden. Die gußeiserne Bank *unten* mit ihrem durchbrochenen Muster sieht mit den weißen Blumen und dem silbernen Laub sehr elegant aus, aber wenn die Bank kompakter wäre, würde sie die zarte Pflanzung erschlagen. In dem Fall sollte man sie grau-grün streichen, wie der Ton von Lavendel und Hundskamille.

Eine verzierte Gußeisenbank bildet einen überzeugenden Mittelpunkt in einer silberweißen Pflanzung mit Tulpen 'White Trimphator', weißem Lavendel und dichten Hundskamillehorsten, *Anthemis punctata* subsp. *cupaniana*. Diese margeritenähnliche Staude blüht lange, und selbst nach der Blüte ist das fiedrige, silbergrüne Laub noch attraktiv.

In einer gestaffelten Folge bilden hier eine Hortensie, *Hydrangea paniculata* 'Kyushu', silberblättriger Beifuß, *Artemisia ludoviciana,* und Löwenmaul ein weißes Beet. Letzterer ist nach weißen Tulpen ausgepflanzt worden.

Der Weiße Garten

Die Spannung dieses Beetes beruht auf den unterschiedlichen Formen, Größen und Texturen der Pflanzen. Das Weiß reicht von den Schleiern einer Crambe, den dichteren Spornblumenbüscheln bis zu den kompakten Blütenköpfen der Rose. Das Laub variiert ebenfalls: große, ledrige Bergenienblätter, dahinter zierlicher Piptanthus. Die gelben Frühlingsblüten des Piptanthus werden abgeschnitten, sobald die ersten weißen Stauden blühen. (Pflanzplan auf Seite 174.)

Gärten ganz in Weiß gehören zu den Klassikern der Gartengestaltung. Aber weil die Farben so wenig Aufmerksamkeit erregen, sucht das Auge nach Unterschieden in Formen, Größen und Texturen. Vielleicht kombinieren Sie die dichten Blütenähren von Rittersporn mit den duftigen Rispen von Crambe oder Schleierkraut. Mildern Sie die massige Erscheinung von Schneeball oder Rhododendron durch die zerstreuten Blüten von Hartriegel oder *Magnolia stellata.* Verschieden geformtes Laub ist ebenso wichtig, besonders in Schattengärten, die ja eigentlich grüne Gärten mit weißen leuchtenden Lichtpunkten sind.

Einen weißen Garten kann man so planen, daß während des ganzen Jahres etwas blüht. Das Rückgrat bilden Pflanzen, die ununterbrochen blühen, wie weiße *Viola cornuta* oder Spornblumen. Unterstützt werden sie von remontierenden Rosen und Einjährigen, die man ständig ausputzt. Das ist bei weißen Blumen wichtiger als bei anderen, weil die braunen, verwelkten Blüten die Reinheit des Weiß beeinträchtigen.

unten: Weiße Azaleen und die Blüten eines Hartriegels *(Cornus florida)* leuchten in einem schattigen Laubgarten im späten Frühling. Die gewellten Blätter des Blutwurz *(Sanguinaria canadensis)* bilden einen Teppich zu ihren Füßen. Eine weitere Laubvariante sind die aufspringenden Büschel verblühter Traubenhyazinthen und die sich fortwindende Buchshecke. Die weißen Blutwurzblüten erschienen vor den Blättern und waren der Beginn des weißen Gartenthemas.

links: Man kann ganz früh im Jahr mit weißen Blumen anfangen, indem man Zwiebeln setzt, die das nötige Licht erhalten, bevor die Blätter an den Bäumen ausschlagen. Hier blühen Schneeglöckchen *(Galanthus elwesii)* zusammen mit Märzenbecher *(Leucojum vernum)*. Schattenverträgliche, panaschierte Hosta, weißer Fingerhut und Schwalbenwurzenzian (*Gentiana asclepiadea* var. *alba*) können das Thema im Sommer fortführen.

Ein weißer Rosengarten

Ein kleiner, duftender Rosengarten mit einer Laube ist eine sommerliche Oase. Weiß eignet sich hier gut, denn es gibt viele weiße Rosen, und sie leuchten auch noch nach Sonnenuntergang. Doch der Höhepunkt dieses Gartens kann kurz sein, da die schönsten der stark duftenden Rosen nur einmal blühen. Um den Rosengarten in ein Duftmeer zu verwandeln, können Sie noch Nachtviolen (*Hesperis matronalis* var. *albiflora*), Falschen Jasmin, weißen Lavendel und weiße Nelken 'Mrs Sinkins' hinzufügen. Natursteinpflaster paßt gut zu weißen Blumen. Es reflektiert und speichert Wärme, die wiederum den Duft hervorlockt.

Hinter einer Steinurne wird ein Rosenbogen von der Kletterrose 'Wickwar' überwuchert. Der Weg ist gesäumt von Falschem Jasmin (*Philadelphus* 'Belle Etoile'), Fingerhut und Clematis *(Clematis recta)*, Polyantharosen 'White Pet' und weißer Lichtnelke. Im Vordergrund blühen Strauchrosen 'Alba Maxima', und in dem trockenen Boden um die Urne herum wachsen Wollziest *(Stachys byzantina)* und eine weiße Margerite.

Weiß

Frühling

***Amelanchier,* Felsenbirne**
Strauch, blüht im Frühjahr mit bronzefarbenen Blättern, die später grün werden. Schöne Herbstfärbung. Feuchter, leicht saurer Boden. *A. canadensis* hat einen aufrechten Wuchs. H 5 m, Br 3 m, Z5. *A. lamarckii* ist ein ausladender Strauch oder kleiner Baum. H 9 m, Br 6 m, Z5

Anemone
Staude mit knolligem Wurzelstock. *A. blanda* 'White Splendour', Buschwindröschen, hat große, glänzendweiße Blüten im frühen Frühjahr. H und Br 20 cm, Z5. *A. nemorosa* hat schön geteiltes Laub, kleinere Blüten und blüht später. Sonne oder Halbschatten, humoser Boden. H 10 cm, Br 15 cm, Z4

***Arabis caucasica,* Gänsekresse**
Teppichbildende, immergrüne Staude. Liebt sonnige, trockene Lagen, z. B. auf Mauern. H 15 cm, Br 25 cm, Z4

***Camellia japonica* 'Alba Simplex', Kamelie**
Immergrüner Strauch, ledriges Laub, viele einfache Blüten im Frühjahr. Benötigt Schutz und Halbschatten. H 3 m, Br 1,5 m, Z8

Clematis armandii
Immergrüne Kletterpflanze mit hübschem Laub, das anfänglich bronzefarben ist. Dolden duftender weißer Blüten, rosa gerandet. Geschützter Standort. H 5 m, Br 3 m, Z9

***Convallaria majalis,* Maiglöckchen**
Rhizombildende Staude, bildet mit spitzen Blättern dichte Teppiche in feuchten, schattigen Bereichen. Die Blütenglöckchen duften betörend. H 15 cm, Br unbegrenzt, Z4 (Bild S. 151)

***Cornus florida,* Blumenhartriegel**
Großer Strauch oder kleiner Baum mit weißen Kronblättern, die die Blüten im Frühsommer umhüllen. Die Blätter verfärben sich vor dem Laubfall, danach sieht man die schönen, neuen Triebe. Sonne und tiefgründiger, kalkfreier Boden. H 6 m, Br 7,6 m, Z6 (Bilder S. 97 u. 148)

***Crocus chrysanthus* 'Snow Bunting'**
Zwiebelpflanze mit weißen Blüten, die zart lila getuscht sind. Offene, sonnige Lage. H 10 cm, Br 8 cm, Z4

***Epimedium x youngianum* 'Niveum', Elfenblume**
Rhizombildende Staude mit spitzen, herzförmigen Blättern, die jung oft rötlich überhaucht sind, paßt schön zu den kleinen, weißen Blüten, die über dem Laub erscheinen. Halbschatten und feuchter, humoser Boden. Guter Bodendecker. H 15 cm, Br 30 cm, Z5

***Erythronium californicum* 'White Beauty', Hundszahn**
Knollenstaude mit creme-weißen Blüten und gefleckten Blättern. Halbschatten und humoser Boden. H 30 cm, Br 15 cm, Z5

***Exochorda x macrantha* 'The Bride', Blumenspiere**
Ungeordneter, aber graziöser Strauch; kann zu einem kleinen Baum gezogen werden. Gelbfärbung der Blätter (Chlorosis) bei mageren, kalkigen Böden. H 1,5 m, Br 2 m, Z5

***Halesia carolina,* Schneeflockenbaum**
Strauch oder kleiner Baum mit Dolden hübscher glockenartiger Blüten, die an den Zweigen hängen, bevor die Blätter erscheinen. Geflügelte, ovale Früchte folgen im Herbst. Sonne und neutraler bis leicht saurer Boden. H 7,6 m, Br 10 m, Z5

***Hyacinthus* 'L'Innocence', Hyazinthe**
Meistens werden die Bulben drinnen vorgezogen, aber sie blühen auch draußen in offenen, sonnigen Lagen, wo die Blütenköpfe etwas weniger dicht werden. H 20 cm, Br 10 cm, Z4

***Iberis sempervirens,* Schleifenblume**
Immergrüner Halbstrauch, bildet Teppiche aus kleinen, dunkelgrünen Blättern, bedeckt mit reinweißen Blüten im Frühling. Sonne. H 30 cm, Br 60 cm, Z3

***Leucojum,* Schneeglöckchen**
Zwiebelpflanze für den Halbschatten. *L. aestivum* hat nickende Glöckchen mit grünen Spitzen. H 60 cm, Br 12 cm, Z4. *L. vernum* erscheint früher, und die duftenden Blüten stehen niedriger. H 20 cm, Br 10 cm, Z4 (Bild S. 97)

***Magnolia stellata,* Sternmagnolie**
Langsam wachsender, buschiger Strauch, bedeckt mit schmalblättrigen Blütensternen, wenn ein später Frost die Knospen verschont hat. H und Br 1,8 m, Z5

***Malus hupehensis,* Zierapfel**
Einer der schönsten Zieräpfel mit großen Blüten und kleinen, orange-roten Früchten im Herbst. Sonne. H und Br 8 m, Z4

***Narcissus,* Osterglocke**
Zwiebelpflanze, verträgt Sonne und lichten Schatten. Schöne Sorten, u. a. 'Actaea', eine Dichter-Narzisse, duftend, mit großen, weißen Petalen und gelbem Auge, H 40 cm, Z4; 'Thalia', eine vielblütige Triandrus-Art, mit Büscheln schneeweißer, duftender Blüten, H 30 cm, Z4; 'White Lion', gefüllte Blüten, weiß und cremefarben, H 40 cm, Z3

***Ornithogalum umbellatum,* Milchstern**
Zwiebelpflanze. Hübsche sternartige Blüten. Wuchert leicht. Sonne oder Halbschatten. H 30 cm, Br 15 cm, Z5

***Osmanthus delavayi,* Duftblüte**
Strauch mit kleinen, immergrünen Blättern und üppigen, stark duftenden, kleinen Blüten. Sonne oder Halbschatten. H und Br 3 m, Z7

***Prunus,* Zierkirsche**
P. padus hat Blüten, die nach Mandeln duften, sie erscheinen nach den Blättern. H 15 m, Br 7,5 m Z3. 'Shirotae', kräftiger, ausladender Wuchs und große Blütenbüschel; mattgrünes, geteiltes Laub. H 5,5 m, Br 7,6 m, Z5. 'Taihaku', eine der größten weißen Zierkirschen. Nach den Blüten erscheint das junge, kupferfarbene Laub. H 7,6 m, Br 10 m, Z5. 'Ukon' hat cremefarbene Blüten und eine schöne Herbstfärbung. H 7 m, Br 10 m, Z5

***Pulmonaria officinalis* 'Sissinghurst White', Lungenkraut**
Staude mit herzförmigen, gepunkteten Blättern. Schöner Bodendecker im ganzen Jahr. Schatten. H 30 cm, Br 45 cm, Z4

***Sanguinaria canadensis,* Blutwurz**
Rhizombildende Staude. Die gekerbten Blätter entfalten sich nach den weißen Blüten langsam aus der Senkrechten und bilden attraktive, große Horste. Sonne und Halbschatten, aber nährstoffreicher Boden. H 15 cm, Br 30 cm, Z3

***Spiraea* 'Arguta', Spierstrauch**
Strauch mit winzigen Blüten, die in duftiger Üppigkeit an den zarten, gebogenen Zweigen sitzen. Sonne. H und Br 2,4 m, Z5

Anemone blanda 'White Splendour'

Epimedium x youngianum 'Niveum'

Erythronium californicum 'White Beauty'

Magnolia stellata

Prunus 'Shirotae'

***Tiarella wherryi*, Schaumblüte**
Rhizombildende Staude mit Horsten ahornförmiger Blätter, oft dunkelrötlich gefärbt, und weißen, sternenartigen Blüten, rosig in der Knospe. Verträgt Schatten. H 20 cm, Br 30 cm, Z3

***Trillium grandiflorum*, Dreiblatt**
Rhizombildende Staude mit je drei spitzen, ovalen Blättern um die Blumenstiele. Rein-weiße Blüten. Schatten oder Halbschatten. H 40 cm, Br 30 cm, Z4

***Tulipa*, Tulpe**
Zwiebelpflanze, die Sommerhitze liebt. Schöne Sorten, u. a. 'Purissima', Fosteriana-Hybride in milchigem Weiß, H 40 cm, Br 23 cm, Z3; 'Spring Green', Viridiflora-Tulpe in Creme-Weiß mit grünen Streifen, H 40 cm, Br 23 cm, Z3; 'White Triumphator', lilienblütige Tulpe, H 75 cm, Br 25 cm, Z3 (Bild S. 111)

Sommer

***Achillea*, Garbe**
Stauden, die feuchten Boden in sonnigen Lagen lieben. Schöne Sorten, u. a. *A. chrysocoma* 'Grandiflora' mit feingeschnittenem, grauem Laub und flachen, weißen Blütenköpfen im Spätsommer, H 1,5 m Br 90 cm, Z6 (Bild S. 172); *A. ptarmica* 'The Pearl', wuchert leicht, hat einen kräftigen, verzweigten Wuchs und knöpfchenartige Blüten, H und Br 75 cm, Z3 (Bild S. 25)

***Agapanthus campanulatus* var. *albidus*, Schmucklilie**
Staude. Im Frühjahr breite, bandförmige Blätter, im Spätsommer weiße Blütenbälle auf hohen Stielen. Benötigt Sonne. H 90 cm, Br 50 cm, Z8

***Allium*, Zierlauch**
Zwiebelpflanze mit lockeren Blütenköpfen. *A. karataviense* hat große rosa-weiße Blütenbälle und oft nur zwei riesige graugrüne Blätter. H 20 cm, Br 30 cm, Z4 (Bild S. 109). Offene Lagen. *A. triquetrum* trägt lockere Dolden grün-weißer Blüten. Der Stiel ist dreieckig. Liebt feuchte, schattige Lagen, wo er sich reichlich aussät. H 40 cm, Br 15 cm, Z4

***Anaphalis triplinervis*, Perlpfötchen**
Staude mit üppigem, grauem Laub und kleinen, weißen Blüten im Spätsommer. Sonne, verträgt Halbschatten. H 45 cm, Br 60 cm, Z4 (Bild S. 181)

***Anthemis*, Kamille, Färberkamille**
Schöne Sorten dieser sonnenhungrigen Staude u. a. *A. punctata* subsp. *cupaniana*, bildet rasch niedrige Polster mit feingeschnittenem, silbrigem Laub und weißen gänseblümchenartigen Blüten, H 30 cm, Br 60 cm, Z7 (Bilder S. 95 und 98); *A. tinctoria* 'Alba' mit farnartigem, dunkelgrünem Laub und weißen Blüten während des ganzen Sommers, H und Br 90 cm, Z4

***Anthericum liliago*, Graslilie**
Staude. Grasartige, graugrüne Blätter, Rispen mit weißen, trompetenförmigen Blüten im Frühsommer. Sonne und trockener Boden. H 60 cm, Br 30 cm, Z5

***Antirrhinum*, Löwenmaul**
Beliebte einjährige Sommerbeetpflanze. Im Samenfachhandel sind viele Sorten verschiedener Größe und Formen erhältlich, u. a. 'White Wonder', mit einem gelblichen Fleck an der Kehle. H 45 cm, Br 25 cm, (Bild S. 95)

***Argyranthemum foeniculaceum*, Margerite, Wucherblume**
Staude mit feingeschnittenem blau-grünem Laub und vielen, lange blühenden Blüten. Sehr hübsch in Töpfen, kann zu einem Hochstamm gezogen werden. Benötigt Sonne. H und Br 90 cm, Z9 (Bild S. 151)

***Aruncus dioicus*, Geißbart**
Ausdauernde Staude, verträgt fast jede Lage außer tiefem Schatten. Bildet hübsche Horste aus farnartigen Blättern und cremefarbene Blütenpuschel im Frühsommer. H 1,8 m, Br 1,2 m, Z3 (Bild S. 167)

***Astilbe* 'Brautschleier', Prachtspiere**
Staude, die Horste aus hellgrünem, farnartigem Laub und eleganten Rispen mit rein-weißen Blüten bildet. Halbschatten und nährstoffreicher Boden. Verträgt keine Störungen. H und Br 75 cm, Z4 (Bild S. 178)

***Bellis perennis*, Maßliebchen**
Dieses Staudengänseblümchen blüht lange. Sonne oder Halbschatten. H und Br 20 cm, Z4

***Camassia leichtlinii* subsp. *leichtlinii* (syn. *C. l.* 'Alba'), Präriekerze**
Zwiebelpflanze mit Blüten, die wie Elfenbeinsterne an den schlanken Stielen erscheinen. Breitet sich in tiefgründigem, feuchtem Boden aus. Sonne oder Halbschatten. H 90 cm, Br 30 cm, Z4

***Campanula*, Glockenblume**
Staude, die Sonne und Schatten verträgt. *C. lactiflora alba* hat große, verzweigte Blütenköpfe, die in windigen Gegenden aufgebunden werden müssen. H 1,5 m, Br 60 cm, Z5 (Bild S. 182). *C. persicifolia alba* blüht lange und ist eine gute Begleitpflanze für alte Rosen. H 90 cm, Br 30 cm, Z4 (Bild S. 174)

***Carpenteria californica*, Baumanemone**
Immergrüner Strauch. Das schwere, dunkelgrüne Laub ist ein guter Gegenpart zu den üppigen Blüten, die rein-weiß mit langen, gelben Staubgefäßen sind. Am besten vor einer sonnigen Mauer. H 1,8 m, Br 1,5 m, Z8

***Centranthus ruber albus*, Spornblume**
Staude mit fleischigen Blättern und großen weißen Blütenköpfen, sät sich reichlich aus. Verwildert auch auf Kalksteinmauern. Sonne und magerer, leicht alkalischer Boden. H 75 cm, Br 60 cm, Z5 (Bild S. 174)

***Cerastium tomentosum*, Hornkraut**
Staude. Matten aus grauem Laub und weißen Blüten im Frühsommer. Nach der Blüte zurückschneiden. Sonne. H 8 cm, Br 45 cm, Z4 (Bild S. 109)

***Choisya ternata*, Orangenblume**
Immergrüner Strauch mit glänzenden, dreigefingerten Blättern, die duften, wenn man sie abschneidet. Duftende, weiße Blüten im Frühsommer. Sonne oder Halbschatten. H und Br 3 m, Z8

***Cimicifuga*, Silberkerze**
Stauden, die Halbschatten und feuchten Boden lieben. *C. racemosa* hat boglge Zweige mit flaschenbürstenartigen Blüten und geteiltem, frischem grünem Laub. H 1,5 m, Br 60 cm, Z4 (Bild S. 81). *C. simplex* ist kleiner und blüht erst im Herbst. H 1,2 m, Br 60 cm, Z4

***Cistus x hybridus* (syn. *C. corbariensis*), Zistrose**
Strauch mit gewellten Blättern und rötlichen Knospen, die sich zu einer weißen Blüte öffnen. Sonne. H und Br 1,2 mm, Z8

Clematis
Schöne kletternde Sorten, u. a. 'Alba Luxurians', weiße Blüten mit grüner Markierung und dunklem Auge, H und Br 3,7 m, Z4; 'Huldine' hat grün-weiße Staub-

Tulipa 'Spring Green'

Allium triquetrum

Argyranthemum foeniculaceum

Carpenteria californica

Cimicifuga racemosa

gefäße, die weißen Blüten sind von unten dunkelrot, H und Br 4 m, Z4; 'Marie Boisselot' hat große Blätter und flache, tellerartige, weiße Blüten, die in der Knospe rötlich sind, H und Br 3 m, Z4; *C.* var. *montana sericea* hat nur vier Petalen und auffällige, gelb-grüne Staubgefäßbüschel, H und Br 9 m, Z6. Schöne krautige Sorten, u. a. *C. recta* mit nadelartigem Laub und Dolden aus kleinen, weißen Blüten im Sommer (Bilder S. 98 u. 167); *C. r.* 'Purpurea' hat junges, purpurfarbenes Laub. H 1,8 m, Br 50 cm, Z3

***Cornus kousa* var. *chinensis*, Chinesischer Hartriegel**
Ein eleganter, ausladender Baum oder großer Strauch. Die Hüllblätter sind auffallend weiß. Schöne Herbstfärbung. Sonne oder Halbschatten. Verträgt keinen mageren, kalkhaltigen Boden. H 9 m, Br 6 m, Z5

***Crambe cordifolia*, Riesenschleierkraut**
Staude bildet große Horste aus struppigem Laub. Im Hochsommer erscheinen an den bogigen, nackten Zweigen Wolken kleiner Blütensterne. Sonne. H 2 m, Br 1,2 m, Z6 (Bild S. 174)

***Dahlia*, Dahlie**
Knollenstaude, blüht spät im Jahr bis zum ersten Frost; dann müssen die Knollen aus dem Boden und frostfrei gelagert werden. Schöne weiße Sorten, u. a. die Kaktusdahlie 'My Love'. H und Br 75 cm, Z9 (Bild S. 163)

***Delphinium*, Rittersporn**
Staude, unverzichtbar für eine senkrechte Betonung der Rabatte. Junge Triebe müssen vor Schnecken geschützt werden. Am schönsten in voller Sonne. (Bild S. 176). Schöne Sorten, u. a. die Galahad Gruppe (Bild S. 174) und 'Butterball'. H 1,5 m, Br 40 cm, Z2

***Deutzia gracilis*, Deutzie**
Ein dichter, kleiner Strauch, blüht am schönsten in der Sonne und benötigt Schutz vor Spätfrost. H und Br 90 cm, Z5

***Dicentra*, Tränendes Herz**
Staude, die Halbschatten und nährstoffreichen, feuchten Boden benötigt. *D. eximia* 'Snowdrift' hat grau-grüne, geteilte Blätter und schmale, weiße Blüten. H und Br 30 cm, *Z4. D. spectabilis* 'Alba' hat creme-weiße Herzchen, die über dem hellgrünen, geteilten Laub hängen. H 75 cm, Br 50 cm, Z3

***Dictamnus albus*, Diptam**
Staude mit Rispen weißer Blüten, sternförmigen Samenkapseln. Das Laub duftet nach Zitrone. Sonne. H 90 cm, Br 60 cm, Z3

***Digitalis purpurea* f. *albiflora*, Fingerhut**
Zweijährige, trägt Ähren mit Blüten, die innen gepunktet sind. Halbschatten. H 1,5 m, Br 45 cm, Z3 (Bilder S. 94 u. 98)

***Epilobium angustifolium album*, Weidenröschen**
Staude mit schlanken Ähren, deren Blüten sich nacheinander öffnen; die Samenkapseln sind unten ausgereift, wenn sich oben die letzten Blüten öffnen. In leichtem Boden breitet sie sich aus. Sonne. H 1,5 m, Br 50 cm, Z3 (Bild S. 19)

Galium odoratum (syn. *Asperula odorata),* **Waldmeister**
Eine sich ausbreitende Staude mit kleinen Kränzen aus spitzen Blättern und sternförmigen Blütenkrönchen im späten Frühjahr. Gedeiht gut im Halbschatten, aber verträgt auch Sonne. H 15 cm, Br 30 cm, Z4

***Galtonia candicans*, Sommerhyazinthe**
Bulbe, bringt im Spätsommer hohe Stiele mit hängenden, weißen Glöckchen hervor. Sonne. H 1,2 m, Br 23 cm, Z6

***Gaura lindheimeri*, Prachtkerze**
Staude, deren rosig-weiße Blüten durch das Staudenbeet zu flattern scheinen; muß aufgebunden oder durch eine andere Staude gestützt werden, z. B. ein Sedum. Benötigt Sonne. H 1,2 m, Br 90 cm, Z6

***Geranium*, Storchschnabel**
Unverzichtbare Staude für die Rabatte. *G. clarkei* 'Kashmir White' hat hübsch geschnittenes Laub und geäderte weiße Blüten. Kann sich durch Ausläufer und Samen leicht vermehren. Sonne. H und Br 60 cm, Z4. *G. renardii* bildet kompakte Horste aus genoppten, grau-grünen Blättern. Sonne. H und Br 30 cm, Z6. *G. sylvaticum* f. *albiflorum* bildet Horste aus eingeschnittenen Blättern und bogigen Trieben im späten Frühling. Halbschatten. H 90 cm, Br 60 cm, Z4

***Gladiolus callianthus* 'Murieliae'** (syn. *Acidanthera m.),* **Gladiole**
Knollenpflanze mit Ähren trichterförmiger Blüten, duftend und dunkel gefleckt. Sonne und nährstoffreicher Boden. H 90 cm, Br 15 cm, Z9. Schöne Sorte der großblumigen Hybriden u. a. *G.* 'Ice Cap', H 1,7 m, Br 30 cm, Z9

***Gypsophila paniculata*, Schleierkraut**
Rhizombildende Staude, bildet eine Wolke winziger sternenförmiger Blüten. Pflanzen Sie sie so, daß sie nach vorne fallen und den Boden im Spätsommer bedecken kann. Sonne und tiefgründiger Boden, der auch mager sein kann. H und Br 90 cm, Z4 (Bild S. 25)

***Hesperis matronalis* var. *albiflora*, Nachtviole**
Staude mit stark duftenden Blüten an hohen, verzweigten Stielen. Sät sich stark aus. Am besten in der Sonne. H 75 cm, Br 60 cm, Z4

***Hydrangea*, Hortensie**
Die meisten dieser anspruchslosen Stauden mögen Halbschatten und feuchten Boden. *H. arborescens* 'Grandiflora' hat grünlich-weiße Blütenbälle, die cremefarben verblühen. H und Br 1,8 m, Z4. *H. paniculata* 'Kyushu' hat glänzendes Laub und schlanke Blütenköpfe. H 2,5 m, Br 1,8 m, Z4 (Bild S. 95). *H. anomala* subsp. *petiolaris*, Kletterhortensie, klettert eine schattige Wand empor, liebt einen kühlen „Fuß". Flache, grünlich-weiße Blüten erscheinen im Frühsommer. H und Br 15 m, Z5. *H. quercifolia*, Eichblatthortensie, hat große, gelappte Blätter, die sich im Herbst schön verfärben, wenn sie Sonne gehabt haben. Wächst aber auch im Schatten. H 1,5 m, Br 1,8 m, Z5

***Lamium maculatum album*, Taubnessel**
Kriechende, mattenbildende Staude mit silbrig-gemusterten Blättern und weißen Taubnessel-Blüten. Sonne oder Halbschatten, aber feuchter Boden. H 20 cm, Br 90 cm, Z3 (Bild S. 175)

***Lathyrus*, Wicke**
L. latifolius 'Albus' ist eine ausdauernde Kletterstaude mit kräftigen, etwas unordentlichen Blüten. Duftet nicht, aber blüht lange. H und Br 1,8 m, Z5 (Bild S. 149). *L. odoratus* Edelwicke ist eine einjährige Kletterpflanze mit einmaligem Duft. H und Br 1,8 m. Beide mögen volle Sonne und reichhaltigen, feuchten Boden.

Clematis 'Marie Boisselot'

Dicentra spectabilis 'Alba'

Gaura lindheimeri

Gladiolus callianthus 'Murieliae'

Hydrangea quercifolia

***Lavandula angustifolia* 'Alba', Lavendel**
Strauch mit feinem, immergrünem grauem Laub und aromatischen Blütenspeeren. Sonne und durchlässiger Boden. H und Br 75 cm, Z6 (Bild S. 95)

***Lavatera trimestris* 'Mont Blanc', Sommermalve**
Buschige Einjährige, bedeckt mit großen, weißen Blütentrompeten. Sonne. H 75 cm, Br 45 cm

***Leucanthemum x superbum* 'Esther Read'** (syn. *Chrysanthemum x s.* 'E. R.'), **Wucherblume**
Staude mit gefüllten, leuchtend weißen Blüten. Sonne. H und Br 45 cm, Z4 (Bild S. 174)

Libertia grandiflora
Rhizombildende Staude mit stattlichen Horsten langer, schmaler Blätter und aufrechten Stielen mit weißen Blüten im Hochsommer. H 75 cm, Br 60 cm, Z8

***Lilium*, Lilie**
Sommerblühende Zwiebelpflanze, am schönsten in voller Sonne. *L. candidum* Madonnenlilie hat Blätter, die schon im Herbst erscheinen. Im darauffolgenden Sommer blüht sie duftend, mit gelben Staubgefäßen. Bevorzugt kalkreichen Boden, Z4. 'Casa Blanca' hat große, rein-weiße Blüten, Z5. *L. martagon* var. *album,* Türkenbundlilie, hat nickende Blüten mit zurückgebogenen Petalen, die unterschiedlich gefleckt sind, Z4. *L. regale* Album Gruppe, Königslilie, hat einen bezaubernden Duft, Z4 (Bild S. 183). 'Sterling Star' hat Dolden mit cremeweißen Blüten, die braun gepunktet sind, Z2. Alle H 90 cm.

***Lobularia* 'Snow Carpet'** (syn. *Alyssum* 'S. C.'), **Sommersteinbrech**
Einjährige, die Matten aus winzigen, weißen Blüten bildet. Schnell und einfach zu ziehen, deshalb eine Pflanze für Kinder. Hübsche Einfassung für Wege oder Rabatten. Benötigt Sonne. H 10 cm, Br 30 cm, Z7

***Lychnis coronaria*, Alba Gruppe, Weiße Lichtnelke**
Zweijährige oder empfindliche Staude mit verzweigtem Wuchs, einfachen, weißen Blüten und dichten Blattrosetten in Hellgrau. Sonne. H 50 cm, Br 30 cm, Z4 (Bilder S. 98 u. 175)

***Lysimachia*, Felberich**
Stauden, vertragen Sonne oder Halbschatten und feuchten Boden. *L. clethroides* hat bogige Ähren mit winzigen, grau-weißen Blüten im Spätsommer. H 90 cm, Br 60 cm, Z4. *L. ephemerum* hat schlanke Ähren mit weißen Blüten, graues Laub.

***Malva moschata alba*, Moschusmalve**
Kurzlebige Staude, aus Samen zu ziehen. Frisches Grün, geteiltes Laub, üppige becherförmige Blüten. Sonne. H 75 cm, Br 60 cm, Z4 (Bild S. 176)

***Myrrhis odorata*, Süßdolde**
Staude mit flachen Blütenköpfen und aromatischen, feingeteilten Blättern. Sonne oder Schatten. H und Br 60 cm, Z4

***Nicotiana*, Ziertabak**
Staude, die als Einjährige gezogen wird. *N. affinis* hat reinweiße, sternförmige Blüten, die besonders abends duften. H 75 cm, Br 30 cm. *N. x sanderae* hat einen buschigen Wuchs und ist in mehreren Farben erhältlich. H 60 cm, Br 30 cm (Bilder S. 21 u. 163). *N. sylvestris* ist eine hohe Pflanze, die gut für den Rabattenhintergrund ist. Sät sich selbst aus. H 1,5 m, Br 75 cm (Bilder S. 107 u. 163). Sonne.

***Olearia x macrodonta*, Baumaster**
Immergrüner Strauch mit graugrünen, stechdornartigen Blättern. Bedeckt von großen, duftenden Blüten im Hochsommer. Benötigt Sonne. H und Br 3 m, Z9 (Bild S. 179)

Osteospermum caulescens
Immergrüne Staude mit großen, vielzackigen Margeritenblüten, weiß mit blauem Auge. Sonne. H und Br 45 cm, Z9 (Bild S. 132)

***Paeonia*, Pfingstrose**
P. lactiflora 'Duchesse de Nemours' hat gefüllte, lockere, weiße Blüten, duften. H und Br 75 cm, Z3. *P. suffruticosa* subsp. *rockii,* Baumpäonie, hat riesige weiße Blüten mit braunroten Flecken an der Basis und große, gelbe Staubgefäße. Etwas Besonders, nicht sehr verbreitet, da die Vermehrung schwierig ist. Sonne, verträgt aber auch Halbschatten. H und Br 2,1 m, Z5

***Papaver orientale* 'Black and White', Türkischer Mohn**
Staude mit Blüten wie Kreppapier, weiß mit dunklen Flecken. Das Laub zieht nach der Blüte im Hochsommer ein. Sonne. H 90 cm, Br 30 cm, Z4

***Petunia*, Petunie**
Einjährige, die sonnige, geschützte Lagen liebt. Eine schöne Sorte ist 'White Cloud'. H 20 cm, Br 30 cm (Bild S. 150)

***Philadelphus* 'Belle Etoile', Falscher Jasmin**
Strauch mit creme-weißen Blüten, die eine dunkelrote Mitte haben. Der Duft trägt weit. Alte, verholzte Zweige sofort nach der Blüte herausschneiden. Sonne und nährstoffreicher Boden. H und Br 2,4 m, Z5 (Bilder S. 98 u. 151)

Phlox paniculata
Elegante Rabattenpflanze mit großen, duftenden Blütenköpfen. Sonne oder Halbschatten. H 90 cm, Br 45 cm, Z4. *P. p.* 'Mount Fuji' ist höher und hat große, schneeweiße Blüten. H 1,5 m, Br 60 cm

***Potentilla fruticosa* 'Abbotswood', Fingerstrauch**
Strauch mit kleinen, grau-grünen Blättchen. Die weißen Blüten blühen vom Sommer bis Herbst. Kann stark zurückgeschnitten werden. Benötigt Sonne. H 75 cm, Br 90 cm, Z3

***Romneya coulteri*, Kalifornischer Mohn**
Staude mit glänzenden, geteilten Blättern an langen Zweigen, gekrönt von riesigen, weißen Mohnblüten. Benötigt einen warmen, sonnigen Platz und tiefgründigen Boden. Schwer anzusiedeln, mag nicht versetzt werden H und Br 1,8 m, Z8

***Rosa*, Rose**
Viele benötigen offene, sonnige Lagen. Schöne Kletterrosen, u. a. 'Bobbie James', ein kräftiger Ranker mit großen Dolden cremeweißer Blüten, H 9 m, Br 6 m, Z5; 'Mme Alfred Carrière' ist wüchsig, verträgt Halbschatten und hat remontierende, volle, rosig-weiße Blüten, H 4 m, Br 3 m, Z6; 'The Garland' hat Dolden aus vielen kleinen, duftenden Blüten, H und Br 4,6 m, Z5; 'Wedding Day', mit einfachen, creme-weißen Blüten und schönen Hagebutten, verträgt Schatten und magere Böden, H 9 m, Br 4,5 m, Z5. Schöne Strauchrosen, u. a. 'Iceberg' (syn. 'Schneewittchen'), duftet nicht, aber blüht ausdauernd, H 1,5 m, Br 90 cm, Z5 (Bild S. 176); 'Margaret Merril' hat duftende weiße Blüten, die zartrosa Ränder haben, H 90 cm, Br 60 cm, Z5; *R. soulieana* mit geordnetem Laub und üppigen, einfachen Blüten, gefolgt von kleinen, oran-

Lilium candidum

Lysimachia ephemerum

Olearia macrodonta

Papaver orientale 'Black and White'

Rosa 'The Garland'

gen Hagebutten, H 3 m, Br 1,8 m, Z7.

***Rubus* 'Benenden', Zierbrombeere**
Verwandte der Brombeere, breite Büsche mit großen, gelappten Blättern und zahlreichen auffälligen, weißen Blüten im Frühsommer. Sonne. H und Br 3 m, Z6

***Solanum jasminoides* 'Album', Nachtschatten**
Wüchsige, verholzende Schlingpflanze mit hübschem dunklem Laub, vor dem die lockeren, jasminartigen Blütenköpfe schön zur Geltung kommen. Blüht von Frühsommer bis zum ersten Frost. Sonne. H und Br 6 m, Z9

***Syringa vulgaris* 'Mme Lemoine', Flieder**
Strauch mit dicken Rispen stark duftender, gefüllter weißer Blüten im Frühsommer. Sonne und tiefgründiger, leicht alkalischer Boden. H und Br 4 m, Z4

***Verbascum chaixii* 'Album', Königskerze**
Staude mit hohen Kerzen aus weißen Blüten, die eine rosa Mitte haben. Dunkles Laub. Sät sich selbst aus. Verträgt Schatten, aber am schönsten in offenen, sonnigen Lagen. H 90 cm, Br 60 cm, Z5 (Bild S. 176)

***Verbena tenuisecta* f. *alba*, Eisenkraut**
Staude mit feingeschnittenem Laub und dichten, weißen Blütenköpfen. Sonne. H 40 cm, Br 75 cm Z9 (Bild S. 174)

***Viburnum*, Schneeball**
V. opulus 'Roseum' hat cremeweiße Blütenbälle im Frühsommer, eine schöne Herbstfärbung, H und Br 5 m, Z4 (Bild S. 94). *V. plicatum* 'Mariesii' hat einen eleganten, horizontalen Wuchs und an den Zweigen aufgereihte, flache Blütenköpfe, H und Br 4 m, Z6 (Bild S. 94). Beide vertragen Sonne oder Halbschatten.

***Viola cornuta*, Alba Gruppe, Hornveilchen**
Staude, guter Bodendecker, mit zahlreichen, niedlichen Blüten im Frühsommer. Nach der Blüte zurückschneiden, und sie kommen ein zweites Mal im Herbst. Sonne oder Halbschatten. H 40 cm, Br 60 cm, Z4 (Bilder S. 18, 114 u. 176)

***Wisteria floribunda* 'Alba', Glyzinie**
Kräftige, windende Kletterpflanze. Die langen Blätter bestehen aus 11–19 ovalen Fiedern. Weiße Blütentrauben. Benötigt Sonne. H und Br bis 30 cm, Z5

***Yucca gloriosa*, Palmlilie**
Immergrüner Strauch mit breiten, spitzen Blättern und hohen Rispen mit creme-weißen Blüten. Imposante Pflanze. Volle Sonne. H 1,8 m, Br 1,5 m, Z7

***Zantedeschia aethiopica*, Zimmerkalla**
Staude, die gern mit dem Fuß in sumpfigem Boden steht. Glänzende, grüne Blätter. H 1 m, Br 45 cm, Z8

Herbst

***Anemone x hybrida* 'Honorine Jobert', Japananemone**
Staude, bildet Horste aus gelappten Blättern. Hohe Stiele und runde weiße Blüten. Sonne oder Halbschatten, humoser Boden. H 1,5 m, Br 60 cm, Z5

Aster divaricatus
Immergrüne Staude mit drahtigen Stielen. Zahlreiche Dolden mit sternförmigen Blüten, die eine gelbe Mitte haben. Sonne oder Halbschatten in feuchtem Boden. H und Br 60 cm, Z4

***Leucanthemella serotina* (syn. *Chrysanthemum uliginosum*), Chrysantheme**
Staude mit aufrechtem Wuchs und vielen, margeritenartigen Blüten. Benötigt Sonne. H 2,1 m, Br 60 cm, Z4

Beeren

***Actaea alba* (syn. *A. pachypoda*), Christophskraut**
Strauch, dessen flaumige Blüten zu merkwürdigen, giftigen, weißen Beeren werden, die an roten Stielen sitzen. Schatten und feuchter, torfhaltiger Boden. H 90 cm, Br 50 cm, Z4

***Sorbus cashimiriana*, Vogelbeere**
Hängende Büschel aus großen, weißen Beeren verbleiben lange, nachdem das Laub sich verfärbt hat und gefallen ist. Sonne oder Halbschatten. H und Br 9 m, Z5

***Symphoricapos albus*, Schneebeere**
Strauch mit teils überhängenden, drahtigen Zweigen, an denen im Herbst viele weiße, runde Beeren sitzen. Sonne oder Halbschatten. H 1,2 m, Br 90 cm, Z4

Winter

***Erica carnea* 'Springwood White', Winterheide**
Immergrüner Strauch, bedeckt mit Büscheln winziger, röhrenförmiger Blüten, die ein halbes Jahr lang im Winter und Frühling blühen. Verträgt Kalkboden und etwas Schatten. Guter Bodendecker. H 30 cm, Br 45 cm, Z5

***Galanthus*, Schneeglöckchen**
Zwiebelpflanze, die einen kühlen Platz in feuchtem Boden liebt. Vermehrt sich leicht. *G. elwesii* hat breite, glänzende Blätter, die inneren Petalen sind grün gemustert. H und Br 20 cm, Z4 (Bild S. 97). *G. nivalis* 'Flore Pleno' hat viele weiße Petalen, die zartgrün gesprenkelt sind. H 15 cm, Br 8 cm, Z3 (Bild S. 113)

***Helleborus niger*, Christrose**
Immergrüne Staude mit nickenden Blüten, oft rötlich überhaucht. Dunkelgrüne, ledrige Blätter. Halbschatten und feuchter Boden. H und Br 30 cm, Z4

***Lonicera x purpusii* 'Winter Beauty', Geißblatt**
Laubabwerfender Strauch, im Sommer bedeckt mit kleinen, dunklen Blättern. Hat zauberhaft duftende, creme-weiße Blüten im Winter. Sonne oder Halbschatten. H und Br 1,5 m, Z5

***Viburnum tinus*, Schneeball**
Strauch mit dunklen, immergrünen Blättern an rötlichen Zweigen. Rosa Knospen öffnen sich zu weißen Blüten während des Winters. *V. t.* 'Eve Price' hat einen reicheren Blütenflor und rosigere Knospen (Bild S. 170). Halbschatten, aber blüht schöner in der Sonne. H und Br 3 m, Z8

Rinde

***Betula utilis* var. *jacquemontii*, Himalayabirke**
Ein zierlicher, laubabwerfender Baum. Die sich schälende Rinde ist von einem leuchtenden Weiß, das bis in die Zweige hinein reicht. Sonnige Lage und feuchter Boden. H 18 m, Br 9 m, Z6

***Rubus biflorus*, Zierbrombeere**
Interessante Wintersträucher *R. biflorus* hat kräftige, stachelige Triebe mit aufrechten Zweigen, die mit einem weißen Flaum bedeckt sind. Gut sichtbar nach dem Laubfall. H und Br 1,8 m, Z6 (Bild S. 171). *R. cockburnianus* hat lange, bogige Zweige, ebenfalls mit weißem Flaum, attraktiv im Winter. H 2,4 m, Br 3,7 m, Z6. Beide mögen Sonne.

Rubus 'Benenden'

Wisteria floribunda 'Alba'

Sorbus cashmiriana

Helleborus niger

Lonicera x purpusii 'Winter Beauty'

Harmonien

Farbharmonien entstehen, wenn man auf dem Farbrad benachbarte Farben zusammenstellt (siehe Seite 15). So können Sie, um eine Harmonie in Blau aufzubauen, die nächstliegenden Mauve- und Violettöne verwenden. Ähnlich verfahren Sie mit Rot, indem Sie Orange und Gelb hinzufügen. Andere Harmonien können mit Rosa entstehen, einer der häufigsten Blumenfarben. Es erscheint nicht auf dem Farbrad, da es keine reine Spektralfarbe ist. Rosa ist eine Mischung aus Rot und Weiß und neigt entweder zu Blau oder Gelb. Es paßt deshalb gut zu den Farben, die seiner Schattierung zugrunde liegen.

Weiß und Grau spielen bei Farbharmonien eine eher passive Rolle. Beide sind träge Farben und verändern die Tönungen ihrer Nachbarfarben nicht. Sie passen zu allen anderen Farben und beeinflussen den Gesamteindruck durch Helligkeit und Glanz.

Farbtemperaturen sind bei harmonischen Zusammenstellungen ebenfalls von Bedeutung. Wenn Blau oder Violett-Blau vorherrschen, ist die Pflanzung „kalt", verhalten und beruhigend. Sind Rot und Orange bestimmend, trifft das Gegenteil zu: die Harmonie ist „warm", lebhaft und aufregend. Das sind die beiden Extreme. Dazwischen gibt es eine enorme Bandbreite kalter und warmer Kombinationen. Rosa ist ein Grenzgänger zwischen warmen und kalten Farben. Wenn es mehr Blau enthält, paßt es zu kalten Zusammenstellungen von Blau und Violett, während gelbliches Rosa besser mit warmen Farben aussieht.

Wenn alle Farben einer Pflanzung den gleichen Helligkeitsgrad haben, ergibt sich eine Tönungsharmonie. Immergrünes Laub ist oft dunkel. Wenn Sie z. B. dunkelgrünen Ilex mit tiefblauem Rittersporn und karminroten Rosen zusammenstellen, haben Sie eine schwere, dunkle Harmonie. Am anderen Ende der Skala bilden Silbergrau mit Pastellrosa und -blau eine freundliche, helle Harmonie. Silbernes Laub, das hier die Pflanzung auf dem Bild beherrscht, ist nicht nur heller, sondern auch kühler als fast alles Grün, denn ihm fehlt der wärmende Gelbton. Deshalb macht Silbergrau ein Farbschema kälter, obwohl es eigentlich neutral ist.

Die blaue Katzenminze im Vordergrund und der korrespondierende blaue Rittersporn im Beet hinter dem Rasen machen diese Pflanzung kühl. Sie wird von dem relativ kalten, silbernen Laub unterstützt, das überall verteilt ist. Die weißen Blumen haben eine neutrale „Temperatur", wirken aber in diesem kalten Zusammenhang wie zarter Schneepuder. (Genaues Pflanzschema auf Seite 174.)

Harmonien mit Blau

Harmonien, die aus kaltem Blau oder aus Farben mit einem Blaustich bestehen, sind zart und unaufdringlich. Diese kühlen Harmonien erzeugen eine besinnliche Stimmung. Man kann Blau mit Blau-Violett und Schneeweiß zusammenstellen, vielleicht mit einzelnen Pflanzen in Blau-Rosa oder kühlem Hellgelb. Grünes Laub ist neutral: die Nachbarfarben bestimmen seine Temperatur. Um den kalten Effekt zu erhöhen, können Sie allerdings silbernes oder blau-grünes Blattwerk aussuchen, z. B. Funkien und Iris.

Kaltes Blau, Violett und Silber scheinen in die Ferne zu rücken und vermitteln Weite. Sie sollten deshalb diese kalten Farben in den Hintergrund Ihrer Rabatte setzen und davor die warmen, die nach vorne drängen. Der ganze Garten wirkt größer, wenn Sie kühle Farbharmonien an sein Ende pflanzen.

Im Schatten wirkt das Licht bläulich und verstärkt kalte Farben, während Sonnenschein sie „erwärmt" und Blau eher Violett und Violett eher Rosa aussehen läßt. Deshalb pflanzen Sie Ihre kalten Harmonien an einen schattigen Platz. Aus dem gleichen Grund kann man im Dämmerlicht kalte Farben länger unterscheiden als warme, und diese Pflanzen sollten dort stehen, wo Sie sich am Abend gern aufhalten wollen.

Aber die Farbbeziehungen im Garten wechseln auch laufend. Eine kalte Farbharmonie kann sich zu einer warmen verschieben, wenn die blauen Blumen verblüht sind und z. B. mehr rosafarbene Blüten in einem wärmeren Ton aufgehen. Beachten Sie die Blütezeiten Ihrer Pflanzen, mit ihrem Kommen und Gehen bestimmen Sie die jeweilige Farbwirkung.

Denken Sie auch daran, daß die Farben der festen Elemente Ihres Gartens, wie Mauern, Wege und Gartenmöbel, einen Einfluß auf das harmonische Gleichgewicht Ihrer Pflanzung hat. Oft genügt ein Anstrich einer Tür oder des Zauns, um die Harmonie mit benachbarten Beeten herzustellen.

Besonders in kleinen Gärten, wo die Konzentration einer Farbe im Beet schwierig ist, kann man sich mit Töpfen helfen, die ausschließlich mit kalten Farben bepflanzt werden.

Das weiße Weidenröschen *(Epilobium angustifolium album)* und die benachbarte blaue Katzenminze (*Nepeta* 'Six Hills Giant') sind noch gut zu sehen, obwohl die Sonne schon untergegangen ist. Das Weidenröschen bildet flauschige weiße Samenstände, sie sind aber unfruchtbar, und es wuchert deshalb nicht so wie die rosa Form. Es breitet sich durch Wurzelausläufer aus. Die Katzenminze blüht noch einmal, wenn sie nach der Blüte hart zurückgeschnitten wird.

Ein blauer Farbanstrich hat eine Gartentür zu einem wesentlichen Bestandteil dieser kühlen Pflanzung gemacht, die aus violett-blauen Hornveilchen, dem grünen Laub einer *Daphne laureola* (Lorbeerseidelbast) in der Mitte, *Cleome hassleriana* links von der Tür, einer sehr blassen rosa *Anemone x hybrida* und hohem, weißem Ziertabak *(Nicotiana sylvestris)* besteht.

Empfindliche und exotische Pflanzen würden in der Rabatte nicht zurechtkommen. Hier sind sie in Töpfen zu einer kühlen Farbharmonie zusammengestellt worden, die im Einklang mit dem dahinter liegenden Beet steht. (Genaues Pflanzschema auf Seite 175.)

Blau, Mauve und Violett

Eine üppige Mischung kühler Sommerfarben entsteht durch die Zusammenstellung von Blau mit Mauve, Purpur und Violett. Sommerblühende Zwiebelpflanzen, wie Zierlauch, sind für diesen Zweck sehr nützlich. Es gibt sie in einer Reihe passender Farben, von dunklem Purpur, Lila und Rosa bis hin zu Blau und Weiß. Ihre Höhe variiert zwischen wenigen Zentimetern und einem Meter. Setzen Sie sie zwischen Stauden, die Sie stützen wollen, damit sie nicht aufgebunden werden müssen. Die Samenstände trocknen und sind ein strukturgebendes Element, auch wenn die Farben verblaßt sind. Der Staudengoldlack 'Bowles' Mauve' ist hier ein guter Begleiter mit seinem blau-grünen Laub und dem üppigen, mauvefarbenen Blütenflor von Frühling bis Herbst. Sogar Zierkohl kann in eine derartige Pflanzung einbezogen werden. Und roter Fenchel ist ein schöner Hintergrund. Sein fiedriges Laub mildert knallige Farbeffekte und unterstreicht andere klare Formen.

rechts oben: Hier werden im Frühsommer die Blütenköpfe eines Zierlauchs *(Allium sphaerocephalon)* von der Distel *(Eryngium x tripartitum)* gestützt, die sich in der Form ähneln, aber eher blau als rot schimmern. Rosa Mohn *(Papaver somniferum)*, *Phlox paniculata* 'Eventide' und 'Franz Schubert' vervollkommnen mit *Nepeta racemosa* diese üppige Pflanzung.

rechts: Die purpurnen Blüten des Lavendels (*Lavandula stoechas* subsp. *pendunculata*), die wie Federbälle aussehen, wiederholen die Farbe des Zierlauchs (*Allium aflatunense* 'Purple Sensation'). Der rote Fenchel (*Foeniculum vulgare* 'Purpureum') hat ebenfalls eine purpurne Tönung.

links: In einer Rabatte, die für eine Blumenschau arrangiert wurde, sind zwei Zierlauche verschiedener Größe – der hohe, weiße *Allium nigrum* und *Allium karataviense* mit grauen Blüten und breiten, blaugrünen Blättern – mit *Erysimum* 'Bowles' Mauve' und *Hesperis matronalis* der gleichen Farbe gemischt worden. Dazwischen stehen einige sonnenhungrige Pflanzen – *Lavandula stoechas* subsp. *pedunculata*, Rosmarin und roter Salbei. Sie gedeihen in einer derartig dichten Pflanzung nicht, denn sie brauchen durchlässigen Boden und offene, sonnige Lagen.

unten: Töpfe kann man wie kleine Hochbeete verwenden. Nutzen Sie das aus und pflanzen Sie Hängepflanzen, z. B. Verbenen an den Rand. Hier begleiten die dunkel-purpurrosa Verbene 'Hidcote Purple' und die kleinblütige *Verbena tenuisecta* das *Osteospermum* 'Pink Whirls', dessen Blüten wie aufspringende Farbkleckse wirken, und einen roten Krauskohl 'Red Peacock'. Am Fuße des Kübels verleiht das silberne Laub des *Cerastium tomentosum* dem Ganzen einen kühlen Effekt. Bei Topfbepflanzungen brauchen Sie sich nicht nach den üblichen Abstandsregeln zu halten, wenn Sie regelmäßig gießen und düngen.

Wenn Sie eine anspruchsvolle Rabatte wie diese planen, berücksichtigen Sie die verschiedenen Formen und Größen Ihrer Farbkomponenten, damit das Ganze eine Struktur erhält und interessant und vielfältig wird. Diese Anlage ist hervorragend zusammengestellt, von den lockeren, rosa Kletterrosen im Hintergrund bis zu den Kissen aus Katzenminze und Taubnesseln, die über den Kies wachsen. Zwischen den Farbgruppen steht rosa Fingerhut, der die Senkrechte betont und dessen Farbe von dem Bartfaden im Vordergrund wiederholt wird. Die riesigen Blütenköpfe des Zierlauchs *(Allium christophii)* werden optisch durch Nelkenpolster im Gleichgewicht gehalten. Das eingestreute graue Laub der Lichtnelke hat einen kühlenden Einfluß und bindet die Pflanzung zusammen. (Genaues Pflanzschema auf Seite 175.)

Harmonien mit Rosa

Es gibt Rosa in so vielen Variationen, daß man keine verbindliche Empfehlung für Farbpartnerschaften aussprechen kann. Ganz grob lassen sich zwei Gruppen definieren: kaltes und warmes Rosa. Die meisten Blumen im Garten haben eher ein kaltes Rosa, das sich von Karminrot ableitet und einen Blaustich hat. Sie sehen gut zu anderen Farben mit einem blauen Grundton aus, wie Violett, Blau natürlich und dem neutralen Weiß. Warmes Rosa dagegen stammt aus einer Mischung von Zinnoberrot und Orangerot mit Weiß; es scheint einen Gelbstich zu haben und paßt gut zu Gelbgrün und Aprikose.

Rosa Blüten haben oft noch andere Farben, die den Gesamteindruck verändern, besonders, wenn man sie aus der Ferne sieht. Einige Pfingstrosen, die Rose 'Ballerina' und die Tulpe 'Angélique' haben z. B. eine weiße Mitte, die sowohl für Helligkeit sorgt als auch die Brücke zu weißen Blumen bildet. Andere, wie Zistrosen, haben eine gelbe Mitte und machen das Rosa warm.

Das kalte Rosa, das in beiden gezeigten Pflanzungen vorherrscht, harmoniert gut mit den blauen und violetten Partnern. Die weißen Blumen verbinden sich optisch mit dem Weiß in dem Rosa und hellen die Gruppe auf.

Mit blauen und weißen Vergißmeinnicht zu ihren Füßen wachsen hier die Tulpen 'Angélique' und 'White Triumphator' zusammen mit rosa 'Guinevere'-Primeln. Dahinter ein Kreuzdorn *Rhamnus alaternus* 'Argenteovariegata'. Später erscheinen rosa und magentafarbene Storchschnabel, und eine *Crambe cordifolia* übernimmt die senkrechte, weiße Betonung.

Rosa Dicentra 'Stuart Boothman', Taubnessel *Lamium maculatum*, blaues Lungenkraut und Vergißmeinnicht ergeben eine üppige Fülle aus Frühlingslaub und Farben im Schatten. Nur das Silberblatt (*Lunaria annua* 'Alba Variegata') und das Gras im Hintergrund zeigen ein bißchen Weiß. Dieser Effekt wird stärker, wenn beide größer sind.

Rosa und Weiß

Rosa-weiße Partnerschaften sehen immer gut aus. Das Blaßrosa einiger Rosen und Päonien ist so hell, daß es mit Weiß zusammen eine leuchtende Harmonie bildet, die von fern fast einfarbig wirkt. Aber seien Sie vorsichtig mit zuviel Blaßrosa und Weiß, es kann leicht kitschig aussehen. Für eine frischere, klare Wirkung nehmen Sie Dunkelrosa und Weiß; die unterschiedliche Helligkeit verhindert das Ineinanderlaufen. Obwohl Weiß im Sinne der Farblehre passiv ist, wirken weiße Blumen wie Aufheller und machen den Gesamteindruck leuchtender.

Rosa und Weiß kann man das ganze Jahr über kombinieren; im Frühjahr mit Schneeglöckchen und rosa Alpenveilchen, es folgen die Kirschblüten und Tulpen. Im Frühsommer erreicht dieses Duo seinen Höhepunkt, wenn rosa und weiße Rosen, Fingerhut und Päonien in prachtvoller Blüte stehen.

Ein Tulpenband – eine Mischung aus 'Peerless Pink', weißen 'Pax' und purpurroten 'Negrita' – wird gesäumt von zweifarbigen Tränenden Herzen. Obwohl in einer städtischen Parkanlage, wirkt diese Pflanzung keinesfalls wie „öffentliches Grün".

Weiße Staudenhornveilchen *(Viola cornuta)* wachsen vor einer rosa Rose 'Yesterday'. Die Farbe der empfindlichen *Rehmannia elata* mit ihrem gelben Schlund wiederholt sich in den gelb-rosa Blüten der daneben stehenden *Diascia* 'Ruby Field'.

unten: Die nickenden, dunkelrosa Blüten des Alpenveilchens *(Cyclamen coum)* sind schöne Partner für das Schneeglöckchen (*Galanthus nivalis* 'Flore Pleno'). Sie blühen zur gleichen Zeit und haben etwa dieselbe Höhe. Wo es ihnen gefällt, z. B. unter Laubbäumen, verwildern beide und vermischen sich zu einem weiß-rosa Teppich. Das kann man beschleunigen, indem man die Schneeglöckchen gleich nach der Blüte teilt und die Cyclamen-Samen ausstreut. Der Krokus, hier in Knospe, vermehrt sich von allein.

oben: Weißer Fingerhut bildet die senkrechte Betonung zu der waagerechten Fülle der schweren Päonienblüten (*Paeonia lactiflora* 'Ballerina').

oben: Im Hochsommer blühen hier altmodische rosa Rosen ('Mary Rose' und die blassere 'Gruß an Aachen'). Sie werden überragt von Fingerhut, und zu ihren Füßen wachsen Bartnelken von Kirschrot bis zu Weiß mit einem rosa Auge. Mit den verschiedenen Tönen der drei rosa Pflanzen bilden sie zusammen eine harmonische Komposition. Der Fingerhut ist eine Hybrid-Züchtung, deren Stiele völlig von Blüten bedeckt sind.

Rosa, Blau und Violett

Im Hochsommer hat der Gärtner die größte Auswahl an blühenden Pflanzen. Dann kommen auch die Duftpflanzen zur Geltung, da sie meistens Wärme benötigen, um ihr Aroma zu entfalten. Eine kühle Pflanzung aus harmonierenden matten Rosatönen, Blau und Violett ist ein idealer Gegensatz zu der Hitze des Sommers. Und wenn Sie diese Farben innerhalb des Gartens wiederholen, haben Sie eine Oase der Ruhe geschaffen.

oben: Einjährige Kosmeen in Dunkelrosa, Blaßrosa und Weiß ergeben mit violett-blauen Glockenblumen und Hornveilchen ein Meer aus Sommerfarben.

Mitte: Dunkelrosa Fingerhut mit einem hellen, gepunkteten Schlund ist ein guter Begleiter für die Kletterrose 'Blairii Number Two', deren Farbe zum Blütenrand hin verblaßt. Durch sie hindurch – das verschafft ihr auch einen kühlen Fuß – wächst eine violett-blaue Clematis 'Lasurstern'. Alle drei bilden eine schöne Farbharmonie.

unten: Diese subtile Farbharmonie ist eher unbeabsichtigt entstanden, da man die Farbmischung der Bartnelken nicht genau vorhersehen kann und der Mohn *(Papaver somniferum)* sich zufällig hier ausgesät hat. Zusammen mit rosa-blauem Bartfaden *(Penstemon heterophyllus)* und der silbergrauen *Artemisia* 'Powis Castle' harmonieren sie perfekt.

rechts: Blaue Katzenminze (*Nepeta* 'Six Hills Giant') wächst üppig in regelmäßigen Abständen unter einer Holzpergola. Dazwischen blühen niedrigere Kissen aus Hornveilchen *(Viola cornuta)* in Weiß und Violett-Blau. Der hohe Rittersporn, der außerhalb der Pergola in der Sonne wächst, hat eine ähnliche blaue Farbe. Verschiedene Rosen und Clematis in unterschiedlichen Rosatönen bedecken die Pergola und vervollkommnen den Farbrhythmus. (Genauer Pflanzplan auf Seite 176.)

Kräftige Blau- und Rosatöne

Kräftiges, klares Rosa ist eine überschwengliche Farbe, stark und eindeutig, beinahe so ausdrucksvoll wie Magenta. Am schönsten ist es mit Blau, das seinen Farbcharakter verstärkt.

Wenn Sie diese kräftige Harmonie mögen, können Sie das ganze Jahr hindurch so gestalten. Beginnen Sie mit Knollen und Zwiebeln: mit dunkelrosa Alpenveilchen und kaltblauer *Scilla siberica*. Etwas später erfreuen Sie sich an knallrosa Anemonen und Rhododendron, die zusammen mit Hasenglöckchen am Gehölzrand wachsen. Im Sommer vereinen sich dann dunkelrosa Rosen und Storchschnabel mit blauen Stauden – Rittersporn, Ochsenzunge und Glockenblumen. Für den Bewuchs von Mauern oder Rankgerüsten kombinieren Sie großblumige Clematis in Dunkelrosa und Violettblau. An einem Teich machen sich Horste von Weiderich *(Lythrum salicaria)* und blaues Hechtkraut *(Pontederia cordata)* gut. Im Herbst blühen mauvefarbene Herbstastern *(Aster novae-angliae* 'Andenken an Alma Pötschke') und dunkelblauer Eisenhut *(Aconitum carmichaelii)*.

rechte Seite: Farbkombinationen sind am ausdrucksvollsten, wenn die Tönungen ähnlich sind. Kräftiges Rosa ist fast so dunkel wie das entsprechende Blau. Dieses Rosa wird oft als warme Farbe bezeichnet, aber der starke Blauanteil läßt es eindeutig zu den kalten Farben gehören.

oben links: Im späten Frühling mischen sich Hasenglöckchen *(Hyacinthoides non-scripta)* zwischen niedrige Zweige eines dunkelrosa Rhododendron.
oben Mitte: Der Staudengoldlack (*Erysimum* 'Bowles' Mauve') wird noch lange blühen, nachdem sein blauer Frühlingspartner, das Vergißmeinnicht, schon verblaßt ist. Säen Sie blaue Bienenweide *(Phacelia campanularia)*, um die Farbharmonie zu erhalten.
oben rechts: Seinen Höhepunkt hat der graziöse Trichterschwertel *(Dierama pulcherrimum)* im Spätsommer, wenn sich die Blüten im leichtesten Windhauch wiegen und mit dem blauen *Agapanthus campanulatus* dahinter einen schimmernden Farbglanz erzeugen.

unten links: Die Ochsenzunge (*Anchusa* 'Loddon Royalist') hat Blüten in reinstem Blau, die schön zur Apothekerrose (*Rosa gallica* var. *officinalis*) passen. Das kräftige Rosa der Rose hat einen starken Blauanteil, aber die gelben Staubgefäße lassen es wärmer erscheinen als die anderen Rosatöne auf dieser Seite.
unten Mitte: Die kriechende Glockenblume *(Campanula portenschlagiana)* wandert durch den Storchschnabel *(Geranium sanguineum)*, und ihre Farben mischen sich wie in einer üppigen Stickerei.
unten rechts: Die Distel *(Cirsium rivulare)* hat Blüten, deren Farbe das Rosa der zweifarbigen Lupine wiederholt.

Es lohnt sich, nach dunkelrosa Züchtungen der frühlings-blühenden *Anemone coronaria* zu suchen. Pflanzen Sie Felder dieser Knollen zusammen mit verwilderten Hasenglöckchen und wilden, weißen Buschwindröschen. Viele Frühlingszwiebeln und -stauden stammen aus Wäldern, wo sie die Kraft des Sonnenlichts nutzen, bevor die Blätter erscheinen. Im Sommer, wenn ihre Ruhezeit beginnt, schützen die Bäume sie vor dem Vertrocknen.

Magenta, Purpur und Rotbraun

Dies sind die dunkelsten Farben, die im Garten zur Verfügung stehen. Alle stammen sie von Karminrot ab – sie haben zumindest einen Blaustich. Der Blauanteil kann minimal sein, wie bei Knautiablüten, oder er dominiert, wie bei purpurfarbenem Salbei. Das Laub fast schwarzer Pflanzen, z. B. rotes Basilikum, hat rote Pigmente, die aber durch den wachsartigen Schimmer der Blätter, die das Blau des Himmels reflektieren, unterdrückt werden. Das Ergebnis ist ein dunkles Purpur mit tintenschwarzen Schatten. Zu viele dunkelfarbige Blüten und dunkles Laub sehen nicht gut aus; sie können zu schwermütig wirken. Aber auf kleinem Raum, z. B. in Töpfen, können diese satten Farben sehr effektvoll sein.

links: Viele Salbeistauden (*Salvia nemorosa* 'Ostfriesland') – violett im Schatten und magentafarben im Sonnenlicht – stehen hier dichtgedrängt mit anderen: *Knautia macedonica*, zwei Bartfaden (*Penstemon* 'Stapleford Gem' und 'Hidcote Pink') und Katzenminze *(Nepeta x faassenii)*.

rechts oben: Ein Terrakottatopf mit dunklen, burgunderfarbenen Petunien und purpurblättrigem Basilikum *(Ocimum basilicum purpurascens)* verbinden sich optisch mit den helleren Storchschnabelblüten (*Geranium x riversleaianum* 'Russell Prichard' und *Geranium sanguineum*) dahinter.

rechts: In einem Teil einer abgestuften Rabatte sind Lupinen (*Lupinus* 'Thundercloud') mit einer rotbraunen Rose (*Rosa* 'William Lobb') kombiniert worden. Ein Band dunkelroter Bartnelken (*Dianthus barbatus* Nigrescens-Gruppe) verbindet die beiden und schafft den Übergang zu dem purpurfarbenen Salbei (*Salvia nemorosa* 'Lubecca').

Silbergrau und Pastellfarben

Kombinationen aus silbernem und panaschiertem Laub mit pastellfarbenen Blüten harmonieren gut. Erstens haben Gruppen blasser Farben den gleichen Helligkeitsgrad, und zweitens bilden sie durch ihre „Farbverdünnung" eine Tönungsharmonie. Diese Effekte machen derartige Pflanzungen so angenehm. Man muß ein gutes Auge haben, um so feine Harmonien zusammenzustellen. Verwenden Sie hell panaschierte Pflanzen oder, noch besser, silbernes Laub und pastellfarbene Blüten. Rosa und Silber sind natürliche Partner. Dies wird durch den silbernen Schimmer, der auf manchen rosa Blumen liegt, noch unterstrichen – erkennbar in dem Namen *Verbena* 'Silver Anne'.

Eine derartig gedämpfte Komposition braucht klare Strukturen. Vertikale Betonungen durch Königskerzen, hohe grau-laubige Disteln oder ein Rankobelisk mit weißen Wicken oder einer Clematis würden in einer locker bepflanzten Rabatte stabilisierend wirken.

Die Rosen (*Rosa* 'Mevrouw Nathalie Nypels' und *Rosa glauca*, hinten) sind die buschige Stütze dieses breiten, sonnigen Beetes, das von den Kerzen des weißen *Verbascum chaixii* 'Album' überragt wird. Das silberne Laub der Lichtnelke und der *Artemisia* hellen den Gesamteindruck auf und verbinden die einzelnen Elemente miteinander. (Genauer Pflanzplan auf Seite 176.)

oben: Eine spätblühende Bulbe, *Amaryllis belladonna*, in einem sonnigen Beet verbindet sich farblich mit der einjährigen Staude, *Verbena* 'Silver Anne', in dem Topf davor. Die dunklere *Verbena* 'Sissinghurst' wächst durch ein silberblättriges *Helichrysum petiolare* in einer benachbarten Schale. Der weiße Ziertabak *(Nicotiana x sanderae)* und die Margerite *(Argyranthemum)* hellen die Szene auf. Im Hintergrund pausiert gerade die Rose 'Ballerina', die sonst mit ihrem zweifarbigen Rosa zu diesem Farbenspiel beiträgt.

links: Eine riesige Distel und der blasse, apricotfarbene Fingerhut betonen die Senkrechte in diesem Beet aus Silber, Weiß und Rosa. Die panaschierten Pflanzen – *Pittosporum* und ein Gras – unterstützen den aufhellenden Effekt der *Artemisia* und des Heiligenkrauts im Vordergrund. Die Rosen blühen weiß und blaßrosa. Die kräftigste Farbe kommt von dem lila-rosa Zierlauch; sie wiederholt sich in der Polsterstaude am Wegesrand. (Genauer Pflanzplan auf Seite 176.)

Harmonien mit Rot

Wenn Rot, Orange und Gelb im Garten zusammenkommen, fliegen die Funken. Diese drei Farben liegen auf dem Farbrad nebeneinander und harmonieren deshalb gut, aber im Gegensatz zu anderen, kalten Harmonien wirken sie nicht beruhigend. Statt dessen scheinen sie erst miteinander ihre ganze Kraft und Intensität zu entfalten. Warme Kompositionen können so mächtig sein, daß sie etwas verhaltenere unterdrücken. Deshalb sollte man sie separat anlegen. Die größte Wirkung erzielen Sie, wenn Sie zwei derartige Rabatten in einem von Hecken oder Mauern umgebenen Gartenraum anpflanzen. Der Effekt ist um so größer, je überraschender man darauf stößt.

Das Blattwerk spielt dabei eine große Rolle. Das matte grau-rote Laub von einigen Berberitzen, Perückenstrauch, Ahorn oder Hasel dämpfen eine warme Rabatte, und die Farben wirken weniger grell. Denken Sie daran, daß dieses Laub sehr dunkel ist. Zuviel davon macht den Garten düster. Bringen Sie mit gelb-grünen Blättern – „goldenen" Gräsern oder Bambus – Licht hinein.

Diese brennenden Farben sind am schönsten am frühen Morgen oder kurz nach Sonnenuntergang, im schmeichelnden Licht der niedrig stehenden Sonne. Zufällig blühen auch viele der hier passenden Pflanzen gerade im Spätsommer, wenn die Sonne tief am Himmel steht. Kombinieren Sie flammenfarbene Dahlien, Fackellilien und Montbretien zusammen mit Goldrute und gelbem Sonnenhut. Dann haben Sie ein spätsommerliches Feuerwerk, das mit dem bunten Herbstlaub wetteifert.

rechts: Eine ideenreiche Pflanzung, in der leuchtend gelber Sonnenhut, Staudensonnenblumen und einjährige Bidens Helligkeit spenden und verhindern, daß das Dunkelrot der Blüten und Blätter die Szene beherrscht und alles düster macht. Sehr geschickt sind mit den Dahlien und Lobelien nur wenige rote Akzente gesetzt, dagegen darf sich das Gelb in lockeren, hellen Partien ausbreiten. Obwohl die meisten dieser Pflanzen Sonne benötigen, liegt dieser Gartenteil morgens und abends im Schatten. Das macht die Pflanzen etwas „hochbeinig", weil sie zum Licht streben. Sie sind deshalb unauffällig gestützt und aufgebunden. (Genauer Pflanzplan auf Seite 177.)

links: Eine Montbretie (*Crocosmia* 'Lucifer') flammt im Vordergrund eines Beetes auf – dahinter eine orangefarbene Sorte *(Crocosmia masoniorum)*. Eine blaßorange Taglilie (*Hemerocallis fulva* 'Green Kwanso') trennt zwei echte Lilien – die apricotfarbene *Lilium* 'African Queen'und die hellgelbe *L.* 'Citronella'. Hinter den Lilien leuchtet das gelb-grüne Laub eines Hartriegels (*Cornus alba* 'Aurea').

Rotbraun und Gelb

Die Abendsonne vergoldet die Farben einer Pflanzung am Rande eines Bachlaufs. Das Licht scheint auf die gelben Kreuzkrautähren, Gauklerblumen und Primelköpfe. Dem Farn *(Dryopteris erythrosora)* und der Hosta verleiht es einen sanften Glanz und verstärkt die Wirkung des roten Fächerahorns und der Zierkirsche im Hintergrund. (Genauer Pflanzplan auf Seite 178.)

Der Frühaustrieb mancher Pflanzen ist rötlichgelb. Zur selben Zeit, im späten Frühjahr, leuchten die rötlichen Zweige und die zimtfarbene Rinde mancher Bäume und Sträucher im stärker werdenden Licht. Später im Jahr vergoldet die Abendsonne den Garten mit ihrem warmen Schein. Diese natürlichen Farbeffekte können Sie nachahmen, indem Sie Pflanzen in diesen Gelb-, Orange-, Rostbraun- und Rottönen auswählen. Sie erzeugen damit eine warme Farbharmonie.

„Rote“ Sträucher, wie Berberitze, Perückenstrauch, Fächerahorn und rote Zierkirschen, sehen besonders im Frühsommer schön aus, wenn ihr Laub durchscheinend ist und die Farbe von rötlichem Karamel hat. Davor wirken hellgelbe Etagenprimeln oder Goldlack sehr gut. Auch gelb-grünes Laub paßt dazu. Rainfarn, gelbblättrige Spornblumen oder gelbe Gräser könnten z. B. mit gelben Ranunkeln oder Fingerstrauch gepflanzt werden.

ganz links: Eine geschickte Zusammenstellung bilden die Bartiris (*Iris* 'Kent Pride') und die Königskerze (*Verbascum* 'Cotswold Queen').

links: Die rostbraunen Stiele der *Euphorbia griffithii* 'Dixter' wachsen durch den gelben Hundszahn (*Erythronium* 'Pagoda'). Bei einer so dichten Pflanzung muß man die stärkere Pflanze – hier die Wolfsmilch – ab und zu teilen, damit das Gleichgewicht gewahrt bleibt.

unten: Eine harmonische Frühjahrsszene wird von der Morgensonne erwärmt. Rotbraun sind Goldlack, Tulpen und die Wolfsmilch mit ihren orangen Blüten – gelb sind Trollblumen, andere Tulpen und, im Hintergrund, Azaleen. Goldblättriges *Tanacetum* füllt die kahlen Stellen im Beet. (Genauer Pflanzplan auf Seite 178.)

Kontraste

Im Garten wirken Kontraste anregend. Das gilt für Zusammenstellungen, bei denen eine Farbe die andere in ihrer Wirkung verstärkt. Man kann auf verschiedene Weise Kontraste erzeugen, je nach gewünschter Dramatik. Für eine kräftige, leuchtende Wirkung nehmen Sie satte Farben in starken Hell-Dunkel-Gegensätzen. Einen zarten, verhaltenen Effekt erzielen Sie mit ungesättigten Farben derselben Helligkeit.

Die stärksten Farbkontraste erreichen Sie mit der Mischung von Komplementärfarben – mit denen, die sich auf dem Farbrad gegenüberliegen (siehe Seite 15): Rot mit Grün, Blau mit Orange und Gelb mit Violett. Abstufungen innerhalb dieser Paarungen ergeben unaufdringlichere Kontraste, z. B. Weinrot und Grau-Grün, Blaßblau und Apricot, Cremegelb und Flieder. Im allgemeinen sollte man Kontraste auf eine Zusammenstellung in bestimmten Gartenteilen beschränken; mehrere Farbkontraste zusammen sind verwirrend.

Auf die gleiche Weise verwendet man Hell-Dunkel-Kontraste. Eine dunkle Eibenhecke als Hintergrund macht kontrastierende silberweiße Pflanzen noch leuchtender. In dem hier gezeigten Garten bildet die rotlaubige Zierkirschenhecke den größten Gegensatz zu den davor gepflanzten zart-rosa Rosen und Iris. Etwas sanfter verhalten sich die graugrünen Santolina- und Artemisiahorste zu der Berberitze und dem *Pittosporum*.

Ob warm oder kalt, spielt ebenfalls eine Rolle. Es kann von großer Wirkung sein, wenn man zwei nahe beieinander liegende Farben, von denen eine kalt und die andere warm ist, kombiniert. Warmes Orange und kaltes Magenta z. B. sind sehr schrill. Derartige Schock-Kontraste kann man mit Bedacht als fesselnde Elemente in einer sanfteren Umgebung planen. Weniger heftig wirken unterschiedliche „Temperaturen", wenn man sie benutzt, um den Gegensatz zwischen zwei Farben zu verstärken. In diesem Garten wirken alle Rotabstufungen – von Rosa bis Purpurrot – wärmer durch den Kontrast mit dem kalten Grau-grün.

Alle Gegensätze von Farben, Helligkeit und Temperatur sind in dieser subtilen Pflanzung vereinigt. Das schattierte Rot der Zierkirschenhecke und der Berberitzenkugel kontrastiert mit dem Grau – das hier eine ungesättigte Form von Grün ist – der Artemisien, des Heiligenkrauts und des Wollziests. Die Rottöne sind dunkel und warm und lassen im Gegensatz dazu das Silbergrau heller und kälter erscheinen. (Genauer Pflanzplan auf Seite 179.)

Rot und Grün

Rot und Grün bilden einen starken Farbkontrast, nicht nur weil sie Komplementärfarben sind, sondern auch wegen ihrer ähnlichen Helligkeit. Das verstärkt den Farbgegensatz. Im Garten sieht man rote Blumen normalerweise zusammen mit grünem Laub. Die Spannung in einer roten Pflanzung resultiert daher aus dem Rot-Grün-Kontrast. Deshalb sehen rotblütige Kletterpflanzen, wie z. B. Kapuzinerkresse *(Tropaeolum speciosum)* so gut aus, wenn sie durch grüne Sträucher oder Hecken wachsen.

Im Frühling leuchten scharlachrote Tulpen am stärksten vor einer kräftig-grünen Buchsbaumhecke. Der Herbst sorgt selbst für Rot-Grün-Kontraste: rote Beeren reifen vor dem immergrünen Laub der Stechpalmen, Felsenmispeln und des Feuerdorns. Laubabwerfende Bäume, wie Ahorn, verfärben sich rot, während benachbarte Koniferen grün bleiben. Dieses Spiel der Natur läßt sich im Garten mit Immergrünen und rotem Laub wiederholen. So sieht an einer Wand roter Wilder Wein sehr gut zusammen mit Efeu aus. Im Sommer erkennt man den Efeu in der Kletterpflanze kaum , aber wenn sich der Wein verfärbt, wird er gegen den immergrünen Efeu um so röter wirken.

Mit Kapuzinerkresse *(Tropaeolum speciosum)* kann man immergrüne Hecken oder Formschnitt-Figuren aufheitern. Sie klettert gut durch Eiben, weil diese viele kleine Äste haben, an denen sich die Kresse festhalten kann.

Eine gemischte Bepflanzung von großen Terrakottatöpfen mit Geranien (*Pelargonium* 'Paul Crampel') und Einjährigen (*Verbena peruviana* und *Petunia* 'Red Joy') in dem gleichen Scharlachrot. Die Farbe und das Material der Töpfe sind ähnlich wie die der Mauer dahinter, während der Farbkontrast zwischen Blüten und Blättern dem Muster der rot-schwarzen Ziegel entspricht.

oben: Ein lang anhaltendes Herbstschauspiel bilden Kletterpflanzen, die ihre Farbe zu verschiedenen Zeiten ändern. Hier hat sich eine Rebe *(Vitis coignetiae)* schon verfärbt, und das Rot bildet einen schönen Kontrast zu dem Wilden Wein *(Parthenocissus quinquefolia)*, dessen Farbe später wechselt.

rechts: Das Herbstlaub von Ahornbäumen leuchtet noch stärker, wenn dazwischen Immergrüne wachsen. Hier sind es zwei Arten von *Acer palmatum* und ein *Pinus parviflora*. Oft wirkt auch der Rasen im Herbst besonders grün. Das liegt nicht nur am milden, feuchten Wetter, sondern auch an dem Kontrast zum bunten Herbstlaub.

Schattiertes Rot und Grau-Grün

Sehr feine Kontraste werden durch die Kombination von Blüten und Blättern in schattierten, ungesättigten Rot- und Grüntönen erzielt. Verwendet man sehr dunkle oder blasse, fast rosa Rottöne, ist die Farbintensität so schwach, daß der Kontrast zu grünen Blättern weniger wirksam ist, als z. B. mit Zinnoberrot. Um das Laub dieser Abtönung anzugleichen, kann man grau-grüne oder silbrige Pflanzen dazu setzen.

Kombinationen von pflaumenroten und grau-grünen Blättern sind besonders reizvoll. Sie vereinigen den Kontrast der Komplementärfarben in einer ungesättigten Form mit dem Hell-Dunkel-Gegensatz. Die Blätter mancher Zierkirschen oder des Perückenstrauchs sind so dunkel, daß sie vor silbernem Laub fast schwarz wirken.

Rosa Blüten sind bei dieser Blätterkombination das schönste Beiwerk. Rosa liegt ungefähr zwischen Pflaumenrot und Silber. Man kann sich vorstellen, daß eine Mischung dieser beiden ein metallisches Rosa ergibt. Einige rosa Verbenen, Diascia und Rosen glänzen im Licht beinahe wie Metall und sehen deshalb besonders passend zu silbernem Laub aus.

unten: Einer der schönsten kleinen Bäume mit pflaumenrotem Laub ist der Judasbaum (*Cercis canadensis* 'Forest Pansy'). Hier wächst er vor *Artemisia ludoviciana* 'Silver Queen' und Pampasgras (*Cortaderia selloana* 'Pumila'). Der stärkere, hellgrüne Kontrast im Vordergrund stammt von einem Ginster und einer Sonnenblume *(Helianthus salicifolius)*.

Wenn man den Perückenstrauch (*Cotinus coggygria* 'Royal Purple') im Frühjahr hart zurückschneidet, bekommt er dichter über dem Erdboden größere Blätter und paßt dann besser zu der silbernen *Artemisia ludoviciana*.

Die Zweige einer leicht panaschierten Berberitze (*Berberis thunbergii* 'Rose Glow') reichen hinauf zu dem Laub der Silberbirne (*Pyrus salicifolia* 'Pendula'). Die Birne muß beschnitten werden, da sie stärker wächst.

rechts: Rex-Begonien mit großen, purpurnen oder rosa-gefleckten Blättern bilden den Mittelpunkt in einem Steingefäß. Zwei Klee-Arten begleiten sie – der dunkle, vierblättrige *Trifolium repens* 'Purpurascens Quadrifolium' und der hellere *Trifolium repens* 'Harlequin'. Dazu eine Dreimasterblume (*Tradescantia* 'Zebrina'), Ziest *(Stachys citrina)* und ein Hasengras *(Lagurus ovatus)* mit seinen puscheligen Köpfchen. Dies ist eine üppige Studie in ungesättigten Rot- und Grüntönen.

unten: Am Rand einer Rabatte in schattierten Rot- und Grüntönen blühen im Hochsommer dunkel-kirschrote Bartnelken *(Dianthus barbatus nigrescens)*, Löwenmaul (*Antirrhinum* 'Black Prince'), schwarz-blättrige Rote Bete (*Beta vulgaris* 'Bull's Blood') und rote Melde (*Atriplex hortensis* var. *rubra*). Diese Farbe wiederholt die Berberitze (*Berberis thunbergii* 'Red Chief') im Hintergrund. Warmes Rosa bringen die Rose ('Pink Perpétué'), die Spornblume *(Centranthus ruber)* vorne links, der Fingerhut *(Digitalis x mertonensis)* in der Mitte und rechts eine *Diascia rigescens*. Das Grün rangiert von dem des Mädesüß *(Filipendula rubra)*, links, bis zu dem panaschierten Laub von Braunwurz (*Scrophularia auriculata* 'Variegata'), ganz rechts.

Orange und Blau

Eine der lebhaftesten Farben im Garten ist Orange. Mit seiner Komplementärfarbe Blau zusammen wirkt es noch intensiver. Kombinationen aus Orange und Blau sind nichts für Schüchterne. Sie ergeben einen metallischen Knalleffekt, der weithin sichtbar ist. Wenn Ihnen eine größere Bepflanzung mit Orange und Blau zuviel ist, können Sie eine schwächere Variante versuchen, indem Sie punktweise Orange in eine große blaue Fläche hineinpflanzen. Im Frühling erfreuen Sie sich an orangem Goldlack in einem Meer von Vergißmeinnicht oder orangen Tulpen zwischen purpur-blauem Günsel. Im Sommer wird das Blau von Rittersporn- oder Eisenhutstauden und Einjährigen wie Natternkopf oder Salbeisorten noch verstärkt, wenn man dazwischen einzelne orangefarbene Lilienrhizome gepflanzt hat. Die umgekehrte Kombination ist nicht so reizvoll. Der Gesamteindruck vieler orangefarbener Blüten würde einzelne blaue erdrücken.

Die orangefarbenen Türkenbundblüten einer Lilie *(Lilium henryi)* hängen an bogigen Zweigen über einer dichten Unterpflanzung mit einjährigem Salbei (*Salvia viridis* 'Blue Beard'). Ihre Farbe kommt von ausdauernden Kronenblättern, die die winzigen Blüten umhüllen. Im Gegensatz zu anderen liebt diese Lilie eher alkalischen Boden und vermehrt sich willig, wenn sie Fuß gefaßt hat.

Diese theatralische Anordnung wird beherrscht von dem *Ceanothus* 'Cascade', im Hintergrund an einer Wand, und dem gleichfarbigen Steinpflaster. Die orangen Flammen des Goldlacks bringen das Ganze zum Leben und lenken den Blick auf die Keulenlilie *(Cordyline australis)*, die mit Staudengoldlack (*Erysimum* 'Bowles' Mauve') und dem zarten *Osteospermum caulescens* unterpflanzt ist. Alles zusammen in einem gußeisernen Teigbottich aus einer Bäckerei. Wenn man Ceanothus an einer Wand zieht, hat er etwas Schutz im Winter.

Blaue und violett-blaue Blumen, hauptsächlich Violen (*Viola cornuta* und *Viola* 'Maggie Mott'), und ein Polster *Veronica austriaca* 'Crater Lake Blue' umrahmen einen Steintrog und eine Gruppe orangefarbener Blumen. Dazu gesellen sich Margeriten *(Anthemis sancti-johannis)*, Alant *(Inula orientalis)*, die löwenzahnartige *Pilosella aurantiaca*, Nelkenwurz (*Geum* 'Fire Opal' und *Geum* 'Prince of Orange') und gefüllter Scheinmohn (*Meconopsis cambrica* var. *florepleno*) im Vordergrund. Bis auf die Margerite blühen alle nur sehr kurz. Um den Eindruck zu verlängern, kann man mit Einjährigen nachhelfen. Für das Orange nehmen Sie Kalifornischen Mohn, Ringelblumen und Kapuzinerkresse, für das Blau Natternkopf (*Echium* 'Blue Bedder'), Jungfer-im-Grünen (*Nigella damascena* 'Miss Jekyll') und Salbei (*Salvia farinacea* 'Victoria').

oben: Ein orangefarbenes Sonnenröschen *(Helianthemum nummularium)* bildet einen strauchigen Farbfleck, durch den sich die lila-blaue kriechende Glockenblume *(Campanula poscharskyana)* ihren Weg bahnt. Beide lieben einen sonnigen Standort und durchlässigen Boden. Manchmal wachsen sie zwischen Pflastersteinen.

darunter: Hier wachsen im Frühling elegante orangefarbene Tulpen mit Goldlack durch dunkel-blättrigen Günsel (*Ajuga reptans* 'Atropurpurea').

Orange und Blau-Grün

Man kann den Kontrast zwischen den Komplementärfarben Orange und Blau mildern, indem man schattierte Versionen der einen oder beider Farben verwendet. Es gibt viele Pflanzen, z. B. Iris oder Garben, deren Laub blaustichig ist – genug um einen zarten Kontrast zu orangefarbenen Blumen zu bilden. Auf dem Bild rechts ist viel Sorgfalt auf die Form und Größe der einzelnen Farbkomponenten verwandt worden. Der leuchtende Goldlack braucht als Gegengewicht viel von dem blaugrünen Irislaub. Das eher diffuse Orange der Wolfsmilch kann eine größere Gruppe vertragen, während man die kräftige Farbe der Tulpen begrenzen muß.

Für ein schattiertes Orange nehmen Sie die schwertförmigen Blätter von *Phormium* oder Keulenlilie. Bäume mit einer zimtfarbenen Rinde, wie *Acer griseum* und Erdbeerbaum *(Arbutus)*, sind ebenfalls schmeichelhafte Begleiter für blaue Blumen.

rechts: Diese Farbzusammenstellung paßt in einen sonnigen Garten. Nicht nur, weil Goldlack, Iris und Garben sonnenhungrig sind, sondern auch, weil Orange, Rot und Gelb am schönsten in der Sonne leuchten. Bald wird dieser Garten schon anders aussehen: Das Blau-Grün der Iris und Garben wird von den eigenen Blüten verdeckt, und Dahlien, Lilien und Taglilien in Orange, Rot und Gelb geben den Ton an. (Genauer Pflanzplan auf Seite 179.)

unten: Der „rote“ Kohl (*Brassica* 'Scarlett O'Hara') in diesem Beet mit Blumen und Gemüse ist eigentlich blau mit roter Äderung. Petunien und Meerlavendel *(Limonium latifolium)* sind ebenfalls blau. Der hohe Nachtschatten *(Solanum pyracanthum)* hat orangefarbene Blütenspeere, die die Farbe der *Tagetes* 'Tangerine Gem' aufnehmen. Zusammen machen sie durch den Kontrast das Blau noch intensiver und hellen die Kompositionen auf.

Gelb und Violett

Gelbe und violette Pflanzen bilden einen starken Farb- und Tonkontrast. In der Natur kommt dies bei zweifarbigen Iris und Stiefmütterchen vor. Gelb und Violett sind Komplementärfarben, und da das Violett meistens dunkler ist, wirkt benachbartes Gelb noch heller. Das hat zur Folge, daß bei solchen Partnerschaften – wie auf dem Bild rechts bei den Primeln und Veilchen – das Gelb dominant wirkt, da es stärker leuchtet. Außerdem ist Gelb wärmer und sticht eher ins Auge als die kalte, zurückhaltende Farbe der Veilchen. Für ein ausgewogenes Bild würde man viel mehr Veilchen benötigen.

Kompositionen auf der Grundlage von Gelb und Violett sind ansprechend, und man kann sie fast das ganze Jahr hindurch aufrechterhalten – besonders im Frühling, wenn auch das junge Laub einen gelblichen Schein hat. Dann blühen gelbe Krokusse und Mini-Narzissen, die man mit Zwerg-Iris und *Anemone blanda* kombinieren kann. Darüber könnten Forsythien, Ginster und Scheinhasel ein gelbes Dach bilden. Später ist die Auswahl größer; gelbe Tulpen, Kaiserkronen und gelb-grüne Wolfsmilch können zu violetten Clematis gepflanzt werden. In sonnigen Lagen gedeihen Himmelsschlüsselchen mit Aubretien. Im Frühsommer kommen dann die Bartiris hinzu, die es sowohl in Gelb als auch in Violett gibt. Man kann sie zusammensetzen oder die violetten mit gelbem Goldlauch *(Allium moly)* oder gelben *Meconopsis* (Scheinmohn) unterpflanzen.

oben: Das blaßgelb gestreifte Laub der *Iris pallida* 'Variegata' lenkt den Blick auf die violetten *Anemone blanda* zu ihren Füßen. Beide Pflanzen können sich in lichtem Halbschatten ausbreiten. Diese Frühlingspartnerschaft mit ihren senkrechten und waagerechten Farbakzenten ist eigentlich schwierig, da die Iris im Sommer Sonne benötigen, die Anemonen dagegen Schatten. Die Iris blüht deshalb vielleicht nicht, man kann aber auf ihre blaßblauen Blüten verzichten, da hier das Blattwerk wichtiger ist.

oben: Veilchen und Primeln sind natürliche Frühlingspartner, die auch wild zusammen wachsen. Beide sind einfach zu kultivieren, aber man läßt sie – wie auch Frühlingszwiebeln – am besten verwildern.

rechts: Gelber Scheinmohn und Lerchensporn *(Corydalis lutea)* haben sich um violette Iris selbst ausgesät und bilden zusammen einen Komplementär-Kontrast. Das frische Laub des Ginkgobaums ist ebenfalls gelblich, und er läßt den Iris noch das Licht, das sie brauchen. Die verblassenden Vergißmeinnicht scheinen sich in den Hintergrund zurückzuziehen. Die silbrigen Knospen der *Nectaroscordum siculum* (Allium-Verwandte) werden sich purpur-grün geflammt öffnen, und die rosige *Clematis montana* im Hintergrund fängt gerade an zu blühen.

Gelb und warmes Violett

Warmes Violett – das einen rötlichen Schimmer hat – reicht von blassem fliederfarbenem Rosa bis zu Purpur-Violett. Immer paßt es gut zu Gelb. Die zartesten Verbindungen entstehen mit cremefarbenen oder blaßgelben Blumen und sanften Violettönen, wie bei Blauregen, Flieder, Lavendel oder Sommerflieder. Die hängenden Blütentrauben des Goldregens und lila Zierlauch sind ein aufregender Start in den Sommer, der im Herbst mit lila Herbstastern und blaßgelben Dahlien beendet werden kann. Diese Farbkombination eignet sich auch für Flächenpflanzungen von Einjährigen und Sommerflor.

links: Späte Abendsonne kann die Wirkung von Gelb und warmem Violett verändern. Das Gelb wird kräftiger und das Violett rosa. Unter dem Goldregendach ist die richtige Farbe des Zierlauchs *(Allium aflatunense)* nur im Schatten zu erkennen. Die Form der runden Blütenköpfe wiederholt sich in den Buchsbaumkugeln, die von der schrägen Sonne vergoldet und dadurch dem gelblichen Ton der Goldregentrauben ähnlich werden. Im Abendlicht schimmern auch die zierlichen, cremefarbenen Ähren von *Tellima grandiflora.* Die Funkien *(Hosta sieboldiana* var. *elegans)* im Schatten geben dem Blattwerk eine blaue Note.

rechts oben: In einer Wolke aus blaßgelben Blütenköpfen von *x Solidaster luteus* 'Lemore' ist die klare Form der Rispen des Sommerflieders *(Buddleja davidii* 'Glasnevin') gut erkennbar.

rechts unten: Ein Kontrast aus hellgelbem Löwenmaul und warmen violetten *Verbena rigida* in einer Flächenpflanzung in einem formalen Garten. Die Farbe des Eibenformschnitts *(Taxus baccata* Aurea) sticht noch mehr hervor, aber seine Kurven und rechten Winkel wiederholen sich in der Buchseinfassung.

Gelb und Blau

Ein kräftiger und beliebter Farbkontrast ist Gelb mit Blau. Obwohl sie auf dem Farbrad eigentlich nicht genau gegenüberliegen, verhalten sie sich wie Komplementärfarben und verstärken sich gegenseitig in ihrer Wirkung. Beinahe wie Licht und Schatten: Gelb ist hell und auffällig; Blau ist gedämpft und zurückhaltend.

Weil es sehr viele gelbe und blaue Blumen und Blätter gibt, kann man diesen Farbkontrast durch das ganze Jahr und in verschiedensten Situationen anwenden. Im Frühjahr gibt es gelbe Narzissen und Tulpen, die man mit blauen Scilla, Vergißmeinnicht und Schneeglanz mischen kann. Im Sommer erreicht man den Kontrast mit gelben Rosen, Lupinen und Königskerzen, zusammen mit blauem Rittersporn, Katzenminze und Salbei. Und im Herbst passen die blauen Astern und später Eisenhut schön zu Sonnenhut und *Kirengeshoma* (Wachsglocke). Sogar im Winter kann man diese Kombination aufrechterhalten, indem man „blaue“ Koniferen und gelb-grüne Immergrüne zusammenpflanzt.

Dieses blau-gelbe Beet gehört zu einem Paar, das sechs Wochen lang im Sommer seine Pracht entfaltet. Gelb sind der leuchtende Felberich, Sonnenbraut, Studentenblumen und blasse Königskerzen sowie Nachtkerzen und Sumpfblumen *(Limnanthes douglasii)*, die eigentlich weiß sind und eine gelbe Mitte haben. Ein sanfteres Gelb findet man auch bei den limonenfarbenen Tabakpflanzen und dem Frauenmantel. Der Rittersporn und die Katzenminze vertreten hier das Blau, zusammen mit Ageratum und Astern etwas weiter vorn. Diese Rabatte macht viel Arbeit, da auftretende Lücken zwischen den Stauden mit Einjährigen ausgefüllt werden. Die Pflanzen sind gestaffelt gepflanzt und werden, wenn nötig, aufgebunden. (Genauer Pflanzplan auf Seite 180.)

rechts: Dunkelblauer Rittersporn, Eisenhut und die hellere violett-blaue Katzenminze (*Nepeta* 'Six Hills Giant') sind ein schöner Hintergrund für die cremefarbenen Lupinen 'Chandelier', die *Iris orientalis*, die Königskerzen 'Gainsborough' und die Rose 'Graham Thomas' in ähnlicher Farbe.

unten links: Blaßblauer Ehrenpreis *(Veronica gentianoides)* begleitet hellgelben Gemswurz in einem Frühsommerbeet. Der Ehrenpreis wird mit seiner Höhe von 45 cm meistens am Beetrand gepflanzt, und es ist ungewöhnlich, ihn zwischen den höheren Gemswurz zu setzen. Hier bilden beide zusammen ein hübsches Gitterwerk.

unten rechts: Elegante Narzissen 'Hawera' und eine Wolke aus Vergißmeinnicht begleiten gelbe, gefüllte Tulpen. Dieses blau-gelbe Frühlingsbild geht einem gleichfarbigen Staudenbeet im Sommer voraus.

Lindgrün und Blau

Das Gelb einiger Blätter und das der Wolfsmilchgewächse (Euphorbien) ist stechend und schrill, wie die Farbe von sauren Drops oder Limonen. Sehr häufig sieht man es im Frühling, wenn der junge Austrieb vieler Bäume und Sträucher noch gelbstichig ist; später verliert sich das Gelb in den Blättern und sie werden stumpf. Mit blauen Zwiebelpflanzen wie Hyazinthen, Scilla und Traubenhyazinthen kann man das schrille Gelb des Frühlingslaubs und der Euphorbien noch unterstreichen. Im Sommer bilden blaue Glockenblumen, Rittersporn, Jungfer-im-Grünen und Hundszunge schöne Partner zu dem Laub von „goldenem" Ahorn, Robinien und Christusdorn. Die gelben Sorten von Eibe, Falschem Jasmin und Blasenspiere sind ebenfalls ein guter Hintergrund.

Eine sehr attraktive und wirkungsvolle Form, Blau mit Lindgrün zu kombinieren, ist die Verwendung blauer Gartenmöbel oder anderer bemalter Elemente, die mit lindgrünen Pflanzen umgeben werden. Eine dunkelblau gestrichene Metall-Laube, ein Rosenbogen oder Rankgerüst sehen phantastisch aus, wenn man sie mit gelbem Efeu oder Goldhopfen berankt. Eine dunkelblaue Eisenpforte, an deren Seiten Euphorbien und gelbe Gräser wachsen, ist eine verheißungsvolle Ouvertüre zum Garten. Blau ist auch eine unaufdringliche, beruhigende Farbe für Ihre Gartenmöbel.

Diese leuchtend blaue Lutyens-Bank sieht zusammen mit den lindgrünen Blütenköpfen der *Euphorbia characias* subsp. *wulfenii* hervorragend aus. Dazu passen auch die blauen Vergißmeinnicht daneben. Das blaugelbe Thema wird im Sommer von Königskerzen *(Verbascum bombyciferum)* fortgeführt, wenn aus den filzigen grauen Blättern die gelben Blütenspeere wachsen.

Der hohe, dunkelblaue Rittersporn aus der 'Black Knight'-Gruppe wirkt prächtig vor dem Japanischen Ahorn *Acer shirasawanum* 'Aureum'. Ein sehr langsam wachsender Baum, der aber seine gelb-grüne Farbe während des Jahres behält. Wenn es schneller gehen soll, nehmen Sie für gelbes Laub *Robinia pseudoacacia* 'Frisia' oder Christusdorn, *Gleditsia triacanthos* 'Sunburst'. In einem Staudenbeet müssen sie durch regelmäßigen Schnitt im Zaum gehalten werden.

Selbstausgesäte Jungfer-im-Grünen (*Nigella damascena* 'Miss Jekyll'), Bergflachs (*Phormium cookianum* 'Cream Delight') und der panaschierte Spindelstrauch (*Euonymus fortunei* 'Silver Queen') wachsen gemeinsam durch Goldhopfen (*Humulus lupulus* 'Aureus'). Dieser Hopfen muß kontrolliert werden, denn er ist ein botanischer Wüstling, der seine Nachbarn überwältigt. Beschränkt man ihn auf eine Wand, einen Zaun oder ein Rankgerüst, ist er ein gelb-grüner Wandvorhang für einen Sommer.

Scharlachrot, Magentarot und Orange

Auf Gemälden, Stoffen und in der Mode sieht man manchmal schockierende Farbzusammenstellungen, im Garten weniger und dann oft zufällig. Blaues Rosa mit Zinnoberrot oder Purpur-Lila mit Orange sind so extrem miteinander, daß man sagt, sie „beißen" sich. Diese aggressive Beschreibung übersieht, daß derartige Kombinationen doch ihren Platz im Garten haben können. Sie sind wie der Paukenschlag in einer Symphonie – er gehört dazu, aber er weckt die Zuhörer aus ihrem Schlummer oder bringt sie ein wenig in Aufregung.

Farbschocks entstehen mit Farben, die nahe beieinander liegen, sowohl im Ton als auch in der Helligkeit, wie z. B. Rosa und Rot oder Rosa und Orange. Alle haben einen Rotanteil und man meint, sie könnten miteinander harmonieren. Die beißende Wirkung entsteht durch den kühlen Blaustich im Rosa und den warmen Gelbanteil in den Rot- oder Orangetönen. Wenn man beide anschaut, irritieren die unterschiedlichen Aussagen von Harmonie und Kontrast. Das wird noch verschärft, wenn wenig grünes Laub den Effekt mildern kann.

Die Freude (oder das Unbehagen), die diese Farbschocks auslösen, ist sehr abhängig von der Umgebung und dem Licht, in dem sie stehen. Sie können auf einer öffentlichen Grünfläche, die für Spiel und Spaß angelegt wurde, ganz passend sein, nicht unbedingt in einem privaten Garten, in dem man Ruhe und Erholung sucht. Schockierende Farbkombinationen wirken phantastisch im tropischen Sonnenglanz, im gedämpften Licht gemäßigter Zonen vielleicht zu hart.

Schöne Farbschocks kann man in einfarbigen Bepflanzungen arrangieren. Magenta oder Lila in einem roten Beet läßt Sie wach werden, und ein rosa Beet mit Scharlachrot ist auf keinen Fall süßlich oder einschläfernd. Grundsätzlich sind grelle Farbkontraste nur als Einzelthema zu gebrauchen, um eine Pflanzung zu beleben und zu verhindern, daß sie eintönig wird. Sie sollten wie ein Händeklatschen in einem stillen Raum sein: plötzlich, kurz und umgeben von Stille.

links: Eine üppige Farbkaskade bildet die Kletterrose 'Dorothy Perkins' zusammen mit einer Kapuzinerkresse *(Tropaeolum speciosum)*.

gegenüberliegende Seite: Jedes Bild zeigt einen anderen Farbschock; zusammen betrachtet, steigert sich die atemberaubende Wirkung.
oben links: Vor einer Fläche mit gelb-orangefarbener Sonnenbraut *(Helenium autumnale)* stehen die dunkelrosa Blütenähren des Blutweiderichs *(Lythrum salicaria)*. Blutweiderich gedeiht in sumpfigem Gelände, während die Sonnenbraut den durchlässigen Boden der leichten Anhöhe bevorzugt.
oben rechts: Der Farbschock verschiedener laubabwerfender Azaleen zusammen – oder mit anderen Pflanzen, wie hier mit wilden Hasenglöckchen – wird noch verstärkt durch das fehlende Laub im Frühling.
unten links: Einjährige Verbenen – hier scharlachrote 'Nero' und rosa 'Cleopatra' – liefern den Sommer hindurch viel Farbe im Garten. Ein ähnlicher Effekt gelingt mit Staudenverbenen, roten 'Lawrence Johnston' und rosa 'Sissinghurst'.
unten rechts: Eine kleine Frühlingsprovokation können Sie mit gefüllten orangefarbenen Tulpen und gemischten Maßliebchen *(Bellis perennis)* in Rosa und Rot auslösen.

Herbstliche Farbschocks

Wenn sich das Laub färbt und die Früchte reifen, bestimmt die Natur das Farbthema in Ihrem Garten und überstimmt vielleicht die eine oder andere Ihrer eigenen Kompositionen. Scharlachrote Beeren, leuchtend orange und gelbe Blätter und das starke Lila der Herbstzeitlosen und Alpenveilchen beherrschen das Bild, wo vorher ganz andere Farben wirkten. Manchmal führt das zu Überraschungen und glücklichen Zufällen.

Diese Farbkombinationen können sich ebenfalls etwas „beißen", aber sie sind auch für Menschen akzeptabel, die es sonst lieber gedämpft mögen. Vielleicht, weil man ähnliche Farbveränderungen in Parks und Gärten gewohnt ist. Vielleicht aber auch, weil im Herbst die Sonne niedrig am Himmel steht und alles in ein warmes gelbes Licht taucht, so daß selbst die stärksten Kontraste milder wirken.

oben: Scharlachrote und purpur-lila Petunien in einem Terrakottatopf verlängern herbstliche Farbkontraste. Die lila Petunie gehört zu der neuen Sorte der Surfinia-Hybriden, die sehr farbintensiv sind und einen kräftigen, rankenden Wuchs haben.

oben rechts: Eine farbenprächtige Kombination aus den Beeren des *Arum italicum* subsp. *italicum* 'Marmoratum' und den dunkelrosa Herbstzeitlosen *(Colchicum speciosum)*.

rechts: Im Herbst bekommt das matte Rosa der Fetten Henne (*Sedum* 'Herbstfreude') eine feurige Beigabe durch die violetten *Verbena rigida*.

oben: Das Herbstlaub eines Eisenholzbaums *(Parrotia persica)* schafft mit den herbstblühenden Alpenveilchen *(Cyclamen hederifolium)* ein überraschendes Farbspiel. Eine ähnliche Wirkung hätten die Alpenveilchen unter einem Ahorn oder einem *Fothergilla*, die sich ebenfalls rot und gelb verfärben.

rechts: Verschiedenfarbige Sträucher, wie *Acer palmatum* var. *dissectum*, immergrüner Liguster (*Ligustrum ovalifolium* 'Aureum'), Wolfsmilch *(Euphorbia griffithii)* und dunkelroter Perückenstrauch (*Cotinus coggygria* 'Royal Purple'), sind mit ihrem wechselnden Farbenspiel ein schöner Hintergrund für die späten Herbstastern, den dunklen Heliotrop 'Marine' und den Purpursalbei *(Salvia officinalis* Purpurascens Gruppe). Das sanfte Herbstlicht macht die strengen Kontraste weicher.

Schwarz und Weiß

Mit hellen und dunklen Pflanzen erzeugt man im Garten Lichtkontraste. Der stärkste Gegensatz wäre der zwischen Schwarz und Weiß, aber in der Natur kommt dies kaum vor. „Schwarze" Blüten oder Blätter haben immer einen Lila- oder Rotstich, der sie heller wirken läßt als Tiefschwarz. Weiße Blumen haben oft eine farbige Mitte oder eine grünliche Schattierung: dadurch sind sie nicht so hell wie reines Weiß.

Helligkeitskontraste zwischen fast Weiß und Schwarz sind attraktiv, sie wirken durch ihre relative Einfarbigkeit geordnet und formal. Solche Kombinationen im Garten sind auffallend und vornehm, beinahe wie ein Abendanzug.

Wie alle Komplementärfarben, so verstärken auch Schwarz und Weiß gegenseitig ihre Wirkung. Weiß wird neben Schwarz „weißer" und umgekehrt. Pflanzen Sie „schwarze" Tulpen z. B. mit Heiligenkraut oder Zierartischocken, um die Helligkeit des silbernen Laubs zu verstärken. Auf der anderen Seite wirken ein dunkelroter Perückenstrauch, Bluthasel oder eine Berberitze noch dunkler, wenn eine weiße Kletterpflanze hindurchwächst, z. B. Clematis oder Wicken.

Schließen Sie die Architektur Ihres Gartens in das Schwarz-Weiß-Schema mit ein, setzen Sie eine schwarze Stockrose vor eine weiße Wand oder lassen Sie eine weiße Clematis durch ein schwarz gestrichenes Eisengitter wachsen.

Die weißen Blüten des Hartriegels *(Cornus florida)* bilden einen starken Kontrast zu den schwarzen Baumstämmen, die sich im lichten Gehölz verlieren. Die schwarzen Eisenbahnschwellen der Treppe wiederholen die Farbe, sind aber ein waagerechter Gegensatz zu der senkrechten Betonung. Die Berberitze (*Berberis thunbergii* 'Atropurpurea Nana') bildet eine kräftige, dunkle Struktur im Vordergrund.

rechts: Eine Staudenwicke (*Lathyrus latifolius* 'Albus') klettert durch eine *Berberis x ottawensis* f. *purpurea* und läßt das purpurne Laub noch dunkler erscheinen.

unten: Eine schöne, zweifarbige Unterpflanzung für 'Queen of Night'-Tulpen und die silberne Artischocke ist der Purpursalbei *(Salvia officinalis* Purpurascens Gruppe). Eigentlich stellt man sich Salbei und Artischocken im Gemüsegarten vor, sie sind aber wegen ihrer Blätter auch im Blumengarten attraktiv.

links: Diese auffallende Schwarz-Weiß-Kombination im Frühsommer wird aus panaschiertem Gras (*Holcus mollis* 'Albovariegatus'), Purpurklee (*Trifolium repens* 'Purpurascens Quadrifolium'), Steinbrech (*Sedum sieboldii* 'Mediovariegatum') und den ovalen Samenkapseln einer *Tulipa tarda* gebildet.

Violett, Blau und Weiß

Weiße Blumen sind die hellsten im Garten, violette Blumen oft die dunkelsten. Zusammen gepflanzt, lassen die weißen Blüten die farbigen noch dunkler erscheinen, als sie wirklich sind. Weil das Weiß dem Auge einen dunklen Kontrast daneben simuliert, wird jeder tatsächlich vorhandene dunklere Ton verstärkt. Wenn Sie also irgendeine Farbkombination anschauen, in der Weiß vorkommt, ist der starke Hell-Dunkel-Unterschied unbewußt der erste Eindruck. Dabei werden subtilere Farbbeziehungen einfach übersehen.

Neben der Steigerung des Hell-Dunkel-Kontrasts bewirkt Weiß auch eine Belebung der dunklen Farben. Stellen Sie sich vor, auf den Bildern dieser Seiten würden die weißen Blumen fehlen. Die blauen und violetten Farbtöne würden düster wirken und sich kaum von dem dunklen Laub abheben. Der Gesamteindruck wäre schwer. Fügt man die weißen Blumen wieder hinzu, wird alles heller und freundlicher; kleine Besonderheiten, die ins Auge fallen. Man kann eine Komposition auch ohne Weiß heller machen, wenn man insgesamt hellere Blumen verwendet, blaßblaue Clematis und hellblaue Petunien; aber der Effekt wäre völlig anders. Sie bekämen eine sanfte Harmonie, angenehm für das Auge, aber ohne die Lebendigkeit, die das kontrastierende Weiß bewirkt. Außerdem kämen Sie nicht in den Genuß dieser reichen, samtigen Farbtöne von Tiefblau und Dunkelviolett.

Die spätblühende *Clematis viticella* bedeckt eine Wand neben einer weißen Tür. Dieser Kontrast wiederholt sich in stärkerer Form mit den weißen und violetten Petunien. Eine zweite, unbeabsichtigte Farbbrücke spannt sich zwischen dem Lerchensporn *(Corydalis lutea)*, der sich in der Trockenmauer selbst ausgesät hat, und dem gelb-panaschierten Efeu (*Hedera helix* 'Oro di Bogliasco') im Hintergrund.

links: Im Frühling leuchtet ein Maiglöckchen *(Convallaria majalis)* aus dem bodendeckenden violett-blauen Günsel *(Ajuga reptans)*. Beide feuchtigkeitsliebenden Pflanzen wuchern, sind aber gleich stark, keine unterdrückt die andere.

rechts: Eine blaue Clematis 'Prince Charles' wächst durch Jasmin (*Philadelphus* 'Belle Etoile'). Auf diese Weise kann man mit Clematis Farbe in Sträucher bringen, die ihrerseits längst verblüht sind.

rechts: Das reichhaltige Hochsommerbeet in Weiß, Violett und Blau besteht aus Stauden – Storchschnabel (*Geranium* 'Johnson's Blue'), helleren Hornveilchen *(Viola cornuta)*, Meerlavendel *(Limonium latifolium)*, weißen Margeriten *(Argyranthemum foeniculum)* und Einjährigen –, leuchtend blauem Salbei *(Salvia viridis)* und Rittersporn *(Delphinium grandiflorum)*, zusammen mit einem grau-laubigen Strauch *(Santolina chamaecyparissus)*. Es gehört viel Übung dazu, daß diese Pflanzung so leicht und natürlich wirkt.

Bunte Mischungen

Gärten voller Farbenfülle sind entweder das Ergebnis einer gut durchdachten oder überhaupt keiner Planung. Unterstellt man das Erstere, dann komponieren Sie mit Farben und stellen eine ganze Symphonie zusammen; zum Beispiel eine Rabatte über das gesamte Farbspektrum, um den Regenbogeneffekt zu haben. Ein anderer, anspruchsvoller Ansatz wäre, zwei unterschiedliche Farbharmonien zu verbinden, die zusammen wiederum einen Kontrast bilden: z. B. eine Harmonie aus Gelb, Creme und Lindgrün, verknüpft mit einer gegensätzlichen Harmonie aus Blau, Blau-Violett und Blau-Rosa. Derartige Kombinationen sind bunt, aber das ganz gezielt. Die Farbpalette ist zwar breit, doch einige Farben bleiben ausgeschlossen, in diesem Fall Rot und Orange. Man kann auch ganz bewußt „falsche" Farben in eine harmonische Pflanzung einstreuen – z. B. wenige hellrote oder gelbe Blumen inmitten von Hellblau und Rosa. Das bringt Würze in ein Beet und sorgt für Überraschungen. Aber auch dies muß man bewußt arrangieren.

Genaues Gegenteil ist das *laissez-faire* des Bauerngartens. Da ist jede Farbe willkommen, je mehr, desto besser. Es lohnt sich darüber nachzudenken, warum das auch funktionieren kann. Erstens: Derartiger Überschwang sieht auf kleinen Flächen aufregend aus, in großem Stil wäre er ermüdend und unangenehm. Zweitens: In der ländlichen Situation verbindet sich ein bunter Bauerngarten mit den zufälligen Farben der ihn umgebenden Natur. In der Stadt oder im städtischen Vorort überzeugt diese Farbenfülle des Bauerngartens schon nicht mehr. Wenn ein Garten von einem Netz gerader Baukörper umgeben ist, dann ist eine ausgewählte Farbstruktur angebrachter, vielleicht mit Wiederholungen einfacher Farbflächen, um eine Verbindung zu der Gesamtsituation zu schaffen.

Auf den ersten Blick scheint man hier alle Farbregeln außer acht gelassen zu haben, der Bauerngarten ist ein Feuerwerk zufälliger Farben. Aber trotz der breiten Farbpalette wird durch das viele Weiß, ausgleichendes Grün und besonders durch die Farb- und Formwiederholungen aus dem wahllosen Durcheinander ein rhythmisches Muster. Diese Qualität macht die Regelbrüche – lachsrosa Mohn neben blau-rosa Storchschnabel – annehmbar. (Genauer Pflanzplan auf Seite 180.)

Blau und Rosa mit Gelb

links: Große Gruppen aus Rittersporn und Storchschnabel bilden eine harmonische Kette aus Blau, Lila und Rosa, die sich in einem Rabattenpaar entlangzieht. Der kontrastierende Querfaden ist Gelb, aus hoher Wiesenraute und Schuppenkopf *(Cephalaria)* und wiederholten leuchtend gelben Hundskamille-Kissen *(Anthemis tinctoria)* im Vordergrund. Einige Gärtner hätten die blassere *Anthemis tinctoria* 'E. C. Buxton' gewählt, die etwas sanfter zu dem rosa Storchschnabel passen würde, aber dann wäre auch etwas von der Üppigkeit verlorengegangen. (Genauer Pflanzplan auf Seite 181.)

Es ist ein ehrgeiziges Vorhaben, eine harmonische Pflanzung mit einer Kontrastfarbe zu mischen, aber es kann sehr erfolgreich sein, besonders in großen Gärten. Der kraftvolle Gesamteindruck einer solchen Kombination läßt gelegentliche mißglückte Farbgegensätze vergessen.

Für ein langes Beet könnten Sie mit Blau anfangen, durch wiederholte Rittersspornpflanzen oder Agapanthus. Danach können die harmonischen Rosa- und Violettöne, z. B. die von Lupinen und Zierlauch, dazwischengesetzt werden. Schließlich behandeln Sie Blau als den Kontrastpartner von Gelb und pflanzen noch eine Reihe gelber Blumen oder gelbes Laub hinein – Potentilla oder Garben sind möglich. In der doppelten Rabatte *unten* sorgen die gelb-grünen Hecken für den Gelb-Kontrast. Diese Harmonie- und Kontrast-Kombination wirkt angenehm, solange das Gelb neben Blau, Violett oder sogar Lila liegt. Ein leuchtendes Gelb mit einem kräftigen Magenta-Rosa wäre ein Farbschock.

Die Aufgabe, eine beidseitige Rabatte zwischen vorhandenen gelb-grünen Hecken aus Ilex und Eibe zu pflanzen, löste der Gartenarchitekt mit einem harmonischen Pflanzplan aus kaltem Rosa, kaltem Blau und blau-grünen Blättern. Der beherrschende blaue Unterton der Stauden erzeugt den Kontrast zu dem Gelb der Hecken und verleiht der Komposition eine energievolle Spannung. (Genauer Pflanzplan auf Seite 181.)

Sparsam eingestreutes Gelb, lindgrüner Ziertabak und Euphorbien, verleiht der ansonsten harmonischen Anlage aus Blau-Grün, Silber, Rosa und Lila eine Andeutung von Kontrast. Lediglich die dunkelroten Bartnelken unterbrechen die zarten Farbbeziehungen. Sehr schön nimmt die Patina des Kupferkübels den Farbton der blau-grünen Pflanzen auf. (Genauer Pflanzplan auf Seite 182.)

Dunkelrosa, Blau und Violett mit Gelb

Ein harmonisches Thema aus Rosa, Mauve, Violett und Grau-Blau – Rosen, Rittersporn, Zierlauch, Wicken – liegt den drei hier gezeigten Anlagen zugrunde. Durch diese kühlen, dunklen Harmonien spinnt sich mehr oder weniger deutlich ein zweites Kontrastthema aus Blaßgelb, Creme-Weiß und Lindgrün. Dieser zarte Kontrast hebt das Blau und Violett des Hauptthemas noch stärker hervor. Außerdem wird die Anlage dadurch heller und weniger düster, als sie es ohne diese zweite Komponente wäre.

Aber hüten Sie sich vor zuviel Gelb in einer kalten Farbkomposition. Größere gelbe Flächen wirken wie Störfaktoren und können die kälteren Farben schnell erschlagen. Sie können das verhindern, wenn Sie blasse, ungesättigte Gelbtöne verwenden wie die mancher Königskerzen oder Margeriten. Oder Sie nehmen Blumen, deren Gelb nicht flächig, sondern zerstreut erscheint, z. B. Dill. Sie können auch panaschiertes Laub, das das Gelb nur andeutet, pflanzen.

rechts oben: Eine Mischung aus violetten und mauvefarbenen Duftwicken rankt durch ein Beet mit gelben Garben (*Achillea filipendulina* 'Gold Plate'), Dill *(Anethum graveolens), Leucanthemum x superbum*, creme-gelber Kamille (*Anthemis tinctoria* 'E. C. Buxton'), einer gelben Taglilie (*Hemerocallis* 'Stella de Oro') und Engelwurz *(Angelica archangelica)*.

rechts: Verglichen mit den verdichteten Farbflecken der Rose 'Charles de Mills' und des Rittersporns wirken die blaßgelbe Katzenminze *(Nepeta govaniana)*, rechts, die Königskerze (*Verbascum* 'Gainsborough'), links, und die Irisblätter (*Iris pallida* 'Variegata') undeutlich und zweitrangig. Blaue Disteln *(Eryngium alpinum)* und rosa Bartfaden (*Penstemon* 'Evelyn') lockern die kompakten Farben etwas auf.

In diesem Garten wurden Pflanzen gewählt, die lockere, pastellfarbene Wolken bilden. Die Farbtupfer der roten Salvien, dunkelroten Scabiosen, gelben Mohnblüten und Goldlauch *(Allium moly)* geben dem Ganzen eine gewisse Spannung, ohne den harmonischen Gesamteindruck zu zerstören. (Genauer Pflanzplan auf Seite 183.)

Blau und Violett mit Rot und Gelb

Stellen Sie sich die beiden hier gezeigten Gärten ohne die roten und gelben Blumen vor. Sie wären immer noch sehr schön – perfekte Harmonien aus Blau, Violett, Lila und Weiß. Aber es fehlte ein entscheidendes Element – die leichte Spannung, die durch das Rot und Gelb ausgelöst wird und verhindert, daß sich der Blick auf den harmonischen Farben ausruht und gelangweilt wird.

Aber Sie müssen sehr vorsichtig sein, wenn Sie in Harmonien Kontraste einfügen. Hier sind die Kontrastfarben ganz anders verwendet worden als die Harmonien. Das harmonische Hauptthema besteht aus dichten Grup-

pen und Farbflächen, die miteinander fließen, oder aus kompaktem Grün. Die roten und gelben Blumen sind dagegen einzelne Farbtupfer. Sie treten als eine Andeutung von Kontrast auf, nicht als gleichrangige Mitspieler. In der Anlage *gegenüber* sind die gelben Mohnblüten, roten Salvien und dunkelroten Scabiosen nur kleine kontrastreiche Flecken in dem wolkigen Blau und Violett.

Um das zu erreichen, muß man einen scharfen Blick haben und die Kenntnis, welche Pflanzen einen lockeren, weniger dichten Blütenflor haben. Dann setzen Sie sie nicht in größeren Gruppen, sondern als I-Tüpfelchen in Ihr Beet.

Die pastellfarbenen Rosa-, Violett- und Blautöne fließen durch diesen Bauerngarten wie ein Bachlauf. Karminrote Päonien und gelber Scheinmohn schwimmen wie Blasen dazwischen und beleben die sonst eher ruhige Szene. In einer solchen Anlage können sich die Akelei und der Storchschnabel ruhig kreuzen und selbst aussäen; man reißt die Pflanzen mit den Farben heraus, die nicht passen. (Genauer Pflanzplan auf Seite 183.)

Grün und Gelb mit Rosa

In den hier gezeigten Anlagen bildet Grün den Rahmen für ähnlichfarbene rosa Blumen. Aber die Wirkung dieser Gärten beruht hauptsächlich auf dem hellen Kontrast, der durch das Gelb geschaffen wird. In der Pflanzung *unten* entsteht ein schöner Rhythmus aus Hell und Dunkel durch das dunkelrote Laub der Melde (*Atriplex hortensis* var. *rubra*), die cremefarben panaschierte Gelenkblume *(Physostegia)* und die hellgelben Blütenköpfe der Heiligenblume *(Santolina)*. Weitere Hell-Dunkel-Nuancen entstehen durch dunkelgrünes und graues Laub. In dem etwas formaleren Garten *gegenüber* werden die Kontraste fast ausschließlich durch das Laub gebildet. Geschnittene Buchskugeln und -spiralen und kuppelförmige Pflanzen, wie Sedum, schaffen Muster aus Licht und Schatten, auch wenn die Sonne nicht scheint. Diese Lichtkontraste sind ebenso wirksam wie dunkles oder helles Blattwerk.

rechts: Licht und Schatten der Buchsbaumfiguren fügen dem Kontrast zwischen den beiden Beeten in Rosa und Gelb-Orange eine weitere Komponente hinzu. (Genauer Pflanzplan auf Seite 184.)

unten: Große Horste aus roter Melde (*Atriplex hortensis* var. *rubra*) wachsen zwischen einer Lupine, Malven und anderen passenden rosa Blumen. Panaschierter Phlox, Gelenkblume und *Santolina* (Heiligenblume) liefern den Kontrast in einem blassen Gelb. (Genauer Pflanzplan auf Seite 184.)

Rosa und Gelb mit Weiß

Rosa und Gelb können zusammen unangenehm wirken, weil eine Spannung zwischen Warm und Kalt entsteht. Da es die häufigsten Blumenfarben sind, ist es schwierig, sie auseinanderzuhalten. Es gibt aber Möglichkeiten, den Mißklang zwischen beiden zu minimieren oder daraus sogar Nutzen zu ziehen.

Wenn man Blumen in einem gesättigten Gelb verwendet, sollten es wenige sein im Vergleich zu der Menge rosa Blumen; sonst würde das Gelb das Rosa übertönen, da es die stärkere Farbe ist. Man kann auch auf andere Weise die Dissonanz zwischen den beiden Farben verringern, indem man blasses, ungesättigtes Gelb nimmt. Die dritte Möglichkeit ist ein Puffer aus Weiß, Silber oder Grün zwischen den Farben. Silbriges Laub eignet sich besonders gut, da es sowohl zu Rosa als auch zu Gelb sehr schön paßt. Nutzen Sie auch die natürlichen Farbzusammenstellungen in manchen Blumen, wie z. B. bei weißen Margeriten mit einer gelben Mitte.

Dieses sonnenbeschienene Sommerbeet wird von Rosen beherrscht – eine dunkel kirschrote Englische Rose 'Chianti', magentafarbene 'De Rescht' und rosaweiß gestreifte *Rosa gallica* 'Versicolor', hier als Hochstamm. Die rosa Blumen sind in der Überzahl und verhindern, daß das satte Gelb des Brandkrauts *(Phlomis fruticosa)* zu stark wird. Die weiße Rose 'Yvonne Rabier', weißer Fingerhut und sogar die weißen Streifen der *Rosa gallica* 'Versicolor' halten die beiden Farben etwas auseinander.

rechts: Die kräftige Wirkung der dottergelben Mitte der Margeriten *(Anthemis tinctoria* 'Alba') wird durch den strahlenförmigen weißen Blütenrand so abgeschwächt, daß sie sogar zu den intensivsten Rosatönen passen. Hier rankt eine Staudenwicke *(Lathyrus grandiflorus)* durch eine Gruppe Margeriten, und ihre Farben vertragen sich miteinander.

unten: Zwischen Spalierobst und Buchsbaumhecke zeigt diese Bauerngartenrabatte im Spätsommer ein Füllhorn von Farben. Im Vordergrund wächst die Montbretie (*Crocosmia* 'Golden Fleece') mit ihren matt-gelben Blüten und bernsteinfarbenen Knospen vor rosa, roten und weißen Kosmeen. Weiter hinten stehen Bartfaden (*Penstemon* 'Chester Scarlet') mit orangefarbener Kapuzinerkresse, weißem Ziertabak *(Nicotiana x sanderae)*, weißen Glockenblumen und Dahlien 'My Love'. Dann kommen rosa Sonnenhut (*Rudbeckia* 'Brilliant Star'), weißer, rosa und hoher Ziertabak *(Nicotiana sylvestris)*. Das allgegenwärtige Grün und die vielen weißen Blüten verhindern, daß diese Fülle krawallartig wirkt.

Lindgrün mit Blau, Violett und Dunkelrot

Violett und Gelb sind Komplementärfarben und die Basis für eines der wichtigsten Kontrastthemen im Garten. Sie können auf diesem Paar aufbauen – wie auch auf jedem anderen Komplementär-Duo –, indem Sie sich die einzelne Farbe jeweils als Teil einer harmonischen Pflanzung vorstellen. Nehmen Sie Violett als Ausgangspunkt für eine schöne Harmonie aus blauen, violetten und karminroten Blumen. Danach arrangieren Sie Ihr gelbes Thema um das Laub von lindgrünen Blattpflanzen. Beide Kompositionen zusammen ergeben für das Auge einen starken Kontrast.

Das ist ein Farbenspiel, das man den ganzen Frühling und Sommer lang aufrechterhalten kann. Beginnen Sie mit gelben und purpurfarbenen Tulpen, die zusammen mit Vergißmeinnicht zwischen Stauden und lindgrünen Sträuchern blühen. Wenn die Zwiebelpflanzen einziehen, übernehmen die Stauden den Platz. Lücken kann man mit Einjährigen schließen, z. B. mit blauen Kornblumen oder dunkelroten Kosmeen, die blühen, wenn frühe Stauden – Storchschnabel und Ochsenzunge – verblüht sind. Ein Reiz dieser gestaffelten Pflanzung liegt in dem wechselnden Farbenspiel.

oben und rechts: Zwei Ansichten derselben Rabatte: Im Frühsommer, oben, sind Zierlauch, Ochsenzunge, Iris und Storchschnabel die Vertreter des blau-violetten Themas. Ein lindgrünes Band aus Goldhopfen, Robinien und *Philadelphus* (Falscher Jasmin) zieht sich hindurch. (Genauer Pflanzplan auf Seite 184.) Später im Sommer ist die lavendelblaue Clematis 'Perle d'Azur' der Hintergrund, im Kontrast zu der Robinie und dem *Philadelphus* davor. Ganz vorne mischen sich blaue einjährige Kornblumen mit den dunkelroten Blüten einer Skabiose *(Knautia macedonica).*

Rot und Gelb mit Creme und Purpur

Hellrote Blumen sind immer ein Blickfang im Garten. Rote Rosen und roter Mohn lenken wie kleine Warnlampen die Aufmerksamkeit auf sich. Sie sind weniger auffällig, wenn man sie mit kräftigen Gelb- und Orangetönen in einem „warmen" Beet zusammenpflanzt. Sehr viel zarter wirkt es, wenn man Rot als Basis für eine harmonische Pflanzung mit ungesättigten Versionen anderer warmer Farben verwendet. Bei den hier gezeigten Rabatten ist das Gelb eher matt und teilweise mit Weiß und Creme oder sogar durch Grün in Richtung Lindgrün aufgelockert. Das Rot selbst wird durch das dunkel-schattierte Laub abgeschwächt.

Der leuchtende Ton der Rosen und des Mohns harmoniert mit den matten Gelb- und Rottönen der anderen Blätter und Blüten. Aber auch die großen Unterschiede von Hell und Dunkel spielen hier eine Rolle. Das Gelb ist sehr hell, und das Rot und Purpur der Blätter sind sehr dunkel. Es entsteht ein starker Kontrast, fast wie bei Schwarz und Weiß. Dies und die Farbharmonie lenken den Blick von den knallroten Blüten ab, so daß eine ausgewogene Komposition entsteht.

Der anspruchsvollste Einsatz von Farben im Garten, egal ob theoretisch geplant oder gefühlsmäßig entwickelt, ist abhängig von der Ausgewogenheit zwischen satten und ungesättigten Farben und zwischen hellen und dunklen Tönen. Die Grundsätze der hier gezeigten Pflanzungen lassen sich auf andere Farbthemen übertragen. Statt roter Rosen oder Mohn kann man leuchtend blauen Rittersporn nehmen, den man mit harmonierenden Farben wie dunklem Purpur oder Mauve umgibt. Die Helligkeit wird mit Hellrosa oder Blaßblau erreicht.

rechts: Leuchtend roter Mohn (*Papaver orientale 'Beauty of Livermere'*) schaut durch ein Dickicht aus Silberblatt *(Lunaria annua)*, dessen Fruchtstände einen Hauch Purpur haben, der sich beim Salbei *(Salvia officinalis purpurascens)*, vorne im Bild, wiederholt. Sie bilden zusammen eine Harmonie gedämpfter Blaurot- und Purpurtöne, die im Kontrast zu dem anderen, gelben Thema stehen. Das Laub des Geißblatts (*Lonicera nitida* 'Baggesen's Gold'), hinten, Sumpfblume *(Limnanthes douglasii)*, Zittergras (*Milium effusum* 'Aureum') und Goldlack erhellen die Szene und sind der Kontrast zu dem Purpur.

gegenüber: Die scharlachrote Rose 'Frensham' setzt Blickpunkte in dieses sommerliche Beet. Ohne sie würde diese Pflanzung nur durch den Hell-Dunkel-Kontrast bestimmt werden: zwischen weißer *Clematis recta*, cremefarbenen Binsenlilien *(Sisyrinchium striatum)*, hellgrünem Frauenmantel *(Alchemilla mollis)*, schaumig-weißem Geißbart (*Aruncus dioicus* 'Kneiffii') und dem dunklen, purpurroten Laub des Felberich (*Lysimachia ciliata* 'Firecracker') sowie den fast schwarzen Bartnelken *(Dianthus barbatus nigrescens)*. Es wäre ein „warmes" Beet, aber durch die creme-gelben Blüten und das silberne Laub der *Artemisia* 'Powis Castle' wird es abgekühlt. Das Farbschema wird von weißen und orangen Lilien (*Lilium regale* und *Lilium henryi*), *Phygelius aequalis* 'Yellow Trumpet' und *Phygelius x rectus* 'African Queen' zusammen mit dem lindgrünen Laub des *Symphoricarpos orbiculatus* 'Foliis Variegatis' bis in den Herbst hinein getragen.

Im Frühsommer strahlen die hellgelben Blüten der Baumlupine *(Lupinus arboreus)* und bilden eine Brücke zu dem Gelbton in den Iris, deren kaltes Lila-Rosa wiederum mit dem Storchschnabel (*Geranium* 'Johnson's Blue') harmoniert. Das grau-grüne Laub sowohl der Lupine als auch der Iris bewirkt den gedämpften Gesamteindruck. Die Lupine muß unter Kontrolle gehalten und stark beschnitten werden, um dem Storchschnabel und der Iris nicht das Licht zu nehmen.

Gelb und Creme mit gedämpftem Rot

Wenn man gedämpfte, ungesättigte Farben zusammensetzt, sind die erzielten Harmonien oder Kontraste auch schwächer. Es kann reizvoll sein, fast ausschließlich gedämpfte Farben für Blumen und Blätter zu verwenden und nur gelegentlich einen starken Ton zur Belebung einzustreuen. Auf diese Weise kann sogar eine Mischung von Harmonien mit Kontrasten gut wirken.

In den hier gezeigten Pflanzungen ist das Rot so ungesättigt, daß es kaum als Rot bemerkt wird. Die Tulpe 'Queen of Night' hat zwar einen Rotton, sie ist aber so dunkel, daß sie meistens als purpur oder schwarz bezeichnet wird. Ähnlich auch die Iris, *links*, deren Mischung aus Rosa-, Lila- und Gelbtönen so gedämpft ist, daß man von Rot kaum noch sprechen kann. Im Kontrast dazu ist das Gelb als Gelb erkennbar, obwohl viele Töne mattiert sind, außer bei den sattgelben Tulpen 'West Point'. Das Gelb der Baumlupine, *links*, und des Goldlacks, *rechts*, hat weiße Anteile, und es wirkt dadurch cremefarben. Das Laub der Robinie, *rechts*, dagegen hat einen Grünstich. Dadurch wird die Farbe etwas beißend und frischt die Kombination mit dem gedämpften Rot auf. Wenn Sie ungesättigte Gelb- oder Rottöne verwenden, denken Sie daran, daß das Gelb immer hell ist und eine lichte Wirkung erzielt, während das Rot – selbst wenn es rosa panaschiert ist, wie bei der Berberitze 'Rose Glow' – fast immer dunkel im Ton ist und den Garten dunkler macht. Wenn Sie viele Bäume und Sträucher mit rotem Laub haben, brauchen Sie vielleicht eine Auflockerung durch helles Gelb-Grün oder Silber.

oben: Es besteht eine zarte Balance zwischen den gedämpften Farben der gelb-grünen *Robinia pseudoacacia* 'Frisia', der rosa panaschierten Berberitze (*Berberis thunbergii* 'Rose Glow') und dem grau-grünen Brandkraut *(Phlomis fruticosa)*, hier im Herbst. Im Sommer setzen die Blüten der Phlomis hellgelbe I-Punkte in diese Komposition.

rechts: Die beiden spätblühenden Tulpen, eine gelbe lilienblütige 'West Point' und die fast schwarze 'Queen of Night', werfen Licht und Schatten, auch an trüben Tagen. Tatsächlich stehen sie, zusammen mit dem Goldlack, an einer sehr schattigen Stelle. Der Schatten läßt sie mit langen Stielen nach dem Licht drängen. Man kann das mit Tulpen machen, da sie nach der Blüte ausgegraben werden und an einem geeigneteren Platz bis zum nächsten Jahr bleiben können. Grundsätzlich ist die Farbwirkung im Garten, besonders bei Stauden und Sträuchern, aber am besten, wenn die Pflanzen das ihnen angemessene Licht erhalten.
Beachten Sie das Dunkelgrün des Holzzauns hinter dem Beet, das einen schönen, gedämpften Hintergrund ergibt. Stellen Sie sich vor, wie aufdringlich hier das unbehandelte, kastanienbraune Holz ausgesehen hätte.

Winterszenen

Viele Gärtner sind mit der Farbe zufrieden, die der Winter bietet. Wenn in Ihrer Gegend immer Schnee und Eis liegt, haben Sie auch keine andere Wahl. In gemäßigteren Zonen kann man aber Winterfarbe auch planen. Neben den nützlichen Immergrünen kann man auf die vielen kleinen Zufälle der Natur bauen – stark gefärbte Baumrinde, die kleinen, süß duftenden Blüten mancher Wintersträucher, Gruppen von Wintereisenhut oder frühe Krokusse. Eine schöne Wirkung erzielen Sie mit großen Flächen immergrünen Grases, wiederholten Sträuchern roter Hartriegel oder weißer Zierbrombeeren. Wenn Sie keinen Platz für einen eigenen „Wintergarten" haben, können Sie indirekt für Winterfarbe sorgen. Widerstehen Sie dem Drang, alles im Herbst abzuschneiden, und wenn dann Frost und Schnee über die braunen, grauen und grünen (das ist wahrscheinlich alles, was übriggeblieben ist) Formen fällt, werden sie zu bizarren Gebilden aus Silber, Weiß und Blau-Grün.

links oben: Die großen, lappigen Blätter der Bergenie *(Bergenia cordifolia)* werden bei kaltem Wetter karminrot und passen zu der rosa Heide (*Erica x darleyensis* 'Furzey'). Die nackten Stämme des Hartriegels (*Cornus alba* 'Sibirica') ragen wie rote Speere aus dem gelb panaschierten Efeu (*Hedera colchica* 'Sulphur Heart'), welcher ein guter Bodendecker ist, der durch andere Pflanzen hindurchkriecht und kahle Stellen bedeckt.

links: Der immergrüne Schneeball (*Viburnum tinus* 'Eve Price') beginnt erst spät im Herbst zu blühen und trägt durch milde Winter hindurch seine Blüten. Hier ist er mit einer Bergenie *(Bergenia cordifolia)* unterpflanzt, deren rosa Blüten im Frühling den Knospen des Schneeballs ähnlich sind.

oben: Die nackten, weißen Zweige des *Rubus biflorus* bilden ein Gitterwerk, das das niedrige Winterlicht einfängt. Das Weiß kommt von einer dünnen Reifschicht auf der Rinde. Dahinter blüht ein Schneeball (*Viburnum x bodnantense* 'Dawn') mit rosa Blüten an kahlen Zweigen im Spätwinter. Gräser sind unverzichtbar im winterlichen Garten. Das immergrüne Gras *(Stipa arundinacea)* wird im Winter rostfarben und hat einen warmen Glanz in der Sonne.

rechts: Eine dünne Schicht Rauhreif verwandelt die Samenköpfe von *Phlomis russeliana* (Brandkraut) in verblühte, unbekannte Wesen. Derselbe Frosthauch verleiht den dunkelrosa Blütenköpfen der Fetten Henne (*Sedum* 'Herbstfreude') zarte Blässe. Die verblühten Blätter und Stiele tragen mit ihrer Farbe ebenfalls zu diesem Bild bei. Wenn Sie mit dem Putzen bis zum Frühjahr warten, schützt das verwelkte Material auch die Wurzeln im Boden.

Pflanzpläne

Oben: Seiten 28–29

1 *Sedum acre*
2 *Lonicera nitida* 'Baggesen's Gold'
3 *Aster tradescantii*
4 *Tanacetum parthenium* 'Aureum'
5 *Eryngium giganteum*
6 *Foeniculum vulgare*
7 *Alchemilla mollis*
8 *Potentilla recta* var. *sulphurea*
9 *Argyranthemum* 'Jamaica Primrose'
10 *Lupinus* 'Chandelier'
11 *Rosa* 'Graham Thomas'
12 *Achillea chrysocoma* 'Grandiflora'
13 *Brachyglottis* 'Sunshine'
14 *Isatis tinctoria*
15 *Phlomis longifolia*
16 *Anthemis tinctoria* 'E. C. Buxton'
17 *Artemisia absinthium*
18 *Nepeta sibirica* 'Souvenir d'André Chaudron'
19 *Euphorbia characias* subsp. *wulfenii*

Links: Seite 33

1 *Mimulus guttatus*
2 *Osmunda regalis*
3 *Primula florindae*
4 *Glyceria maxima* var. *variegata*
5 *Carex elata* 'Aurea'
6 *Phalaris arundinacea* var. *picta* 'Picta'
7 *Iris orientalis*
8 *Salix* spp.

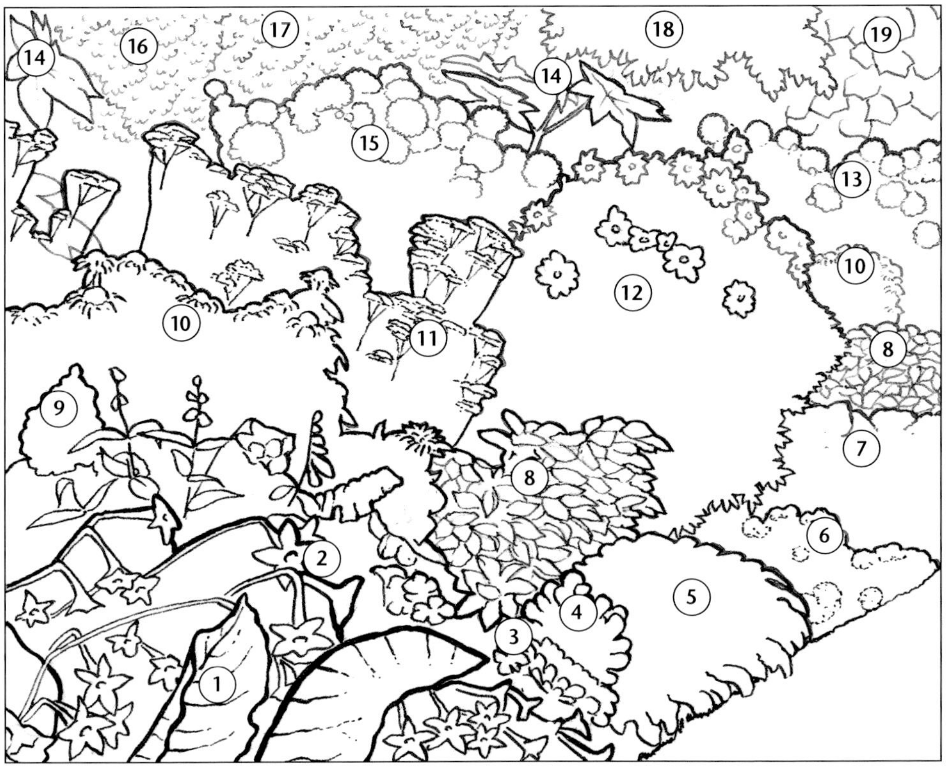

Links: Seite 46

1 *Beta* (Roter Mangold)
2 *Nicotiana x sanderae*
3 *Pelargonium* 'Lord Bute'
4 *Aeonium* 'Zwartkop'
5 *Beta*
6 *Verbena* 'Lawrence Johnston'
7 *Begonia x tuberhybrida*
8 *Iresine herbstii*
9 *Penstemon* 'Schoenholzeri'
10 *Monarda* 'Mrs Perry'
11 *Sedum telephium* subsp. *maximum* 'Atropupureum'
12 *Dahlia* 'Bishop of Llandaff'
13 *Dahlia* 'Blaisdon Red'
14 *Ricinus communis* 'Carmencita'
15 *Dahlia* 'Anchor Light'
16 *Cotinus coggygria* 'Notcutt's Variety'
17 *Berberis x interposita* 'Wallich's Purple'
18 *Corylus maxima* 'Purpurea'
19 *Vitis coignetiae*

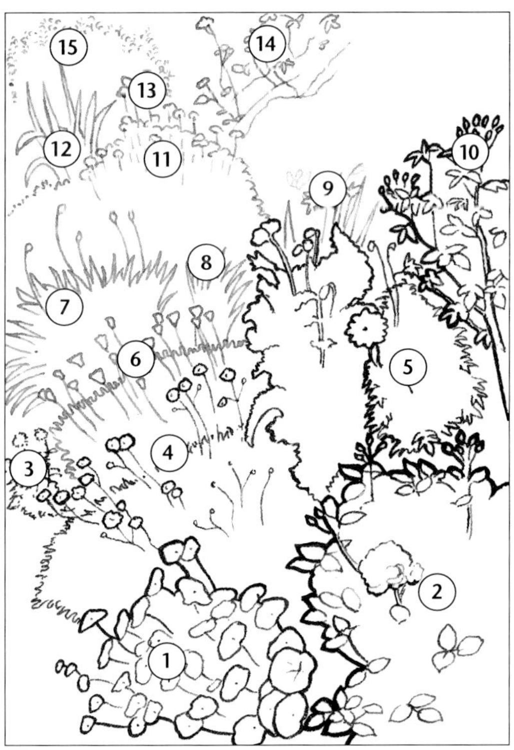

Links: Seite 47

1 *Tropaeolum majus* und *Geum* 'Mrs J. Bradshaw'
2 *Rosa* 'Lilli Marlene'
3 *Dianthus barbatus* Nigrescens-Serie
4 *Geum* 'Mrs J. Bradshaw'
5 *Dahlia* 'Bishop of Llandaff'
6 *Arcotis x hybrida* 'Flame'
7 *Agapanthus* (Laub)
8 *Crocosmia* 'Lucifer' (Laub)
9 *Lilium* 'Enchantment'
10 *Rosa* 'William Lobb' (knospig)
11 *Lychnis chalcedonica*
12 *Phormium tenax*
13 *Papaver somniferum*
14 *Rosa* 'Parkdirektor Riggers'
15 *Ligustrum lucidum* 'Tricolor'

Oben: Seite 79

1 *Digitalis purpurea*
2 *Thymus x citriodorus* 'Aureus'
3 *Trifolium repens* 'Purpurascens'
4 *Milium effusum* 'Aureum'
5 *Polemonium pauciflorum*
6 *Buxus sempervirens* 'Elegantissima'
7 *Campanula persicifolia alba*
8 *Artemisia schmidtiana*
9 *Euphorbia polychroma*
10 *Lavandula angustifolia*
11 *Artemisia pontica*
12 *Geranium sangiuneum*

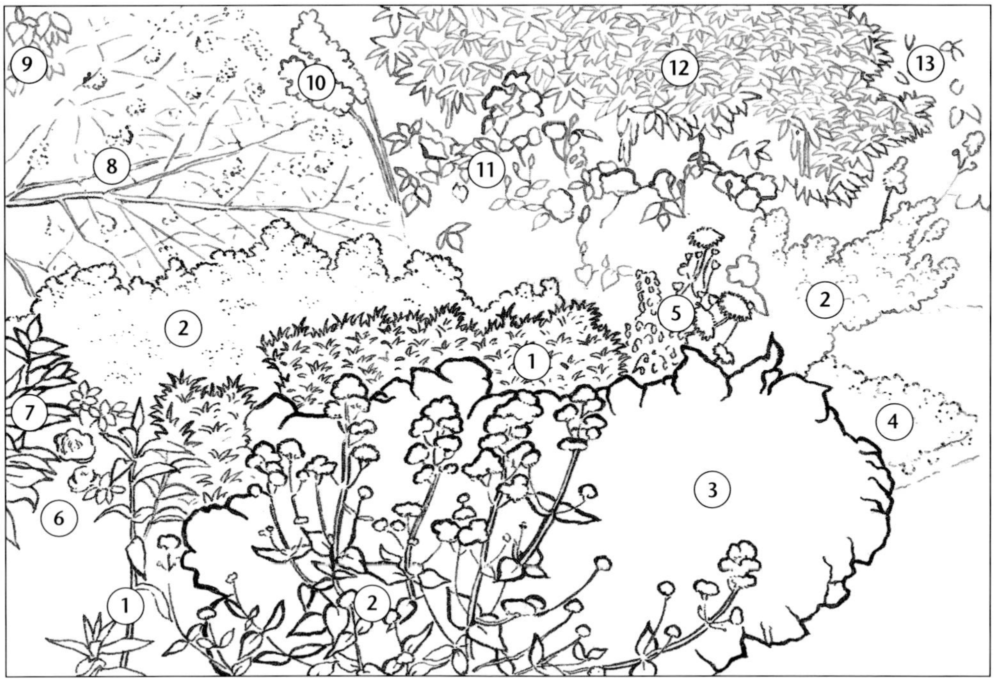

Links: Seite 96

1 *Phlox paniculata* 'White Admiral'
2 *Centranthus ruber albus*
3 *Bergenia cordifolia*
4 *Verbena tenuisecta* f. *alba*
5 *Borago officinalis* 'Alba' mit *Leucanthemum* 'Esther Read'
6 *Rosa* 'Madame Plantier'
7 *Symphytum x uplandicum*
8 *Crambe cordifolia*
9 *Rosa* 'Madame Alfred Carrière' (Laub)
10 *Delphinium* Galahad-Serie
11 *Rosa* 'Souvenir de St Anne's'
12 *Piptanthus nepalensis*
13 *Aralia cachemirica*

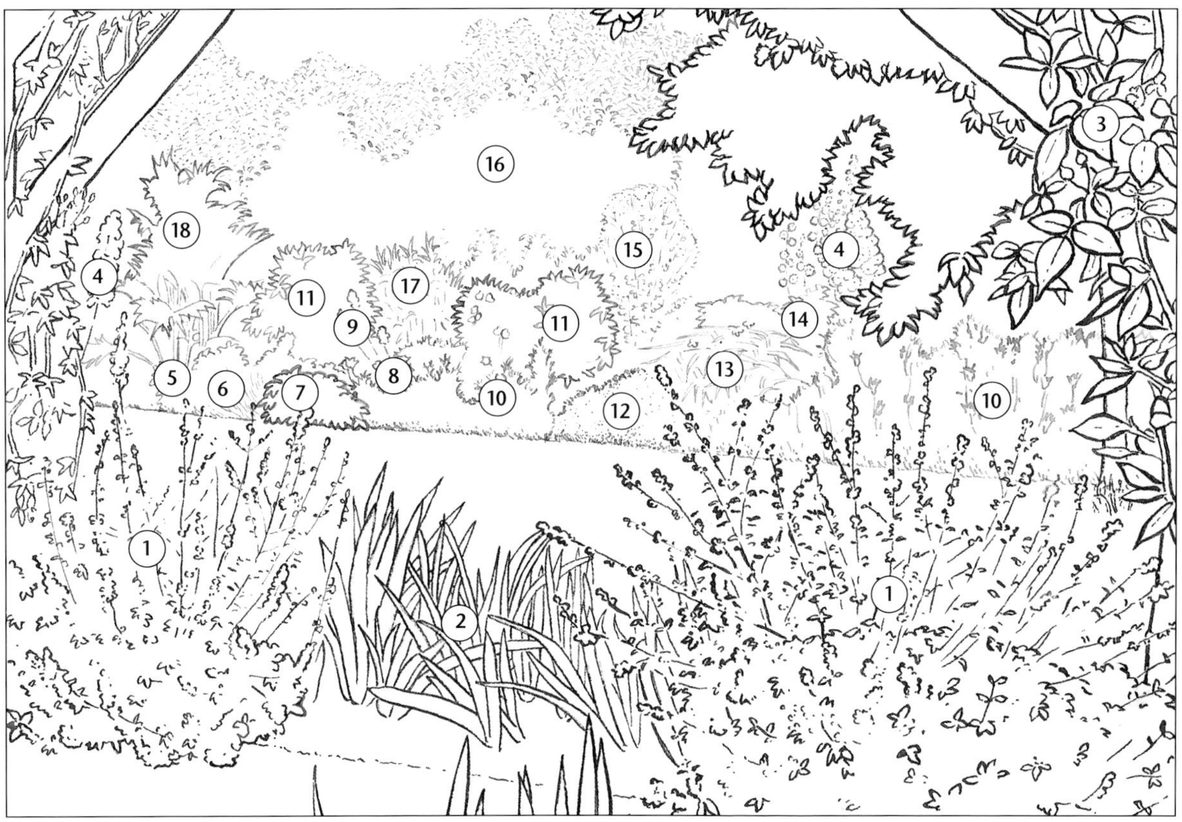

Links: Seiten 104–105

1 *Nepeta* 'Six Hills Giant'
2 *Iris pallida*
3 *Rosa* 'Veilchenblau'
4 *Delphinium* Pacific-Serie
5 *Stachys byzantina*
6 *Dianthus*
7 *Salvia officinalis* Purpurascens-Serie
8 *Campanula persicifolia alba*
9 *Polemonium caeruleum* var. *lacteum*
10 *Eryngium bourgatii* mit *Campanula persicifolia*
11 *Phlox paniculata* 'White Admiral' (Laub)
12 *Parahebe catarractae*
13 *Tradescantia x andersoniana* 'Osprey'
14 *Anemone x hybrida* 'Honorine Jobert' (knospig)
15 *Thalictrum flavum* subsp. *glaucum*
16 *Elaeagnus* 'Quicksilver'
17 *Lysimachia ephemerum* (Laub)
18 *Cynara cardunculus*

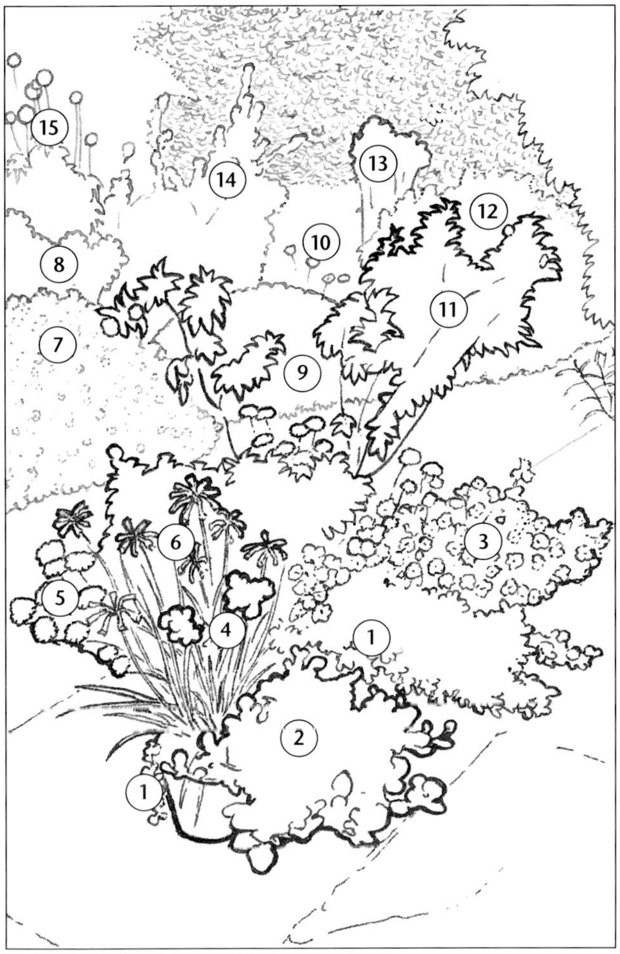

Oben: Seite 107

1 *Helichrysum petiolare*
2 *Mertensia simplicissima*
3 *Malva sylvestris* 'Primley Blue'
4 *Heliotropium* 'Chatsworth'
5 *Verbena*
6 *Agapanthus* 'Midnight Blue'
7 *Nigella damascena* 'Miss Jekyll'
8 *Geranium pratense* 'Plenum Caeruleum'
9 *Geranium* 'Johnson's Blue' (Laub)
10 *Papaver somniferum*
11 *Solanum rantonnetii*
12 *Salvia pratensis* Haematodes-Serie
13 *Lathyrus odoratus* 'Noel Sutton'
14 *Delphinium* Pacific-Serie
15 *Echinops banaticus* 'Taplow Blue'

Oben: Seite 110

1 *Lamium maculatum* cv.
2 *Nepeta x faassenii*
3 *Centaurea montana carnea*
4 *Dianthus* 'Rainbow Loveliness'
5 *Penstemon* 'Pennington Gem'
6 *Lychnis coronaria* Alba-Gruppe
7 *Papaver somniferum*
8 *Penstemon* 'Stapleford Gem'
9 *Lamium maculatum* cv.
10 *Penstemon* 'Garnet'
11 *Tanacetum parthenium* 'Plenum'
12 *Digitalis purpurea* f. *albiflora*
13 *Digitalis purpurea*
14 *Digitalis purpurea* 'Sutton's Apricot'
15 *Rosa* 'Magenta'
16 *Allium christophii*
17 *Rosa* 'Pink Prosperity'
18 *Rosa* 'Felicia'
19 *Rosa banksiae* 'Lutea' mit *Fallopia baldschuanica*
20 *Rosa* 'François Juranville'
21 *Ceanothus impressus* (Laub)

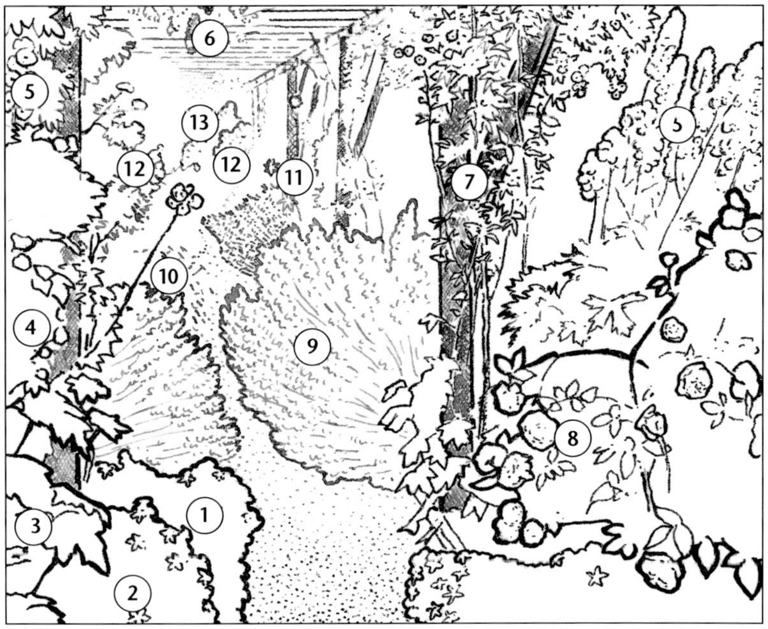

Links: Seiten 114–115

1 *Viola cornuta*
2 *Viola cornuta* Alba-Serie
3 *Anemone x hybrida* (Laub)
4 *Rosa* 'Commandant Beaurepaire'
5 *Delphinium* Pacific-Serie
6 *Rosa* 'Violette'
7 *Rosa* 'Veilchenblau'
8 *Rosa* 'Comte de Chambord'
9 *Nepeta* 'Six Hills Giant'
10 *Anthemis punctata* subsp. *cupaniana*
11 *Clematis* 'Bees' Jubilee'
12 *Rosa* 'Ballerina'
13 *Rosa* 'Penelope'

Oben: Seite 120

1 *Rosa* 'The Fairy'
2 *Penstemon* 'Apple Blossom' (knospig)
3 *Artemisia ludoviciana*
4 *Origanum laevigatum* 'Hopleys'
5 *Artemisia abrotanum*
6 *Rosa 'Mevrouw Nathalie Nypels'*
7 *Papaver somniferum*
8 *Malva moschata alba*
9 *Verbascum chaixii* 'Album'
10 *Rosa glauca*
11 *Lychnis coronaria* Oculata-Serie
12 *Lavatera* 'Barnsley'
13 *Spiraea x billiardii*

Oben: Seite 121

1 *Rosa* 'White Meidiland'
2 *Santolina pinnata* subsp. *neapolitana*
3 *Artemisia arborescens*
4 *Allium nigrum*
5 *Rosa* 'Boule de Neige'
6 *Hosta* 'Francee'
7 *Buxus*
8 *Onopordum nervosum*
9 *Armeria maritima*
10 *Acanthus mollis*
11 *Miscanthus sinensis* 'Variegatus'
12 *Digitalis purpurea* Foxy-Hybride
13 *Alchemilla mollis*
14 *Helichrysum italicum*
15 *Artemisia* 'Powis Castle'
16 *Allium aflatunense* 'Purple Sensation'
17 *Delphinium x belladonna* 'Casa Blanca' (knospig)
18 *Rosa* 'Iceberg'
19 *Thalictrum aquilegifolium*
20 *Milium effusum* 'Aureum'
21 *Hesperis matronalis* var. *albiflora*
22 *Weigela* 'Praecox Variegata'
23 *Sambucus nigra*
24 *Rosa* 'New Dawn'
25 *Prunus lusitanica* 'Variegata'
26 *Pittosporum tenuifolium* 'Silver Queen'

Oben: Seite 123

1 *Lilium lancifolium* (Laub)
2 *Rudbeckia fulgida* var. *sullivantii* 'Goldsturm'
3 *Hypericum x inodorum* 'Summergold'
4 *Plantago major* 'Rubrifolia'
5 *Tropaeolum majus* 'Hermine Grashoff'
6 *Cuphea ignea*
7 *Hemerocallis* 'Golden Chimes'
8 *Carex comans*
9 *Crocosmia* 'Star of the East'
10 *Arcotis x hybrida* 'Flame'
11 *Lobelia* 'Queen Victoria'
12 *Dahlia* 'Bednall Beauty'
13 *Tropaeolum majus* 'Crimson Velvet'
14 *Heuchera micrantha* var. *diversifolia* 'Palace Purple'
15 *Bidens ferulifolia*
16 *Hosta fortunei* var. *aureomarginata*
17 *Crocosmia masoniorum*
18 *Pleioblastus auricomus*
19 *Monarda* 'Cambridge Scarlet'
20 *Salvia elegans* 'Scarlet Pineapple'
21 *Ligularia dentata* 'Desdemona'
22 *Inula hookeri*
23 *Rheum palmatum*
24 *Lobelia* 'Dark Crusader'
25 *Atriplex hortensis* var. *rubra*
26 *Helenium* 'Wyndley'
27 *Ricinus communis* 'Gibsonii'
28 *Lobelia x speciosa*
29 *Dahlia* 'Arabian Night'
30 *Crocosmia* 'Vulcan' mit *C. x. crocosmiflora* 'Lady Hamilton'
31 *Fagus sylvatica* 'Dawyck Purple'
32 *Ligularia* 'The Rocket'
33 *Helianthus* 'Monarch'
34 *Sinacalia tangutica*
35 *Berberis thunbergii* f. *atropurpurea*
36 *Helianthus decapetalus* 'Triomphe de Gand'
37 *Dahlia* 'Bishop of Llandaff'
38 *Colutea x media*
39 *Acer platanoides* 'Crimson King'

Rechts: Seite 124

1 *Dryopteris filix-mas*
2 *Astilbe* 'Brautschleier'
3 *Athyrium felix-femina*
4 *Symphytum ibericum*
5 *Iris laevigata«* 'Snowdrift'
6 *Mimulus luteus*
7 *Sinacalia tangutica*
8 *Acer palmatum* Dissectum Atropurpureum-Serie
9 *Gleditsia triacanthos* 'Sunburst'
10 *Rhododendron* 'Loderi'
11 *Ligularia przewalskii*
12 *Aruncus dioicus*
13 *Genista* 'Lydia'
14 *Euonymus fortunei* 'Emerald 'n'Gold'
15 *Rodgerisa aesculifolia*
16 *Asplenium scolopendrium* Marginatum-Serie
17 *Primula sikkimensis*
18 *Dryopteris erythrosora*
19 *Yushania anceps*
20 *Hosta* 'Honeybells'

Rechts: Seite 125

1 *Erysimum cheiri* 'Fire King'
2 *Paeonia mlokosewitschii*
3 *Potentila fruticosa* 'Elizabeth'
4 *Helianthemum* 'Henfield Brilliant'
5 *Tanacetum parthenium* 'Aureum'
6 *Helianthemum* 'Fire King'
7 *Tulipa* 'Aladdin'
8 *Iris* 'Stained Glass'
9 *Euphorbia griffithii* 'Dixter'
10 *Iris* 'Curlew'
11 *Erysimum x allionii*
12 *Iris* California Hybride
13 *Diervilla sessilifolia*
14 *Euphorbia x martinii*
15 *Trollius x cultorum* 'Superbus'

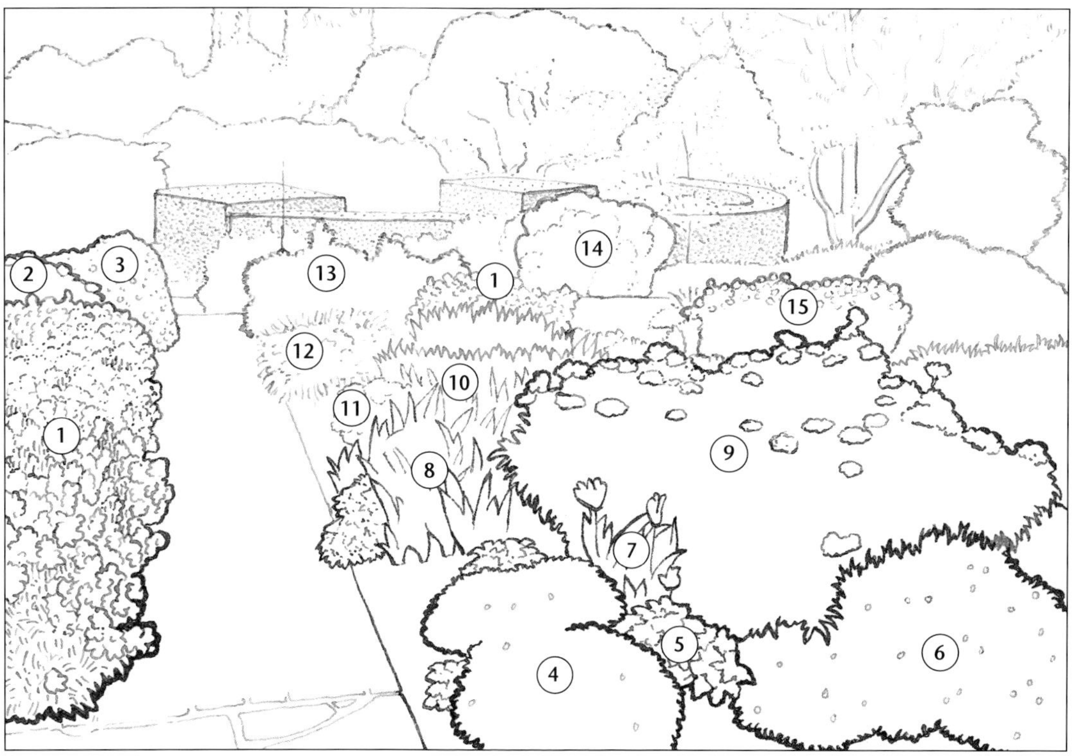

Gegenüber: Seiten 126–127

1 *Stachys byzantina*
2 *Geranium traversii* Hybride
3 *Anenome x hybrida*
4 *Berberis thunbergii* 'Atropurpurea Nana'
5 *Astrantia maxima*
6 *Rosa* 'Comte de Chambord'
7 *Lychnis coronaria* Oculata-Serie
8 *Geranium palmatum*
9 *Rosa glauca*
10 *Taxus baccata*
11 *Prunus cerasifera* 'Nigra'
12 *Corylus maxima* 'Purpurea'
13 *Olearia x macrodonta*
14 *Geranium endressii*
15 *Prunus cerasifera* 'Nigra'
16 *Geranium endressii* mit *Rosa* 'New Dawn'
17 *Pittosporum* 'Garnettii'
18 *Pittosporum tenuifolium* 'Tom Thumb'
19 *Cosmos* 'Daydream'
20 *Phlox paniculata* (Laub)
21 *Iris ensata* 'Rose Queen' mit *Rosa* 'Hermosa'
22 *Helictotrichon sempervirens*
23 *Artemisia alba* 'Canescens'
24 *Santolina pinnata* subsp. *neapolitana*
25 *Geranium traversii* var. *elegans*

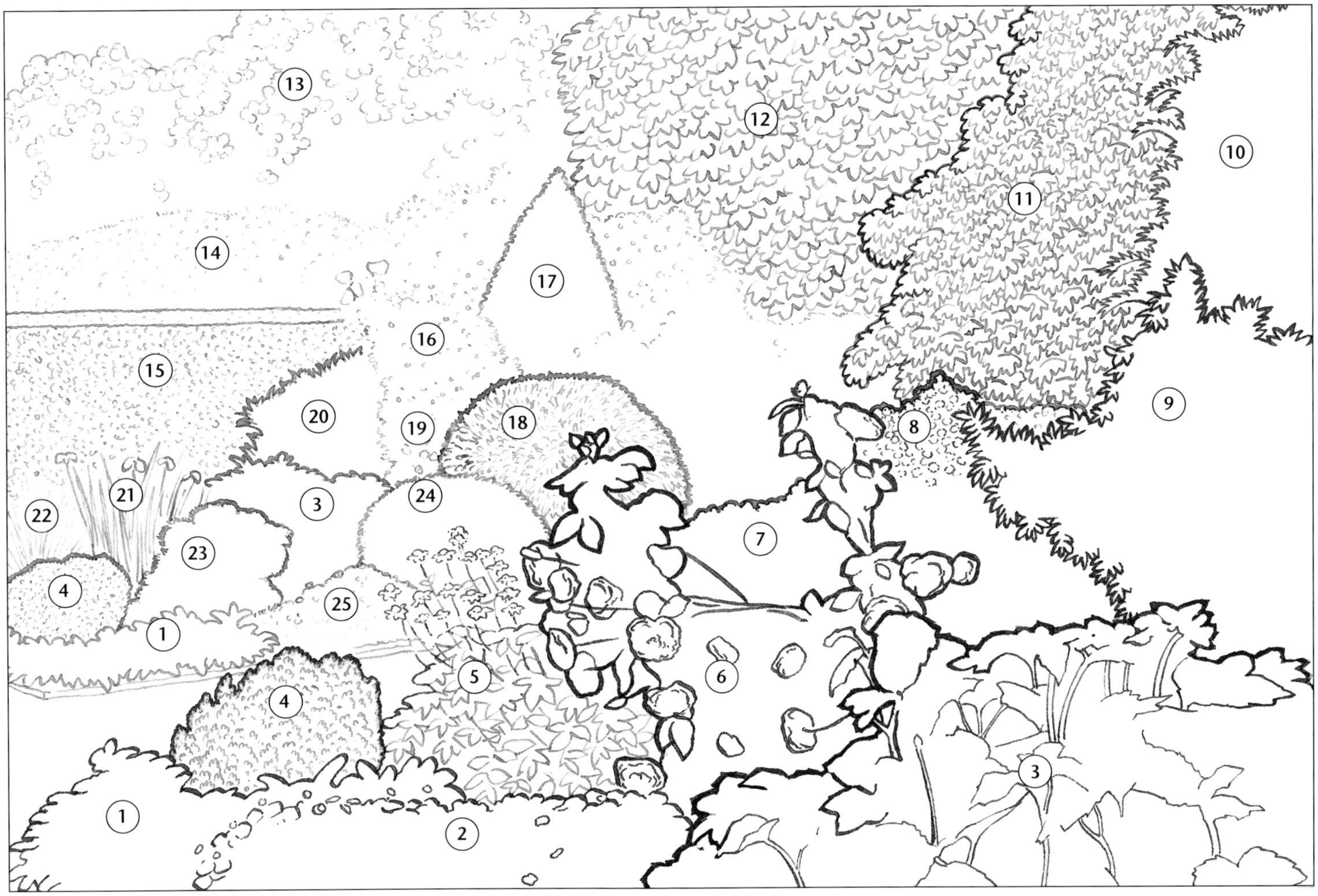

Rechts: Seite 135

1 *Erysimum cheirii* 'Fire King'
2 *Iris* 'Curlew' (Laub)
3 *Othonna cheirifolia*
4 *Erysimum x allionii*
5 *Tulipa* 'Aladdin'
6 *Euphorbia griffithii* 'Dixter'
7 *Rosa foetida* (Laub)
8 *Paeonia delavayi* var. *ludlowii* (Laub)
9 *Tulipa* 'Yuma'
10 *Achillea* 'Moonshine' (Laub)
11 *Hemerocallis lilioasphodelus* (Laub)
12 *Cytisus x praecox* 'Warminster'
13 *Koelreuteria paniculata* var. *apiculata*
14 *Lilium*
15 *Iris spuria* (Laub)
16 *Erysimum cheiri* 'Blood Red'
17 *Limnanthes douglasii*
18 *Iris* 'Stained Glass' (Laub)
19 *Tanacetum parthenium* 'Aureum'

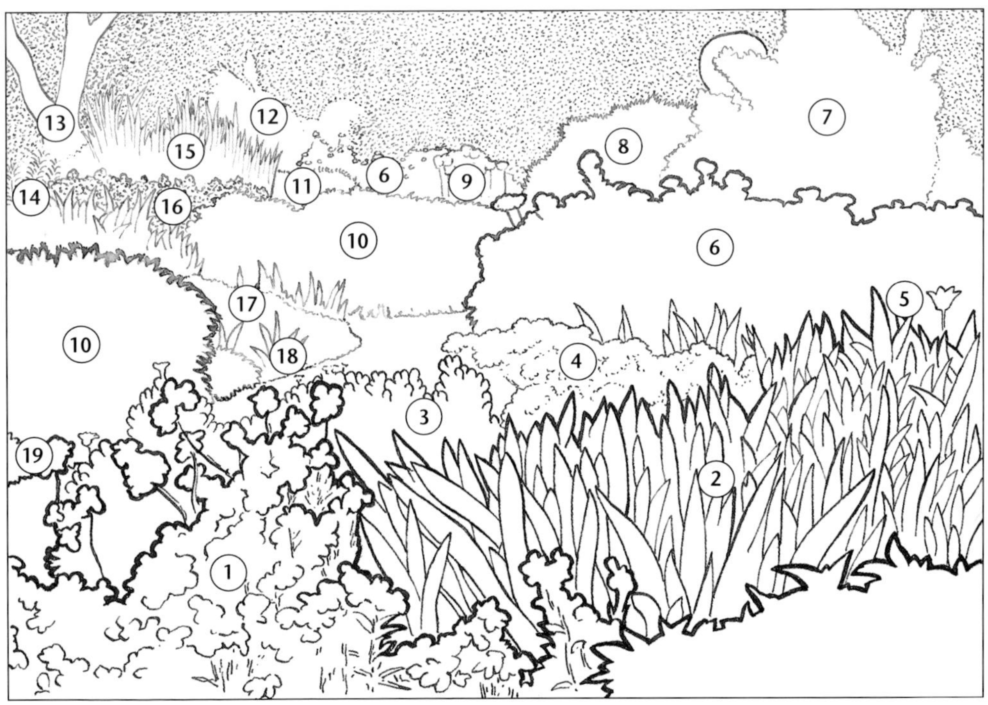

Rechts: Seite 140

1 *Tagetes* 'Lemon Gem'
2 *Limnanthes douglasii*
3 *Nepeta x faassenii*
4 *Nicotiana x sanderae* 'Lime Green'
5 *Solidago* 'Queenie'
(syn. 'Golden Thumb')
6 *Alchemilla mollis*
7 *Erigeron* 'Sincerity'
8 *Ageratum* 'Blue Horizon'
9 *Lysimachia punctata*
10 *Helenium* cv.
11 *Verbascum* Harkness Hybride
12 *Cornus mas* 'Variegata'
13 *Delphinium* 'Blue Nile'
14 *Achillea filipendulina* 'Gold Plate'
15 *Oenothera biennis*
16 *Solidago* 'Goldenmosa'

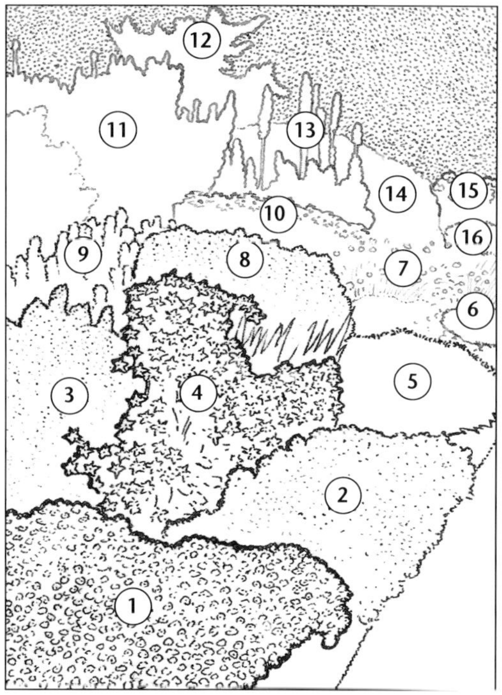

Unten: Seiten 151–153

1 *Rosa x alba*
2 *Nigella damascena* 'Miss Jekyll' (knospig)
3 *Campanula latiloba*
4 *Geranium x oxonianum* 'Wargrave Pink'
5 *Papaver orientale* 'Mrs Perry'
6 *Digitalis purpurea*
7 *Dianthus barbatus*
8 *Nepeta* 'Six Hills Giant'
9 *Helianthemum* 'Fire Dragon'
10 *Campanula punctata*
11 *Helianthemum* 'Rhodanthe Carneum'
12 *Anthemis punctata* subsp. *cupaniana*
13 *Tanacetum parthenium* 'Aureum'
14 *Gladiolus communis* subsp. *byzantinus*
15 *Geranium* 'Johnson's Blue'
16 *Gladiolus* 'The Bride'

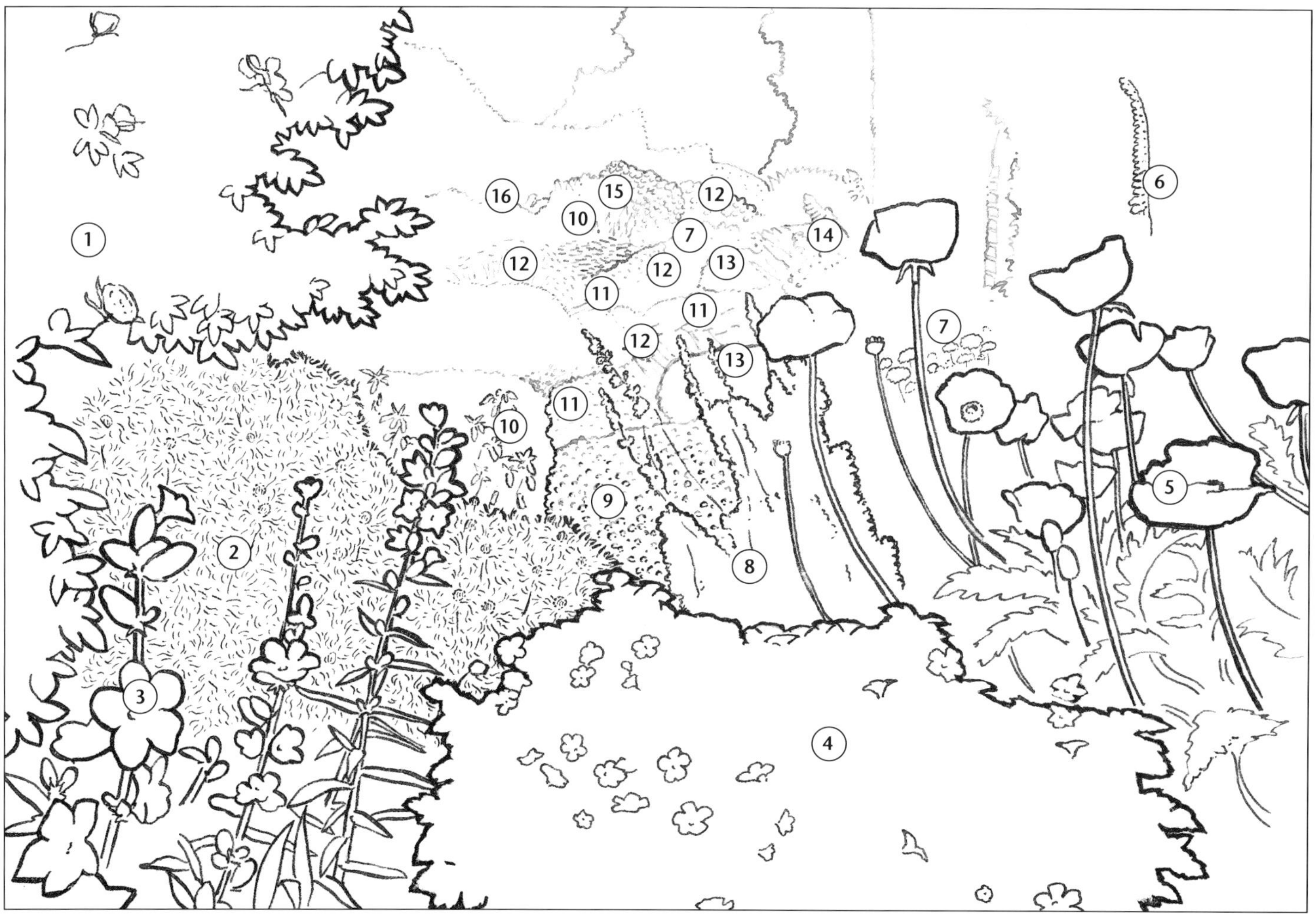

Rechts: Seite 154

1 *Stachys byzantina*
2 *Anthemis tinctoria*
3 *Phalaris arundinacea* var. *picta* 'Picta'
4 *Geranium macrorrhizum*
5 *Lychnis viscaria* 'Spendens Plena'
6 *Veronica gentianoides* (Laub)
7 *Hemerocallis* 'Marion Vaughn' (Laub)
8 *Geranium psilostemon*
9 *Aconitum* 'Ivorine'
10 *Delphinium* cv.
11 *Thalictrum flavum*
12 *Cephalaria gigantea*
13 *Prunus cerasifera* 'Pissardii'
14 *Alstroemeria aurea*
15 *Eryngium alpinum* 'Slieve Donard'
16 *Geranium pratense* 'Plenum Violaceum'
17 *Thalictrum minus adiantifolium*
18 *Iris sibirica* (Laub)
19 *Anaphalis triplinervis*
20 *Sidalcea* (knospig)

Unten: Seite 155

1 *Cynara cardunculus*
2 *Penstemon* 'Evelyn'
3 *Campanula lactiflora* 'Loddon Anna'
4 *Agapanthus* Headbourne Hybride
5 *Verbena tenuisecta*
6 *Penstemon* 'Stapleford Gem'
7 *Aconitum napellus*
8 *Buddleja* 'Lochinch'
9 *Galega orientalis*
10 *Allium sphaerocephalon*
11 *Sedum* 'Herbstfreude'
12 *Salvia sclarea* var. *turkestanica*
13 *Ilex aquifolium* 'Aurea Marginata'
14 *Taxus baccata* 'Aurea'
15 *Penstemon* 'Burgundy'
16 *Phlox*
17 *Nemesia lilacina*
18 *Ajuga reptans* 'Atropurpurea'
19 *Ruta graveolens*
20 *Salvia*

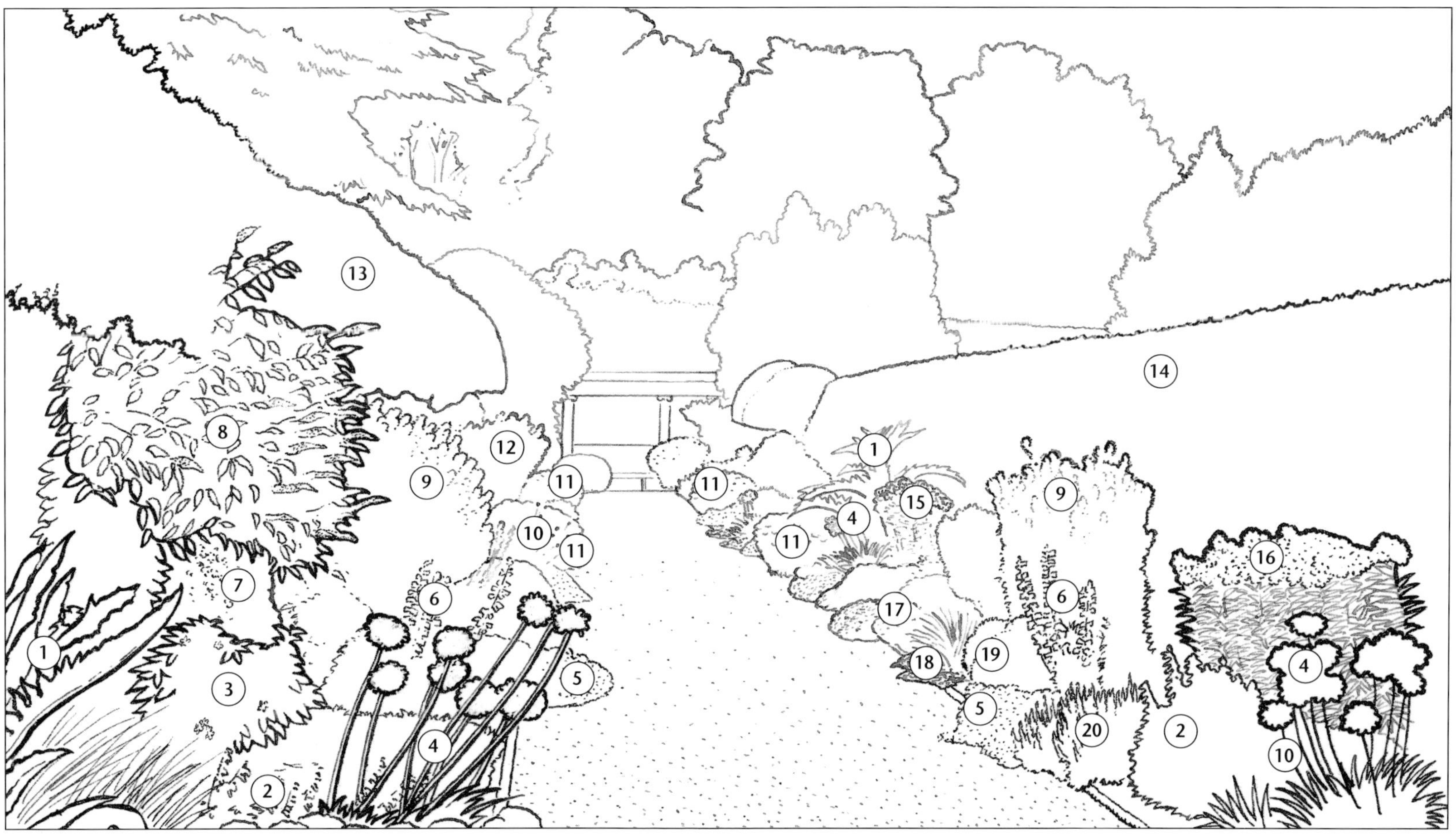

Oben: Seite 156

1 *Heliotropium* 'Princess Marina'
2 *Argyranthemum* 'Vancouver' und *A. foeniculaceum*
3 *Rosa* 'Madame Lauriol de Barny'
4 *Rosa* 'Constance Spry'
5 *Delphinium* 'Blue Jade'
6 *Campanula lactiflora*
7 *Lupinus* 'Noble Maiden'
8 *Lilium regale*
9 *Rosa* 'May Queen'
10 *Geranium psilostemon*
11 *Alchemila mollis*
12 *Sedum* 'Herbstfreude'
13 *Penstemon crandallii* subsp. *glabrescens*
14 *Viola* 'Mercury'
15 *Fuchsia magellanica* var. *molinae* 'Sharpitor'
16 *Campanula latiloba* 'Hidcote Amethyst'
17 *Iris sibirica* 'Ego' (Laub)
18 *Minulus lewisii*
19 *Rosa* 'Penelope'
20 *Thalictrum delavayi*
21 *Melianthus major*
22 *Allium christophii*
23 *Rosa* 'La Ville de Bruxelles'
24 *Calamintha nepeta* subsp. *nepeta*
25 *Iris* 'Jane Phillips' (Laub)
26 *Crepis incana*
27 *Petunia integrifolia* var. *integrifolia*
28 *Salvia officinalis* 'Purpurascens'
29 *Ballota acetabulosa*
30 *Phlox subulata* 'Emerald Cushion Blue' (Laub)
31 *Dianthus* 'Valda Wyatt'
32 *Dahlia* 'Mount Noddy' (Laub)
33 *Iris* (Laub)
34 *Geranium sanguineum* 'Jubilee Pink'
35 *Eryngium bourgatii*
36 *Verbena* 'Sissinghurst'
37 *Salvia argentea*
38 *Nicotiana x sanderae* 'Lime Green'
39 *Lobelia fulgens x speciosa* (Laub)
40 *Dianthus barbatus* 'Auricula-eyed'
41 *Campanula portenschlagiana*
42 *Euphorbia nicaeensis*
43 *Viola* 'Universal Cream'
44 *Artemisia schmidtiana*

Rechts: Seite 158

1 *Rosa* 'Francis E. Lester'
2 *Gillenia trifoliata*
3 *Buxus sempervirens*
4 *Salvia x superba*
5 *Salvia pratensis* Haematodes-Serie
6 *Artemisia abrotanum*
7 *Stachys byzantina*
8 *Tanacetum parthenium*
9 *Gladiolus* 'The Bride'
10 *Potentilla* 'Yellow Queen'
11 *Salvia microphylla* var. *neurepia*
12 *Knautia macedonica*
13 *Lilium regale*
14 *Allium moly* mit *Meconopsis cambrica*
15 *Penstemon heterophyllus*
16 *Digitalis purpurea*
17 *Linaria purpurea*
18 *Thalictrum aquilegifolium*
19 *Clematis* 'Etoile Violette'
20 *Prunus* 'Taihaku'
21 *Rosa* 'Goldfinch'
22 *Delphinium* Pacific Hybride
23 *Cynara cardunculus*
24 *Geranium pratense* 'Plenum Violaceum'
25 *Argyranthemum*

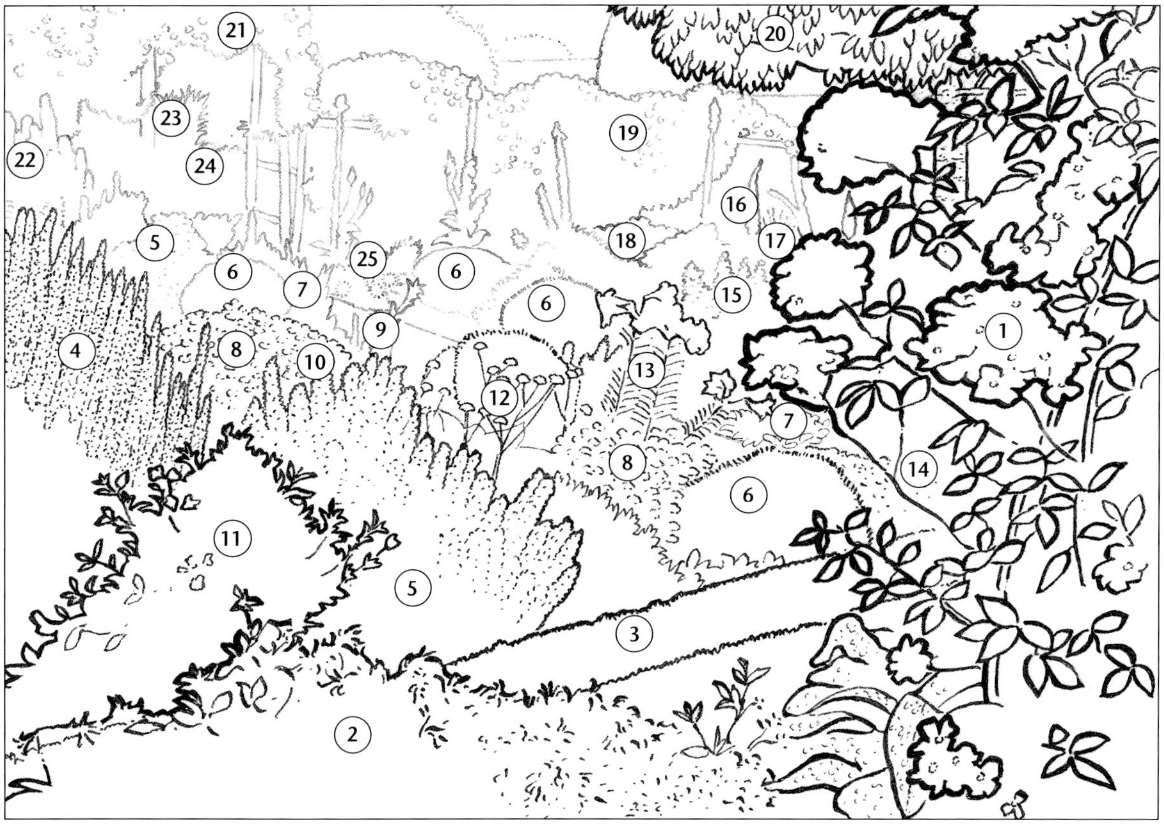

Rechts: Seite 159

1 *Geranium sanguineum*
2 *Aquilegia vulgaris*
3 *Nepeta sibirica* 'Souvenir d'André Chaudron' (Laub)
4 *Geranium sylvaticum* 'Mayflower'
5 *Meconopsis cambrica*
6 *Aquilegia* 'Hensol Harebell'
7 *Paeonia officinalis* 'Rubra Plena'
8 *Allium karataviense*
9 *Lunaria annua* 'Alba Variegata'
10 *Salvia nemorosa* 'Ostfriesland' (Laub)
11 *Myosotis*
12 *Polemonium caeruleum*
13 *Geranium phaeum* 'Lily Lovell'
14 *Allium aflatunense*
15 *Rosa* 'William Lobb' (Laub)
16 *Rosa sericea* subsp. *omeiensis* f. *pteracantha*

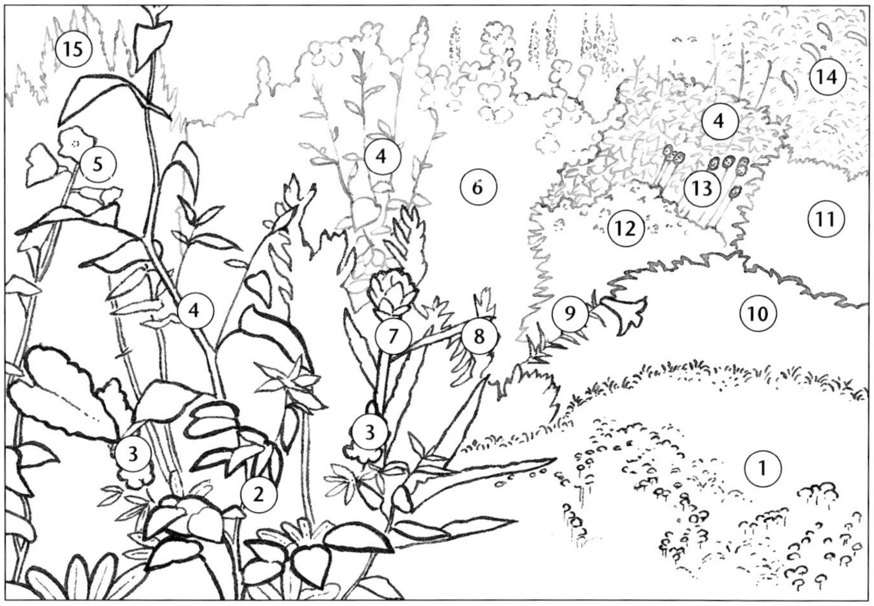

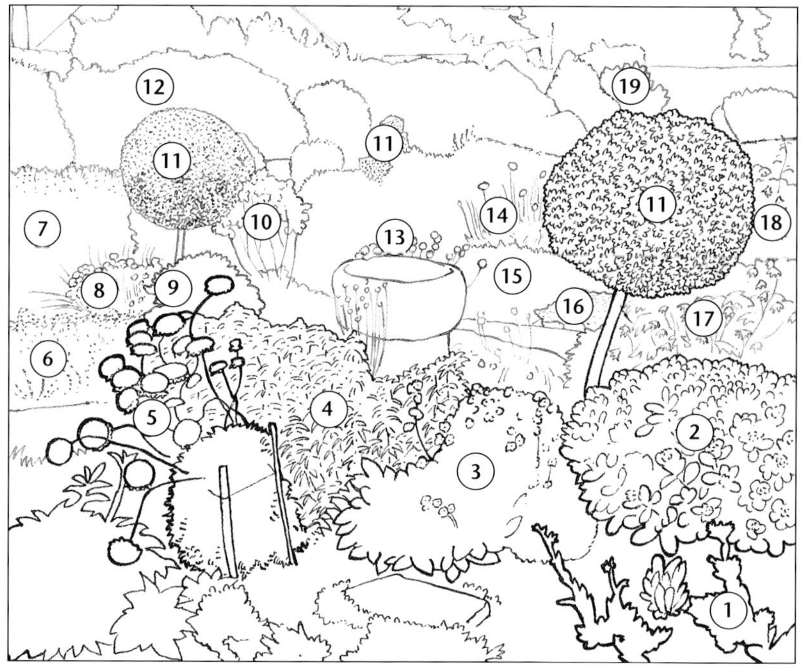

Oben: Seite 160

1 *Santolina pinnata* subsp. *neapolitana* 'Edward Bowles'
2 *Rosa* 'Wife of Bath' (Laub)
3 *Lupinus* 'The Chatelaine'
4 *Atriplex hortensis* var. *rubra*
5 *Lavatera* 'Rosea'
6 *Sidalcea* 'Rose Queen'
7 *Cynara cardunculus* Scolymus-Serie 'Purple Globe'
8 *Physostegia virginiana* 'Variegata'
9 *Lilium* Pink-Perfection-Serie
10 *Chaerophyllum hirsutum* 'Roseum' (Laub)
11 *Phlox paniculata* 'Nora Leigh'
12 *Geranium phaeum* (Setzling)
13 *Allium sphaerocephalon*
14 *Buddleja davidii* 'Nanho Purple'
15 *Artemisia lactiflora*

Oben: Seite 161

1 *Silene compacta*
2 *Sedum telephium*
3 *Lychnis yunnanensis*
4 *Lysimachia clethroides* (Laub)
5 *Pyrethrum*
6 *Myosotis*
7 *Nepeta nuda* 'Rosea'
8 *Allium schoenoprasum*
9 *Sidalcea* 'Loveliness' (Laub)
10 *Aquilegia vulgaris* var. *stellata* (gefüllt)
11 *Buxus sempervirens* 'Notata'
12 *Physocarpus opulifolius* 'Luteus'
13 *Armeria alliacea* Formosa Hybriden
14 *Papaver* spp.
15 *Helianthemum* 'Amy Baring'
16 *Sedum kamtschaticum* 'Variegatum'
17 *Aquilegia vulgaris* var. *stellata* (einfach)
18 *Aquilegia formosa*
19 *Corylus avellana* 'Aurea'

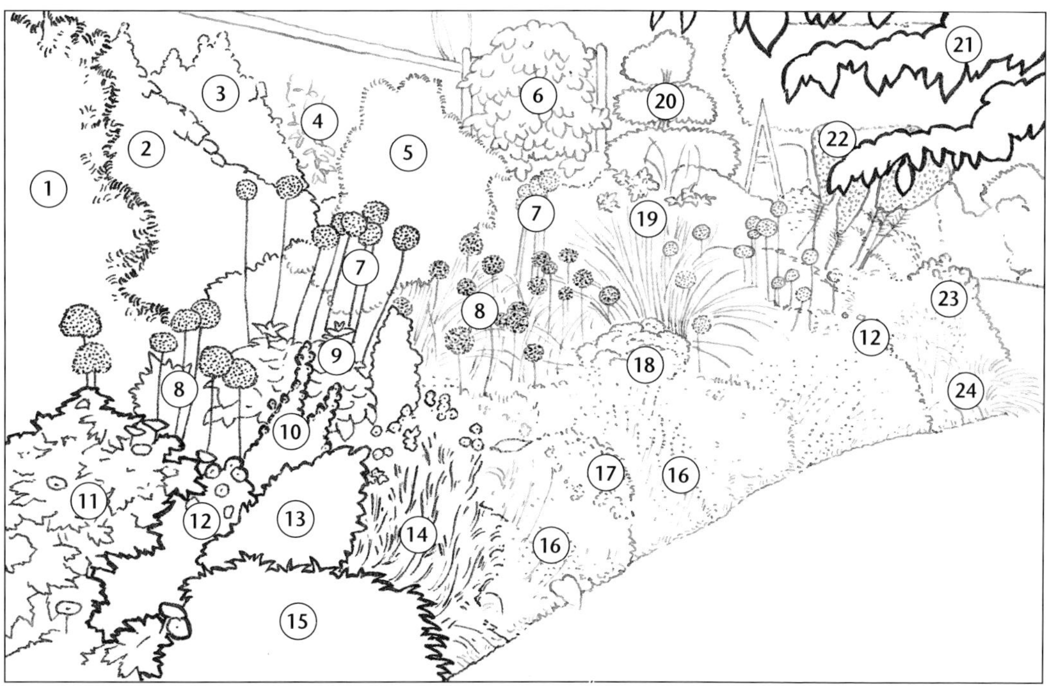

Links: Seite 164

1 *Taxus baccata*
2 *Clematis* 'Etoile Violette' (Laub)
3 *Hedera helix* 'Buttercup' und *H. h.* 'Oro di Bogliasco'
4 *Cornus alba* 'Aurea'
5 *Robinia pseudocacia* 'Frisia'
6 *Humulus lupulus* 'Aureus'
7 *Allium rosenbachianum*
8 *Allium aflatunense* 'Purple Sensation'
9 *Philadelphus coronarius* 'Aureus'
10 *Anchusa azurea* 'Loddon Royalist'
11 *Geranium psilostemon*
12 *Geranium* 'Johnson's Blue'
13 *Lunaria annua* 'Alba Variegata'
14 *Erysimum cheiri*
15 *Penstemon heterophyllus* 'Heavenly Blue' (Laub)
16 *Myosotis*
17 *Viola cornuta*
18 *Euphorbia polychroma*
19 *Iris sibirica*
20 *Ilex x altaclerensis* 'Lawsoniana'
21 *Cornus controversa*
22 *Euphorbia characias* subsp. *wulfenii*
23 *Geranium effusum* 'Aureum' und *Carex morrowii* 'Variegata'
24 *Milium effusum* 'Aureum' und *Carex morrowii* 'Variegata'

Register der deutschen Pflanzennamen

Kursiv gedruckte Zahlen verweisen auf Abbildungen.
Fett gedruckte Zahlen verweisen auf die Pflanzenlisten.

Register der botanischen Pflanzennamen

Kursiv gedruckte Zahlen verweisen auf Abbildungen.
Fett gedruckte Zahlen verweisen auf die Pflanzenlisten.
Die Buchstaben in (Klammern) geben die jeweiligen Farbkapitel an, in denen die Pflanzen aufgeführt sind:
B = Blau, **G** = Gelb, **Gr** = Grün, **O** = Orange, **R** = Rot, **Rs** = Rosa, **S** = Silber und Grau, **V** = Violett, **W** = Weiß.

Danksagung

Allen Gartenbesitzern und Gärtnern, die mir erlaubt haben zu fotografieren, bin ich sehr dankbar. Viele von ihnen haben sich zusätzlich große Mühe bei der Identifikation der Pflanzen gegeben. Mein besonderer Dank geht an die folgenden Personen, deren Anlagen eher im Ganzen gezeigt werden (Die Zahlen hinter der Adresse sind die Seitenzahlen, die Buchstaben dahinter bedeuten jeweils o = oben, u = unten, m = mitte, l = links, r = rechts): Lesley und John Jenkins, Wollerton Old Hall, Shropshire 1; The National Trust, Sissinghurst Castle, Kent 6, 57l, 125u, 134-5; Fiona und John Owen, The Old Chapel, Gloucestershire 7, 106, 141o; Mr. und Mrs. H. Wakefield, Bramdean House, Hampshire 8; Laura Fisher, White Meadows Farm, Katonah, New York 90; Winterhur Gardens, Delaware 9u; Gothic House, Oxfordshire 10-11, 5l, 62, 73l, 109r, 111l und r, 119o, 121r, 164-165, 169r; Wendy und Michael Perry, Bosvigo House, Cornwall 18, 122-3, 126-7; The National Trust, Powis Castle, Powys 190, 52ur, 117or; Clare College, Cambridge 19u, 140; Sir Roy Strong und Dr. Julia Trevelyan Oman, The Laskett, Hereford und Worcester 20; The National Trust, Tintinhull House, Somerset 21, 166; Lord und Lady Saye und Sele, Broughton Castle, Oxfordshire 22l, 110, 151u; Randal Anderson, Privatgarten, Oxfordshire 22r, 118; Pam und Peter Lewis, Sticky Wicket, Dorset 2, 23, 108o, 117ur, 120, 131u, 160; Nori und Sandra Pope, Hadspen Gardens, Somerset 28-9, 39ur, 45l, 47, 48ul, 57or, 81ol, 96, 107l und r, 119u, 149u; Nancy Lancaster (verstorben), The Coach House, Oxfordshire 30l; Susan Strange, Holywell Manor, Oxford 31l, 79r; RHS Gärten, Wisley, Surrey 32l, 116; Mr. und Mrs. Thomas Gibson, Westwell Manor, Oxfordshire 33; Keith und Ros Wiley, The Garden House, Devon 38, 128l; Het Loo, Apeldoorn, Holland 39o; Frank und Marjorie Lawley, Herterton House, Northumberland 39ul, 133l, 161; Stavordale Priory, Somerset 41o; Dr. James Smart, Marwood Hill, Devon 41u; Entwurf von Sue Dickinson, Privatgarten, Buckinghamshire 44; The National Trust, Hidcote Gardens, Gloucestershire 45r, 83, 95l; The Honorable Mrs. P. Healing, The Priory, Kemerton, Hereford und Worcester 46; Longwood Gardens, Pennsylvania 53u; Caroline Eckersley, Woodside Farm, Oxfordshire 65; Stobshiel House, East Lothian 72; Ralph Merton, Old Rectory, Burghfield, Berkshire 24o, 64r, 73r; Rosemary Verey, Barnsley House, Gloucestershire 78l, 114o, 138-9, 149ol, 168, 171r; Mr. und Mrs. R. Paice, Bourton House, Gloucestershire 35ul, 31r, 82, 122l, 131o; Anthony Noel, 17 Fulham Park Gardens, London 90l; Wendy und Len Lauderdale, Ashtree Cottage, Wiltshire 90r, 104-5, 114-5; John Brookes, Denmans, Sussex 94r, 142; Entwurf von Bill Frederick, Delaware 53o, 97, 148; Andy und Polly Garnett, Cannwood Farm, Somerset 98; Lynden Miller, Bryant Park, New York 112l; John und Caryl Hubbard, Chilcombe, Dorset 112r, 158; Ian Kirby, The Menagerie, Northamptonshire 113r; Arabella Lennox-Boyd, Entwurf für die RHS Flower Show, Chelsea 121l; Anthony und Lynn Archer-Wills, West Chiltington, Sussex 124; Rupert Golby, Adderbury, Oxfordshire 52l, 128r; Westonbirt Arboretum, Gloucestershire 129r; RHS Gärten, Rosemoor, Devon 130r; Mr. und Mrs. Peter Aldington, Turn End, Buckinghamshire 132r, 136l; Waterperry Gardens, Oxfordshire 133ur; Mrs. Gwen Beaumont, Stoke-sub-Hamdon, Somerset 137; Levens Hall, Cumbria 139u; Mr. und Mrs. John Chambers, Kiftsgate Court, Gloucestershire 143l; Mrs. Gerda Barlow, Stancombe Park, Gloucestershire 143r; Carol und Malcolm Skinner, Eastgrove Cottage, Hereford und Worcester 147r; Privatgarten, Chedworth, Gloucestershire 150; Mrs. M. J. Coombe, Yew Tree Cottage, Hampshire 152-3; Mrs. Margaret Farquar Ogilvie, House of Pitmuies, Tayside 114u, 154; The National Trust, Ascott, Buckinghamshire 155; Entwurf von Pam Schwert und Sibylle Kreutzberger, Privatgarten, Gloucestershire 156, 157u; Ethne und Donald Clarke, Yaxham, Norfolk 157o; Nell Maydew, Daglingworth, Gloucestershire 159; Sir Hardy Amies, Langford, Oxfordshire 162; Myles Hildyard, Flintham Hall, Nottinghamshire 163u; Mr. und Mrs. John Sales, Cirencester, Gloucestershire 167; Botanischer Garten der Universität Cambridge 170o, 171ol; Mr. und Mrs. J. Wallinger, The Manor House, Upton Grey, Hampshire 170u.
Gleichfalls danke ich allen Gärtnern und Gartenbesitzern, deren Anlagen nur im Detail erscheinen, u.a.: Putsborough Manor, Devon; Rousham House, Oxfordshire; Thuja Garden, Maine; Charlie und Amanda Hornby, Hodges Barn, Gloucestershire; Caroline Burgess, Stonecrop, Cold Spring, New York; Botanischer Garten der Universität Oxford; Robert Cooper, Ablington, Gloucestershire; Veronica und Giles Cross, Stoke Lacy, Hereford; John und Eve Meares, Norton-sub-Hamdon, Somerset; Gwladys Tonge, Winslow, Buckinghamshire; Annie Huntingdon, Sudborough, Northamptonshire; Lucy Gent, London; Sir Peter und Lady Parker, Manor Farm, Oxfordshire; Peggy Jeffery, Mount Pleasant, Devon; Dan Pearson, London.

Winterhärtezonen der Pflanzen

Die Kältetoleranz der Pflanzen hängt von ihrer Wurzeltiefe, der Plötzlichkeit von Kälteeinbrüchen, der Frostdauer und der Windstärke ab. Die Härtegrade basieren auf Erfahrungswerten in Westeuropa und Großbritannien. In Zonen mit heißeren und/oder trockeneren Sommern, wie in Australien oder Neuseeland, überstehen manche Pflanzen auch kältere Temperaturen.

° CELSIUS	ZONE	° FAHRENHEIT
unter -45	1	unter -50
-45 bis -40	2	-50 bis -40
-40 bis -34	3	-40 bis -30
-34 bis -29	4	-30 bis -20
-29 bis -23	5	-20 bis -10
-23 bis -18	6	-10 bis 0
-18 bis -12	7	0 bis 10
-12 bis -7	8	10 bis 20
- 7 bis -1	9	20 bis 30
- 1 bis 4	10	30 bis 40